O XAMÃ URBANO

Dados Internacionais de Catalogação na Publicação (CIP)
(Câmara Brasileira do Livro, SP, Brasil)

King, Serge Kahili
O xamã urbano : um guia havaiano para a transformação / Serge Kahili King ; tradução de Bruno Gambarotto. – Petrópolis, RJ : Vozes, 2025.

Título original: Urban Shaman
ISBN 978-85-326-7136-3

1. Cura espiritual – Xamanismo 2. Xamanismo – Havaí
I. Gambarotto, Bruno. II. Título.

25-262594 CDD-291.144

Índices para catálogo sistemático:
1. Xamanismo : Religião 291.144

Eliete Marques da Silva – Bibliotecária – CRB-8/9380

Serge Kahili King

O XAMÃ URBANO

Um guia havaiano para a transformação

Tradução de Bruno Gambarotto

VOZES NOBILIS

Tradução do original em inglês intitulado *Urban Shaman – A Handbook for Personal and Planetary Transformation Based on the Hawaiian Way of the Adventurer*

Direitos de publicação em língua portuguesa – Brasil:
2025, Editora Vozes Ltda.
Rua Frei Luís, 100
25689-900 Petrópolis, RJ
www.vozes.com.br
Brasil

Diagramação: Editora Vozes
Revisão gráfica: Michele Guedes Schmid
Capa: Isabella Carvalho

ISBN 978-85-326-7136-3 (Brasil)
ISBN 978-0-671-68307-8 (Estados Unidos)

Este livro foi composto e impresso pela Editora Vozes Ltda.

Pili kau, pili ho'oilo

Juntos na estação seca, juntos na
estação chuvosa

Com gratidão e abundantes
agradecimentos aos muitos amigos que
tive o privilégio de preparar na tradição
xamã havaiana e que me ensinaram que
quando o professor estiver pronto, o
aluno aparecerá.

Sumário

Apresentação à segunda edição

O xamã urbano foi meu sexto livro de não ficção e o primeiro a lidar diretamente com o xamanismo. Foi também o primeiro livro já escrito a descrever o xamanismo havaiano, o primeiro livro a pormenorizar todos os sete princípios *huna* e o primeiro livro a oferecer às pessoas que vivem em ambientes urbanos formas xamânicas práticas de mudar suas vidas e mudar o mundo.

O livro em si conheceu seu gérmen na década de 1960 na África Ocidental. Ali estive empenhado por sete anos, a serviço de uma agência de voluntários norte-americana, na fundação e direção de programas de desenvolvimento socioeconômico e, ao mesmo tempo, dedicado à condição de aprendiz de um xamã hauçá. Os hauçás são um povo africano antigo do Níger e do norte da Nigéria. Embora constituam nos dias atuais uma maioria muçulmana, ainda existem aqueles que partilham de crenças e práticas de cura tradicionais do tipo que classificaríamos como xamânicas; dentre essas pessoas, um homem chamado Mbala foi meu mentor. O que aprendi com ele tornou-se parte decisiva dos ensinamentos de *O xamã urbano*. Na verdade, "A sétima aventura", sobre mudança da forma, não estaria lá se não fosse pelo que ele me ensinou sobre essa habilidade xamânica.

Foi perto do fim do meu trabalho na África, entre 1969 e 1971, que percebi o quanto o conhecimento tradicional estava desaparecendo à medida que as pessoas se mudavam para ambientes urbanos em números cada vez maiores. Isso tinha lugar exatamente onde eu estava na África, é claro, mas colegas de outros países e estudos de pesquisa em revistas internacionais diziam a mesma coisa. Assim, decidi dedicar minha vida a compartilhar e disseminar esse conhecimento de maneiras que os habitantes de espaços urbanos pudessem entendê-lo e usá-lo. É por isso que o subtítulo de *O xamã urbano* é *Um guia havaiano para a transformação*.

Ao retornar aos Estados Unidos em 1971, comecei a me preparar pelo estudo e pela prática para ensinar conhecimentos ancestrais a um mundo moderno. Além de expandir minha base de conhecimentos à época, estendi minha pesquisa a uma infinidade de sistemas metafísicos, à energia sutil e à psicologia. Também dei sequência à minha formação no xamanismo havaiano com meu tio William (Wana) Kahili.

Foi longo o processo de aprender a ensinar o xamanismo havaiano e a *huna* de forma que as pessoas modernas os pudessem entender. No início, em minha casa em Mar Vista, Califórnia, dei aulas semanais gratuitas que incluíam muitos experimentos e técnicas com vistas à demonstração das ideias. Posteriormente, fundei o Mindskills Institute em Santa Monica, Califórnia, onde me concentrei em hipnoterapia e dei continuidade às aulas semanais gratuitas. Por fim, senti-me preparado para começar a ministrar um curso. Esse primeiro curso, no decorrer do qual meus métodos de ensino ainda se encontravam em estágio de desenvolvimento, tinha nove meses de duração.

Para aprimorar minhas habilidades de escrita, comecei a elaborar artigos, e eles foram publicados em revistas e antologias. Em 1975, publiquei meu primeiro livro de não ficção, *Mana physics,* baseado em meus experimentos com energia, e em pouco tempo a este se sucederam *The pyramid energy handbook, The hidden knowledge of huna science* (mais tarde chamado *Mastering your hidden self*) e *Imagineering for health.* Minha tese de doutorado – *The psychological healing system of the Kahunas of Hawaii* – foi concluída na sequência e em outro momento editada e publicada sob o título *Kahuna healing.* Em 1989, passada toda essa experiência de escrita, senti-me finalmente pronto para começar a dar forma escrita a alguns dos meus melhores materiais de oficina.

Enquanto isso, minhas oficinas se internacionalizavam. Com elas, fui ao Canadá, em um momento em que conseguira reduzir o curso de nove meses para três fins de semana distribuídos ao longo de três meses. Ainda havia muita coisa que eu queria ensinar, mas era impossível encaixar tanto material no formato que adotara. Com mais experimentação, pude apresentar por fim uma parte importante da formação do xamã urbano em uma série de três oficinas: um curso de aventureiro, com duração de dois dias, do qual derivam quatro capítulos; um curso de desbravador, com duração de dois dias, do qual vêm outros quatro capítulos; e um curso de descobridor, de uma semana, ao qual remontam os capítulos restantes.

O que aconteceu desde a publicação de *O xamã urbano* em 1990? Muitas coisas, e coisas boas.

Por causa deste livro, consegui criar, na ilha de Kauai, um centro em torno de um museu havaiano, no qual pessoas de todo o mundo podem aprender a respeito da cultura havaiana e suas tradições xamânicas. A partir daí, também se organizaram uma trupe de *hula* que dedica sua dança à cura – círculo baseado nos saberes do xamã urbano, onde a cura é oferecida e recebida – e grupos de discussão semanais que são gravados e compartilhados em todo o Havaí, no continente e no mundo, através da televisão e da transmissão pela internet.

Os leitores de *O xamã urbano* vêm de vários países ao Havaí para estudar o xamanismo havaiano nos vários cursos que oferecemos nas praias, nas florestas e nas montanhas; e, então, eles levam esse conhecimento para casa consigo e o compartilham com outros.

O xamã urbano foi meu passaporte para as redes mundiais, nas quais agora temos toda uma família de *sites* que fornecem informações gratuitas em inglês e vinte outras línguas sobre sabedoria e técnicas xamânicas havaianas.

Os elementos fundadores de tudo que ensino em oficinas, escritos e materiais audiovisuais pode ser encontrado em *O xamã urbano*. O capítulo "A segunda aventura: coração, mente e espírito" se faz presente, de uma forma ou de outra, em todos os ensinamentos. "Os princípios fundamentais" expressos em "A terceira aventura" ainda são seminais para todo meu conjunto de trabalho e prática. "A quarta aventura: criando harmonia no corpo" ganhou desenvolvimento ulterior e maior detalhamento em *Instant healing*. A quinta, sexta, sétima e décima-primeira aventuras constituem base vital do trabalho que realizamos em nosso curso avançado de cura *huna* no Havaí, e "A oitava aventura", além de outros escritos, ganhou versão expandida em *Earth energies*. A nona e décima aventuras são utilizadas em nosso curso de desenvolvimento pessoal chamado "Busca da *huna*".

A décima-segunda aventura – "a união das mentes" – manifestou-se sob a forma da Aloha Fellowship, organização mundial de pessoas compromissadas em dar tudo de si para fazer do mundo um lugar melhor.

Outro efeito de toda a abordagem xamânica urbana detalhada pela primeira vez neste livro foi o estabelecimento de uma rede de *sites* nos quais informações acerca de todos os aspectos do xamanismo urbano, incluindo técnicas práticas, podem ser lidas online ou baixadas gratuitamente por qualquer pessoa com um computador em qualquer lugar do mundo.

O mais satisfatório para mim, no entanto, é o fato de que as ideias apresentadas pela primeira vez em *O xamã urbano* se espalharam por todo o planeta a tal ponto que algumas delas, pelo menos, são consideradas requisitos para qualquer estudo do xamanismo. E o que é ainda melhor: em razão da influência deste livro, dezenas de milhares de pessoas estão praticando as técnicas do xamanismo urbano na América do Norte e do Sul, na

Europa e na Ásia, na África e na Austrália, bem como em sua fonte polinésia. Nunca travei contato pessoal com a maioria dessas pessoas, mas milhares delas tornaram-se minhas amigas, ajudando-me a disseminar o conhecimento, curando umas às outras e auxiliando a transformação deste planeta em um mundo onde *aloha* – o amor – é a principal forma de resolver problemas e atingir objetivos.

24 de julho de 2006

1
A preparação

Ho 'omce wai kahi ke kao' o

Viajemos todos juntos como a água que
flui em uma só direção

Este é um livro sobre xamanismo, especialmente a tradição havaiana de xamanismo, e sobre ser um "xamã urbano". Para que você tire o máximo proveito deste livro, gostaria de definir nosso assunto nestas primeiras páginas.

Segundo o historiador romeno Mircea Eliade, o xamanismo é uma prática encontrada em todo o mundo, incluindo a Ásia, as Américas e o Pacífico. A palavra *xamã* tem raiz na língua tungúsica siberiana e é atualmente utilizada como termo acessível a cientistas e leigos para descrever o praticante e sua prática. A maioria das culturas tem seu próprio termo em sua própria língua para designar tal figura, como *kupua* em havaiano. Muitas pessoas têm ideias distintas a respeito do que vem a ser e o que faz um xamã, mas, a exemplo de Eliade, prefiro me valer de uma definição precisa. Nem todo curandeiro é um xamã, mas um xamã pode ser um curandeiro. Nem todo sacerdote tribal é um xamã, mas um xamã pode ser um sacerdote tribal. Nem todo curandeiro da mente é um xamã, mas um xamã pode ser um curandeiro da mente. Para os propósitos deste livro e de meus ensinamentos, defino o xamã como aquele que cura relações – relações entre a mente e o corpo, entre pessoas, entre pessoas e circunstâncias, entre os humanos e a Natureza e entre matéria e espírito.

Em sua prática de cura, o xamã tem uma perspectiva da realidade muito diferente da acessível à maioria do mundo, e é esse ponto de vista bastante particular (a ser abordado de forma ampla no restante do livro) que em verdade diferencia o xamã de outros curandeiros. Essa perspectiva do xamã também enseja algumas técnicas de cura bastante próprias a sua prática e comumente associadas ao xamanismo, tal como mudar de forma, comunicar-se com plantas e animais e viajar aos "subterrâneos do mundo". Se algumas dessas coisas lhe soarem estranhas, não deixe que elas o incomodem. Você descobrirá, à medida que prosseguir, que muitas, se não a maioria, dessas práticas terão uma familiaridade curiosa. Isso ocorre porque os xamãs encontram na experiência humana natural seu fundamento. Você descobrirá que já sabe mais sobre xamanismo do que pensava.

O xamanismo havaiano

O xamanismo é uma forma distinta de cura, e o xamanismo havaiano é uma forma distinta de xamanismo. A qualidade excepcional do xamã, independentemente da cultura, é a vocação ao engajamento ou atividade criativa. Conhecimento e compreensão não são suficientes, nem a aceitação passiva tem qualquer apelo. O xamã mergulha na vida com a mente e os sentidos, desempenhando o papel de cocriador. Há um tipo de alma que se satisfaz em admirar a forma e o lugar de uma árvore caída. O xamã é mais como um escultor que vê a árvore e é tomado pelo desejo de transformá-la à semelhança de uma alguma imagem interna... ou em ferramenta útil. Há respeito e admiração pela árvore como ela é, *bem como* o impulso de se unir à árvore e produzir algo novo. Esse ativismo se expressa na função primária de um xamã: a de um curandeiro. Independentemente da cultura, localização ou ambiente social, um xamã é, por propósito, um curandeiro da mente, do corpo e das circunstâncias. É essa inclinação ao benefício social e ambiental que, em verdade, distingue o xamã do feiticeiro pensado como modelo por Castaneda, o qual segue um caminho de poder e iluminação estritamente pessoal. E, no entanto, embora todos os xamãs sejam curandeiros, a maioria segue o "caminho do guerreiro"; alguns, uma minoria que inclui a tradição do xamanismo havaiano, seguem o que poderíamos chamar de "o caminho do aventureiro".

Um xamã "guerreiro" tende a personificar o medo, a doença ou a desarmonia e a se concentrar no desenvolvimento de habilidades de poder, controle e combate para lidar com eles. Um xamã "aventureiro", por outro lado, tende a despersonificar essas condições (ou seja, tratá-

-las como efeitos, não coisas) e lidar com elas mediante o desenvolvimento de habilidades de amor, cooperação e harmonia. Como um exemplo simples das diferentes abordagens, se você tivesse que lidar com uma pessoa emocionalmente perturbada, um xamã guerreiro poderia ajudá-lo a construir um forte escudo psíquico para se proteger da energia negativa da outra pessoa. O xamã aventureiro, por outro lado, seria mais propenso a ensinar-lhe como conservar sua energia em harmonia para que você permaneça calmo e até mesmo se torne uma fonte de cura para a outra pessoa. Além disso, o caminho do xamã guerreiro é muitas vezes bastante solitário, enquanto o caminho do aventureiro é, por sua própria natureza, bastante social. No entanto, é difícil, se não impossível, estabelecer a diferença entre os mestres de um e outro caminho, porque quanto mais poderoso você é, mais amoroso você é (uma vez que há cada vez menos a temer); e quanto mais amoroso você é, mais poderoso você é (uma vez que há cada vez mais confiança). Percorri os dois caminhos, e escolho e ensino o caminho do aventureiro havaiano porque acredito que é o mais prático e benéfico, mas tenho grande respeito pelos xamãs guerreiros e sua cura.

O xamã urbano

O título deste livro é *O xamã urbano* porque sua figura é o foco e o propósito dos meus ensinamentos. Embora o xamanismo seja via de regra associado a ambientes primitivos ou selvagens, sua aplicação em ambientes urbanos é natural e necessária. Em primeiro lugar, o xamã é um curandeiro, a despeito da cultura ou do ambiente. Em segundo lugar, há mais pessoas vivendo em áreas urbanas hoje do que em áreas não urbanas (subúrbios e povoados são espaços urbanos), e são essas as pessoas que mais precisam de cura. E em terceiro lugar, o xamanismo, especialmente a variedade havaiana, está bem adaptado aos tempos modernos e às necessidades por vários motivos:

1. É completamente não sectário e pragmático. O xamanismo é um ofício, não uma religião, e você pode praticá-lo sozinho ou em grupo.
2. Seu aprendizado e aplicabilidade são simples, embora, a exemplo de qualquer ofício, o desenvolvimento pleno de certas habilidades possa demorar um pouco.
3. A versão havaiana, em particular, pode ser praticada em qualquer lugar a qualquer momento, o que inclui os espaços doméstico, laboral e recreativo ou durante viagens. Isso ocorre principalmente porque os xamãs havaianos trabalhavam apenas com a mente e o corpo. Eles não usavam tambores para induzir à alteração de estados e não usavam máscaras para assumir outras formas ou predicados.
4. A natureza do xamanismo é tal que você cura enquanto é curado, e transforma o planeta enquanto se transforma.

Aprendizagem

Em tempos passados, quando as pessoas viviam em aldeias bastante isoladas e a visão de mundo era limitada a um vale, uma montanha ou ilha, bastava que alguém que dominasse o caminho do xamã tivesse um, dois ou talvez três aprendizes ao longo de toda uma vida, porque esse pequeno número seria capaz de suprir todas as necessidades da aldeia. Hoje, no entanto, vivemos em uma Aldeia Global com bilhões de pessoas e necessitamos, no mínimo, de milhares de xamãs urbanos que sirva de auxílio à manutenção de uma existência harmoniosa e saudável. Pessoas como você.

Fui criado como um xamã urbano. Meu pai era um homem muitíssimo viajado e excepcionalmente versado nas culturas e tradições da maior parte do mundo, e passou por um treinamento profundo na tradição xamânica havaiana. Ele era altamente habilidoso nos caminhos e ofícios do mato e da selva, da floresta e da fazenda, do deserto e da tundra, e aprendi muito a respeito da Natureza com ele. Mas ele era, antes de mais nada, um homem urbano, com diplomas de medicina e engenharia, que circulava com muita desenvoltura em círculos empresariais e governamentais. Entrei na vida dele no início de uma guerra, e ele deixou a minha no final de uma. Grande parte dos anos entre uma e outra foi vivida em viagens entre centros urbanos. Durante os dezessete anos em que nos conhecemos, o xamanismo que aprendi através do exemplo e do treinamento foi aplicado principalmente nos ambientes das cidades, vilarejos e escolas.

Falo de treinamento, mas este não se dava em aulas ou sessões de consultório com meu pai fazendo as vezes de instrutor, e eu de aluno. O tipo de treinamento que tive seria considerado muito tradicional porque acontecia no decorrer de atividades cotidianas. No meio de uma conversa sobre vegetais, digamos, meu pai poderia me ensinar uma técnica de comunicação de plantas para que eu a praticasse por conta própria e mais tarde a discutíssemos. Ou durante o dia ele criava uma situação que me dava a oportunidade de aplicar habilidades recém-aprendidas e, em seguida, tecer comentários sobre como as aplicara (ou não). E ele não raro dava dicas, ideias e sugestões intrigantes para que eu as seguisse por minha própria conta. Foi um treinamento porque foi conscientemente planejado, e eu sem dúvida aprendi com ele; não foi, contudo, organizado como uma escola.

Após a morte de meu pai, meu aprendizado das práticas do xamã continuou da mesma forma, com membros de nossa família havaiana, mas a aplicação ainda se dava principalmente em cidades, vilarejos e escolas, além de um interlúdio no Corpo de Fuzileiros Navais. Fiz um uso muito prático do conhecimento que adquiri, pois assim ele devia ser usado. Ele ajudou em meu fortalecimento físico e de minha saúde, e permitiu que eu me recuperasse rapidamente quando esqueci meu conhecimento e fiquei doente ou me feri. Ajudou-me na Universidade do Colorado a lidar com uma carga acadêmica excessiva e a ter três empregos ao mesmo tempo, e a me formar em Estudos Asiáticos com um broche da Phi Beta Kappa na lapela. Usei o conhecimento novamente enquanto trabalhava na American Graduate School of International Management no Arizona, deixando aquela instituição com um bacharelado e um mestrado concluídos com menção honrosa, e muito mais tarde, quando obtive meu doutorado em psicologia na California Western University.

Quando meu casamento tinha três anos e meu primeiro filho tinha dois, nós nos mudamos para a África Ocidental para viver ali por sete anos. Cerca de metade desse tempo eu passei em ambientes selvagens – floresta, mata e deserto – e aprendi muito mais sobre diferentes aspectos do xamanismo nesses espaços, mas a aplicação principal ainda era urbana. Eu o usei para manter meu relacionamento com minha esposa feliz e completo; para manter meus filhos (por fim, três) em boa saúde física e escolar, e para que eles cultivassem comigo e entre si uma amizade íntima; para curar e ensinar animais de estimação; para ajudar família, amigos e vizinhos a serem mais saudáveis e bem-sucedidos; e para promover minha carreira e chegar a compartilhar meu conhecimento com pessoas de todo o mundo. Eu o uso para manter veículos e computadores em boas condições de funcionamento, para garantir a cooperação das companhias aéreas e do clima durante minhas viagens e para aumentar a velocidade de aprendizado dos xamãs e de outros que treino. Eu o uso de inúmeras maneiras para beneficiar a mim e ao meu ambiente social e físico, onde quer que eu esteja. Aprendi muitas coisas na vida e estudei muitos sistemas religiosos (por exemplo, cristianismo, judaísmo, budismo, hinduísmo, confucionismo, islamismo, vodu), filosóficos (principalmente taoísmo, ioga, zen, pragmatismo ocidental) e de cura (massagem, ervas, trabalho energético, cura pela fé, hipnose, para citar alguns), e o xamanismo melhorou meu conhecimento de cada um. Hoje, como moro no Havaí e dirijo a Aloha International, uma rede mundial de curandeiros xamãs que promove a tradição de cura havaiana por meio de cursos e seminários, museus e capítulos locais, o xamanismo urbano é evidente em todas as nossas atividades.

Neste livro, pretendo mostrar que as ideias e práticas do xamanismo havaiano são aptas ao uso na sociedade urbana moderna, bem como em ambientes considerados mais próximos da Natureza. Como observado anteriormente, alguns dos conceitos, exemplos e exercícios parecerão familiares, e alguns deles podem parecer bastante estranhos. O material é retirado de dois cursos de treinamento de xamãs que ministro, e é apresentado aproximadamente na mesma ordem que o faço naquelas circunstâncias. Neste formato de livro, no entanto, podemos explorar muitas das ideias com muito mais profundidade do que é possível em uma oficina.

Uma política de portas abertas

Apresento livre e abertamente muitas coisas que são consideradas segredos profundos em algumas tradições. Alguns temem um uso indevido do conhecimento, alguns temem que o conhecimento se enfraqueça se todos a ele tiverem acesso, e alguns temem retaliação de uma hierarquia que determinou que essas coisas não deveriam ser conhecidas.

No entanto, um verdadeiro xamã não guarda segredos sobre o conhecimento que pode ajudar e curar.

A dificuldade não está em manter o conhecimento em segredo, mas em fazer com que as pessoas o entendam e dele se valham. Quanto ao uso indevido, ele só vem da ignorância. Quanto mais conhecimento todos tiverem sobre como mudar as coisas, menos inclinação e oportunidade haverá para o uso indevido. O conhecimento amplamente disseminado, em verdade, tem mais poder do que os segredos conservados a sete chaves e não utilizados. O conhecimento mantido em segredo é tão útil quanto o dinheiro debaixo do colchão de um avarento. E a sacralidade do conhecimento não está em sua reserva para poucos, mas em sua disponibilidade para muitos. É mais provável que o medo da livre expressão tenha a ver com um medo mais mesquinho de que o guardião do conhecimento realmente não tenha muito a guardar ou não entenda o que tem para si. E, por fim, os xamãs não reconhecem hierarquia ou autoridade em questões da mente; se alguma vez se pudesse dizer que um grupo de pessoas segue um sistema de democracia espiritual, tal grupo seria o dos xamãs do mundo.

A herança havaiana

Os havaianos têm uma herança espiritual, psicológica, cultural e prática muito rica, e só posso apresentar a pequena parte que tive o privilégio de receber. Sua herança é tão rica que várias tradições cresceram dentro dela e nem todos os havaianos ou estudiosos dos conhecimentos e da cultura havaiana chegam a um acordo quanto aos termos da herança. Então, o que você recebe aqui vem de meu pai havaiano adotivo e de seus ancestrais, através do meu pai natural e de seu irmão e irmã havaianos por adoção, e depois através de mim e de minha personalidade e perspectiva particulares. Portanto, embora esta seja a sabedoria tradicional apresentada em termos modernos para as condições de hoje, assumo total responsabilidade por tudo o que digo.

Uma grande parte da herança mantida pelos havaianos está em sua língua. É enganosamente simples, tendo apenas doze letras e nenhuma forma do verbo *ser*. No entanto, contém os conceitos mais profundos que se possa imaginar sobre consciência espiritual, construções psicológicas, a natureza da realidade, amor, poder, realização e assim por diante. Como será tão pouco familiar para a maioria de vocês, limitei seu uso às áreas em que a tradução para o inglês não toca o fundamental. Se você quiser se lançar à pronúncia, arriscarei a ira dos puristas da língua havaiana e direi que é mais fácil pronunciar as consoantes ("k", "p", "h" aspirado, etc.) e as vogais como em português ("a" como em *pai*, "e" como em *presa*, "i" como em *pita*, "o" como em mote, "u" como em uva).

Esse é, portanto, o começo da minha história, e eis o conhecimento que tenho a compartilhar. Que ele o ajude a encontrar e desfrutar de maior paz, amor e poder.

2
A primeira aventura: a evolução do xamanismo havaiano

Waiho wale kahiko
Segredos antigos agora são revelados

Trovões soaram, o vento rugiu,
torrentes de chuva encheram o ar
e ondas se ergueram e desabaram
como montanhas, mas mesmo assim
o poderoso Maui puxou e ergueu seu
anzol mágico. Por fim, com o som de mil
cachoeiras, as ilhas do Havaí surgiram
lentamente do mar. Maui triunfou mais
uma vez, e a humanidade tinha novas
terras para explorar e cultivar.

A evolução do xamanismo havaiano começa com os mitos de Maui. Mago, trapaceiro, semideus, milagreiro, figura de sorte: essas eram as diferentes formas que Maui – a única figura masculina de tamanho renome da mitologia polinésia – assumia de uma ponta à outra da Polinésia. O único ser mitológico feminino na Polinésia com reputação tão difundida era Hina, deusa da lua e mãe de Maui.

As histórias de Maui, tal como abundantemente registradas na *Mitologia havaiana* de Beckwith, nos *Mitos e lendas dos polinésios* de Andersen e no *Relato da raça polinésia* de Fornander, deixam claro que ele era um xamã arquetípico na mesma tradição ancestral encontrada em outras partes do mundo, à qual se acresce um toque polinésio. Além de fazer com que emergissem as ilhas do Havaí (um mito de descoberta), ele desacelerou o sol para que sua mãe pudesse secar suas roupas (outro mito de descoberta de encontrar terras em elevadas latitudes ao norte), visitou o Mundo Superior e enganou os deuses para que desistissem do segredo do fogo (um mito da intuição criativa através do transe xamânico), visitou o Submundo para superar vários monstros (outro mito do transe xamânico para a cura), foi capaz de usar objetos mágicos, bem como a mágica, e falava livremente com pássaros, animais e os elementos naturais. Maui era a figura mais popular no mito polinésio por causa de sua prestimosidade, ousadia, irreverência ante a autoridade e acessibilidade. Como um semideus (mais propriamente, um humano com habilidades mágicas), ele nunca foi adorado, mas podia ser invocado para dar sorte. Na Nova Zelândia, onde os maoris esculpiam sua imagem em madeira ou jade na forma de um embrião humano e muitas vezes a usavam como amuleto, ele era chamado de "Maui Tikitiki"; no Havaí, onde nenhuma imagem dele era produzida, ele era chamado de "Maui Kupua". Ambos os nomes podem ser traduzidos como "Maui, o Xamã".

As ordens Kahuna

Muito cedo na Polinésia (diz-se que algumas tradições, como as da família Kahili – que me adotou – e as registradas por Leinani Melville em *Children of the rainbow*, remontam ao continente perdido de Mu, embora, para ser justo, haja muitos que discordam disso) surgiu uma filosofia de vida chamada *huna* – o "segredo" ou o "conhecimento oculto". O nome não se referia a qualquer desejo de manter o conhecimento longe dos outros, mas a um conhecimento do lado oculto ou invisível das coisas. Os especialistas ou mestres praticantes dessa filosofia eram chamados de *kahuna* em havaiano, *tahuna* em taitiano e *tohunga* em maori. Em algum momento, esses especialistas constituíram três grupos separados vagamente formados. A existência desses três grupos é notada por muitas fontes (por exemplo, as *Antiguidades havaianas*, de Malo, e *A civilização havaiana antiga*, das Escolas Kamehameha), mas a maioria dos detalhes que se seguem me foi transmitida por Ohialaka Kahili e Wana Kahili, minha tia e tio por adoção no estilo havaiano. Quando eu tinha dezessete anos, passei pela *hanai* (adoção) à família Kahili depois que meu pai natural morreu. Essa não é uma forma legal de adoção, mas para os havaianos significa ser levado para sua família como um dos seus.

Um dos grupos mencionados acima se concentrou nas artes da terapia física, da religião cerimonial, da política e da guerra. No Havaí, era conhecida como a Ordem de *Ku*. Um segundo grupo concentrou-se nos aspectos espirituais e materiais do artesanato e das ciências, como pesca e agricultura, construção naval e navegação, escultura em madeira e fitoterapia. Esta era a Ordem de *Lono* no Havaí. O terceiro grupo, a Ordem Havaiana de *Kane*, concentrava-se em magia, misticismo e psicologia, e estes eram os xamãs. Cada ordem tinha muitas subcategorias e, embora houvesse curandeiros em cada uma, a arte de curar através do espírito tornou-se a atividade principal dos xamãs. *Ku, Lono* e *Kane* (pronunciado "kah-nei") eram arquétipos ou personificações de Corpo, Mente e Espírito. O nome completo de *Kane* era originalmente *Kanewahine,* que pode ser traduzido como "homem-mulher", e refere-se a uma compreensão de polaridades semelhante ao conceito yin/yang dos xamãs taoístas. *Kane* era um deus arquetípico das florestas, lugares altos, fontes de água e paz. Isso é significativo porque os havaianos, como regra, habitavam apenas as linhas costeiras de suas ilhas. Além de incursões especiais por sândalo, árvores altas para canoas oceânicas e penas para capas, os únicos havaianos que passavam muito tempo nas florestas e planaltos eram os xamãs.

Como uma guilda, a Ordem de *Kane* era dividida em aprendizes, trabalhadores e mestres, embora diferentes professores pudessem mudar o número de categorias. Quando eu estava recebendo meu treinamento, comecei como aprendiz e depois dominei diferentes áreas à medida que progredi. Os xamãs havaianos, como os xamãs de todos os lugares, não têm hierarquia entre si. Os aprendizes são alunos e colegas, não seguidores, e o mestre é um mestre do conhecimento, não das pessoas. A palavra havaiana para mestre no sentido de alguém com experiência espiritual e material em uma determinada área é *kahuna,* como mencionado acima. Essa palavra é usada muito vagamente hoje em dia, mas no uso adequado, e para ter qualquer significado real, ela deve sempre ter um qualificador adicionado. Por exemplo, um mestre curandeiro que usa ervas, massagem e trabalho energético é um *kahuna lapa'au;* um mestre de oração e cerimônia é um *kahuna pule;* e um mestre xamã é um *kahuna kupua.* Como um aparte, o "grande *kahuna*" das praias de surfe seria um *kahuna he'e nalu.* E o detentor da magia negra ou feiticeiro era chamado de *kahuna 'ana'ana.*

Uma grande quantidade de bobagens foi escrita e apresentada sobre os *kahunas* do Havaí, desde o clarão vermelho no olho que se deve ver ao encontrar um *kahuna* real, até a cura instantânea e certa de ossos quebrados, o ressuscitar dos mortos e a lamentável "oração da morte". Como grande parte do crédito ou culpa por essas coisas é atribuída aos xamãs, gostaria de esclarecer essas questões aqui e agora.

Para começar, a crença na luz vermelha (que chegou a ter aparição na televisão) surgiu por causa de um jogo de palavras, muito apreciado pelos polinésios. A palavra usada para clarão é *makole,* que significa "olhos vermelhos" e se refere até mesmo à conjuntivite. Mas a mesma palavra também significa "arco-íris" e esse é um símbolo da presença de chefes, deuses ou espíritos. Quando aplicado a um *kahuna,* é uma palavra de respeito.

A cura instantânea de um osso quebrado é possível para qualquer curandeiro *sob as condições certas.* Especificamente, pode ocorrer quando há energia e fé abundantes, desprovida de dúvidas. A reputação dos *kahunas* relacionada a essa habilidade se deve, em especial, a uma história em um livro de Max Freedom Long intitulado *The secret science behind miracles*. No livro, ele fala de um *kahuna* que curou instantaneamente a perna de um homem que a quebrou enquanto estava bêbado. Obviamente, o *kahuna* tinha energia e fé, e o homem provavelmente estava bêbado demais para ter qualquer dúvida. Nem mesmo os *kahunas* podem fazer isso todas as vezes sem falhar, contudo.

Ressuscitar os mortos ocorre em todas as culturas, às vezes espontaneamente sem um xamã ou curandeiro presente. Nesses casos, a pessoa "morta" está realmente em coma profundo ou transe, ou a caminho do outro lado. Pode ser sábio acreditar que Jesus estava certo quando disse que a garota que ele estava trazendo de volta à vida estava apenas dormindo. Uma técnica típica de xamã *kahuna* para ressuscitar alguém aparentemente morto era empurrar o espírito errante da pessoa de volta para o corpo através do dedão do pé. Surpreendentemente bem pensado quando se leva em conta que apertar o dedão do pé é um método bem conhecido para despertar alguém que desmaiou.

Agora, encaminhemo-nos à chamada "oração da morte". Ela só era praticada pelos *'ana'ana*, os conhecedores da magia negra ou feiticeiros desprezados pelos *kahunas* de todas as ordens. Esses renegados geralmente eram aprendizes de uma das ordens que haviam recebido algum conhecimento e que haviam sido abandonados ou expulsos de sua guilda por causa de sua personalidade ou comportamento negativo. Foram os europeus que primeiro lhes deram o título de *kahuna* e os missionários que divulgaram a ideia de que todos os *kahunas* eram feiticeiros malignos. A "oração de morte" em si não era mais do que um canto de maldição projetado para trabalhar aberta e telepaticamente no medo da vítima. Sem medo, sem efeito. Havia certos *kahunas* que se especializavam em desfazer as tentativas dos *'ana'ana*, seja trabalhando diretamente no feiticeiro ou capacitando a vítima, e às vezes esses "contrafeiticeiros" também eram chamados de *kahuna 'ana'ana*.

Treinamento de xamãs

O treinamento de xamãs na Polinésia pode ser formal ou informal, a depender da área. Na antiga Nova Zelândia, os candidatos maori frequentavam a Whare Wananga, ou "Escola Psíquica", e eram submetidos a treinamentos e exames rigorosamente controlados. A tradição havaiana era muito mais orientada à família, com candidatos escolhidos ou adotados na família de um mestre xamã e treinados informalmente pelo xamã ou seus alunos avançados. No sistema maori, eram-lhe dadas coisas específicas para realizar e você era testado nessas coisas. No sistema havaiano, eram-lhe dadas experiências, demonstrações, dicas e sugestões e, em seguida, você era deixado para desenvolver sua própria iniciativa e autodisciplina para dominar essas coisas ou não. Quando você sentia estar pronto, você ia ao mestre e pedia para demonstrar-lhe sua habilidade. Em seguida, ele ou ela lhe dava algumas sugestões para melhorar sua habilidade ou reconhecia sua experiência e lhe dava um novo desafio – se você o pedisse.

O sistema havaiano, na minha opinião, é o mais difícil dos dois: as diretrizes são muito pouco claras. Por exemplo, meu tio *kahuna* havaiano, Wana Kahili, uma vez me disse sem nenhum preâmbulo: "É bom entender as energias das coisas que são de pedra e como pedra". Então perguntei a ele: "Isso significa que você acha que eu deveria estudá-las?" "Não", ele respondeu. "Você quer que eu as estude?", insisti. "Não", ele repetiu. A princípio, não consegui descobrir por que ele havia mencionado aquilo, mas graças a experiências anteriores com meu pai e M'Bala, meu mentor xamã africano, finalmente tive um lampejo de inspiração e perguntei: "Como se consegue entender as energias da pedra?" "Bem, você pode começar..." E então ele ofereceu várias sugestões para começar. Se eu não tivesse feito a pergunta certa, ele não teria me ajudado a estender meu conhecimento para essa área. No xamanismo havaiano, a iniciativa é altamente valorizada e recompensada.

Um aspecto particular do xamanismo polinésio, em comparação com o xamanismo ameríndio mais conhecido, é a ausência de máscaras e do uso de tambores e dança. Máscaras como representações de deuses, espíritos ou animais não eram usadas em nenhum lugar da Polinésia, embora algumas pessoas pensem que as máscaras melanésias da Nova Guiné são polinésias. Quando os dançarinos, xamãs ou sacerdotes da Polinésia queriam transmitir a presença ou atividades de deuses, espíritos ou animais, eles o faziam apenas por som e gesto. Mesmo a elaborada tatuagem facial dos polinésios foi concebida como um aprimoramento da beleza, não como uma máscara. E o uso dos tambores não tinha por objetivo o transe. Era usado para a comunicação, para a manutenção do ritmo e para a energização. Quanto ao *hula* sagrado, aquele que o levasse a cabo entrava em uma espécie de transe meditando acerca de deus, do espírito ou da intenção de ser representado antes da dança. A dança em si era um assunto cuidadosamente coreografado cujo poder vinha da habilidade do dançarino em se conectar com o espírito ou intenção que estava sendo expressa. Um transe ou foco mais profundo poderia ocorrer como um efeito colateral, mas o objetivo principal do *hula* sagrado era ensinar ou mover o público. A dança em êxtase ou indutora de transe não fazia parte da cultura polinésia.

Os xamãs polinésios foram treinados como curandeiros em sete áreas e, embora para se tornar um xamã *kahuna* você tenha de desenvolver certo grau de domínio em todas as sete, nem todos eram igualmente aptos em cada área por causa das diferenças de talento e interesse naturais. Basicamente, o xamã era treinado como médium, como libertador de bloqueios mentais e físicos, como manifestador de eventos, como metamorfo, como pacificador, como professor e como aventureiro. A forma do treinamento diferia de professor para professor, mas invariavelmente o processo enfatizava a autoestima, a autoridade interior e o poder das palavras para direcionar energia, evocar imagens e criar crenças. Geralmente, os aprendizes recebiam fórmulas de canto que reconheceríamos hoje como afirmações, imagens para meditar e explorar, e formas elementares, animais ou vegetais para imitar ou usar de modelo. Qualquer treinamento formal geralmente ocorria do amanhecer ao meio-dia, mas se esperava que o aprendiz aplicasse seu aprendizado em todas as oportunidades ao longo do dia ou da noite. Exercícios de respiração também eram importantes para aumentar a energia espiritual e direcionar o pensamento.

Como médium, o xamã recebia ensinamentos de telepatia e clarividência, mas também de viajar para outros mundos, interiores e exteriores; de comunicação com espíritos; de canalização; de trabalho onírico; e de comunicação com plantas, animais e os elementos naturais da terra. Todas essas especialidades eram, em verdade, concebidas como formas de telepatia, provavelmente a mais importante de todas as habilidades xamânicas. Ferramentas como pedras de feitiçaria, pedras de vidência e varinhas de adivinhação eram frequentemente usadas para treinar e aprimorar as habilidades mentais.

Como um liberador de bloqueios, o xamã recebeu treinamento para o uso de energia para aliviar o estresse físico, emocional e mental, e os métodos de mudança de crenças limitadoras. A liberação de energia era mais frequentemente baseada em *lomi-lomi*, uma forma havaiana de massagem que combina elementos semelhantes à massagem sueca e californiana (Esalen), *rolfing*, terapia de polaridade, acupressão, imposição de mãos e outras variações. No entanto, a geomancia pessoal e ambiental também foi usada para tal liberação. A dissolução de crenças limitantes podia ser feita de várias maneiras, mas um método comum utilizado era um tipo de terapia da conversa, muitas vezes incluindo afirmações que poderiam ser feitas por si mesmo, no contato um a um ou em grupo.

Como manifestador, o xamã era treinado para fazer coisas como mudar o clima, aumentar a prosperidade (talvez induzindo uma colheita mais abundante ou atraindo uma captura maior de peixes) e provocar vários eventos (como encontrar uma ilha ou causar uma reunião de chefes). Entre vários métodos utilizados estava uma forma de contemplação ou atenção de foco passivo semelhante a certas práticas de yoga em que uma ideia é calmamente mantida na consciência até atrair energia suficiente para se manifestar na forma. Também foram incluídas neste treinamento as viagens astrais e a psicocinese.

Como metamorfo, ele ou ela era treinado para assumir vários papéis através do canto, atuação ou dança, para assumir as características de animais ou objetos, para se fundir com os elementos da Natureza e influenciá-los por ressonância, e nos níveis mais elevados da habilidade, para desaparecer ou aparecer para os outros de uma forma diferente.

Como pacificador, o xamã foi treinado para criar harmonia dentro de si mesmo, dentro dos outros, entre as pessoas, entre as pessoas e a Natureza e dentro da Natureza. Uma sociedade xamânica do Taiti, a Arioi, especializou-se nesse processo de pacificação. Com música, dança e poesia como meio, eles viajavam de ilha em ilha e produziam suas performances. O respeito por ela era tão grande que quaisquer guerras em curso tinham de cessar enquanto se fizessem presentes. Através da recontagem de mitos e lendas, eles lembravam os combatentes de sua origem e propósito comuns, e através de humor vulgar e irreverente, tentavam fazer com que os antagonistas vissem o erro de suas decisões. Essa ênfase na paz é uma das características mais notáveis dos xamãs polinésios. Considerando que a maioria dos xamãs do mundo segue o caminho do guerreiro, com seu foco no poder e na conquista de si, os xamãs polinésios seguem o que chamo de caminho do aventureiro, com seu foco no amor (*aloha*) e na expansão do eu.

Como professores, os xamãs eram ensinados a demonstrar e compartilhar seus conhecimentos, ajudando as pessoas a descobrir seu próprio poder de mudar suas vidas. Um xamã raramente se tornava um *kahuna a'o*, um mestre professor que fala na frente de grupos. Mais frequentemente, o ensino era feito por exemplo, sugestão e aconselhamento.

Como aventureiro, o xamã foi treinado para ser flexível, estar confortável com a mudança e direcioná-la de maneira positiva, ser livre para explorar novas maneiras e meios de fazer as coisas e atualizar e expandir constantemente seus conhecimentos viajando e estudando com outros professores.

A queda e a ascensão do xamanismo havaiano

Dados tais poderes e habilidades, as pessoas muitas vezes perguntam: como a Polinésia foi tomada por pessoas vindas de fora? Por que os xamãs não o impediram?

Uma vez que essa é uma importante questão, que tem influência direta na evolução do xamanismo na Polinésia, responderei a ela aqui. Cada região da Polinésia tinha suas variações locais sobre o tema, mas a experiência do Havaí foi paradigmática o bastante para servir de exemplo para todos os casos.

Conforme registrado por Fornander em *An account of the Polynesian race*, por volta do ano 1200 d.C., durante a Era da Cavalaria na Europa e o domínio de Genghis Khan na Ásia, um homem de nome Paao, um *kahuna* fortemente motivado e determinado da Ordem de *Ku*, liderou uma expedição integrada por um chefe samoano e guerreiros samoanos e taitianos ao Havaí. Naquela época, o Havaí era um lugar muito pacífico, com várias regiões das diferentes ilhas governadas por lideranças locais que mais faziam as vezes de chefes de aldeia. Os estaleiros do Havaí estavam ocupados e canoas oceânicas viajavam regularmente para comércio e migração entre as ilhas havaianas, Samoa e Taiti. A Ordem de *Ku*, mencionada por Malo em *Antiguidades havaianas*, já existia no Havaí enquanto sacerdócio cerimonial encarregado da maioria dos templos e celebrações dedicadas à agricultura, pesca e cura. Até a chegada de Paao, os sacerdotes de *Ku* viviam em relativa harmonia com os xamãs de *Kane* e os profissionais (fitoterapeutas, astrólogos, navegadores, construtores de embarcações, etc.) da Ordem de *Lono*. A vida era mais do que pacífica – havia satisfação. Se alguém suspeitasse do que estava por vir, não teria sido ouvido. Aquele era o paraíso – o que poderia dar errado?

Paao tinha um talento especial que, quando combinado com sua ambição, mudaria profundamente a sociedade havaiana. Ele era um gênio da organização. Assim que desembarcou (alguns dizem que ele começou pela ilha Havaí, que dá nome ao arquipélago), ele estabeleceu uma base de operações com seu chefe e guerreiros trazidos de fora. Paao começou, então, a valer-se de sua poderosa personalidade e capacidade de organização para transformar a Ordem de *Ku* local em uma estrutura fortemente hierárquica e exclusiva de acólitos e sacerdotes. Em algum momento, Paao introduziu o sacrifício humano nas cerimônias pela primeira vez no Havaí, sob a justificativa usual de que, sendo a vida humana tão sagrada, ela configura o sacrifício mais poderoso. À medida que a Ordem de *Ku* se tornava mais forte organizacionalmente, Paao deu início a uma expansão política com a ajuda de seus guerreiros. À medida que tomava cada nova área para si, ao que concorria a ajuda do sacerdócio, Paao substituía o sistema de liderança dos chefes locais pelo novo sistema aristocrático. Considerando que antes toda a terra era gerida sob o poder da comunalidade, agora ela pertencia exclusivamente à nova forma de liderança, que dela podia dispor como bem lhe aprouvesse. A aristocracia tinha sua própria hierarquia, é claro, muito parecida com o sistema feudal europeu, e Paao garantiu que seu poder sobre o povo permanecesse inextricavelmente ligado ao poder do sacerdócio, para que cada qual dependesse e servisse como um contrapeso ao outro, novamente a exemplo do que ocorria na Europa. No entanto, mesmo que ele fosse capaz de transformar o incipiente sistema de classes do Havaí em um sistema de castas mais rigoroso, ele nunca foi capaz de estabelecer a servidão. Os plebeus ocupavam a terra, mas não na condição de servos. Os chefes não os possuíam, e se um plebeu não estivesse satisfeito com um chefe, podia se mudar para outra área sob um chefe diferente.

Apenas duas fontes deram a Paao qualquer oposição real ou potencial: os xamãs e os profissionais. Então Paao e seus seguidores decidiram eliminar os dois. Uma das primeiras coisas que se acabaram foi o comércio com as demais ilhas do Pacífico Sul. Não se permitiu mais que canoas oceânicas partissem (era contra a vontade dos deuses), e qualquer uma que chegasse era confiscada, de forma que não tardou para que todos os intercâmbios cessassem. Sem o comércio, não havia necessidade de construção de canoas, e assim essa atividade foi abolida. Ademais, é claro, não havia necessidade de construtores de canoas e navegadores, então essas duas profissões decaíram e seu domínio foi perdido. Já que a maioria dos astrólogos também era navegante, muito desse conhecimento também foi perdido. Setecentos anos antes de a Cortina de Ferro descer na Europa, Paao havia lançado sua ainda mais eficaz "Cortina do Oceano" no Havaí.

A Ordem de *Lono* sofreu muito sob Paao e praticamente os únicos a sobreviver nos quinhentos anos seguintes até a vinda de Cook foram os mestres agricultores, os pescadores e herbalistas, que eram inegavelmente úteis e não representavam qualquer ameaça à nova ordem. Os xamãs de *Kane* eram, em verdade, a maior ameaça a Paao em razão de seus ensinamentos de liberdade e poder individual, mas de certa forma eles também eram os dotados de menos condições de resistência a ele. Os xamãs podiam se proteger (e assim o faziam) retirando-se para as florestas e terras altas onde poucos outros desejavam ou ousavam ir; no entanto, eles só podiam influenciar as pessoas de maneiras pelas quais as pessoas quisessem ser influenciadas. Paao ofereceu segurança absoluta em troca da abdicação da liberdade e da responsabilidade pessoais, usando o medo como motivação para seguir com sua maneira de fazer as coisas. A segurança era mantida não apenas pelos soldados dos novos governantes, mas por uma classe de carrascos contratados pelos governantes e pelo sacerdócio para sair à noite e punir inimigos e reunir vítimas para os sacrifícios. A população em geral concordou com a nova ordem, e os xamãs não eram numerosos o suficiente nem organizados o bastante para se opor diretamente às políticas de Paao. Então eles se retiraram para a floresta, permitindo que seu paradeiro fosse conhecido apenas por alguns, curando aqueles que podiam encontrá-los e mantendo-se à margem de sua própria sociedade.

À época da descoberta do Havaí por Cook, no final do século XVIII, o sacerdócio *Ku* tinha um domínio rígido sobre a área, embora todas as ilhas estivessem em guerra umas com as outras. A Ordem de *Lono* havia perdido a maior parte de seu conhecimento e se tornado praticamente um ramo menor do sacerdócio, e os xamãs de *Kane* eram figuras sombrias que habitavam o interior; eram consultados em tempos de emergência, mas evitados. Somente em Kauai os xamãs mantiveram alguma influência significativa. Quando o brilhante rei Kamehameha conquistou o Havaí, Maui, Oahu e Molokai com a ajuda de conselheiros e tecnologia ocidentais, foram os xamãs de Kauai que duas vezes fizeram uso de sua magia para impedir que a ilha fosse subjugada. Kamakau relata em *Ka Po'e Kahiko* (O Povo Antigo) que em 1796 Kamehameha zarpou com 10 mil guerreiros através do canal que separa Oahu e Kauai, mas um vento forte surgiu e ameaçou acabar com toda a sua frota, o que o levou a recuar. Novamente em 1804, Kamehameha reuniu mais de 7 mil soldados para uma invasão de Kauai, armados com mosquetes, canhões, pistolas giratórias, morteiros e escunas armadas, bem como canoas. Desta vez, foi uma doença semelhante à febre tifoide que destruiu completamente seu exército e impediu a invasão. Em *Kauai: The separate kingdom*, sua abordagem desse período, Edward Joesting diz: "Em todas as ilhas, Kauai era conhecida pela natureza religiosa de seu povo (e era) muitas vezes referida como 'Kauai pule o' o' – Kauai de orações fortes."

Nem a entrada de Kauai na união de Kamehameha por meio de negociações, com a subsequente ruptura e destruição virtual do sacerdócio logo após a morte do grande rei e a chegada dos missionários, nem a aquisição do Havaí pelos Estados Unidos tiveram muito efeito sobre os xamãs do Havaí e seu modo de vida. Certa feita, vários deles deixaram as florestas para participar da tentativa do rei Kalakaua de reviver as antigas artes de cura, mas quando a influência de ativistas políticos conhecidos como "O Grupo Missionário" se tornou forte o suficiente para forçar o rei a dissolver seu Conselho de Saúde liderado pelos *kahuna*, estes silenciosamente se desligaram e desapareceram novamente.

Ao longo dos anos de supressão da cultura havaiana pelos missionários e pela nova elite econômica e política norte-americana, os xamãs da ilha permaneceram tal como haviam vivido pelos séculos de opressão iniciados por Paao. Mestres em se misturar a seu ambiente, eles permaneceram nas terras altas fora de vista ou se misturaram com seus pares como pessoas para todos os efeitos perfeitamente comuns. Em ambos os casos, suas habilidades eram inacessíveis, exceto para a família, amigos e muito necessitados. A lei no Havaí que tornou crime ser ou ser chamado de *kahuna* teve muito pouco efeito em suas atividades.

As sementes da mudança entre os *kahunas* havaianos foram semeadas pela revolução social dos anos 1960, e os brotos de mudança continuaram a crescer nos anos 1970 e 1980. Como outros povos em outros lugares, os havaianos pouco a pouco começaram a sentir novamente orgulho de sua identidade e origens, e os mais corajosos entre eles começaram a reviver e aprimorar os melhores aspectos de sua cultura ancestral. Artes e ofícios e dança e música em estilos tradicionais antigos e outros novos e extraordinários tornaram-se mais populares, e em algum momento a lei contra os *kahunas* foi excluída dos códigos. À medida que o orgulho havaiano crescia, o mesmo acontecia com as atividades dos *kahunas* havaianos. No entanto, a supressão pela Igreja e pelo Estado havia cobrado um alto preço, pois havia muito poucos *kahunas* genuínos de qualquer tipo, e havia ainda menos aprendizes em treinamento. Apesar de todo o orgulho que os havaianos sentiam de sua herança, as igrejas ainda causavam uma profunda impressão ao associar toda a tradição *kahuna* à magia negra. Mesmo os havaianos que se atrevem a buscar os aspectos curativos dessa grande tradição o fazem com algo mais do que um pouco de medo. No entanto, seus números continuam a crescer.

Hoje, porém, as grandes tradições curativas, metafísicas e xamânicas do Havaí estão sendo conservadas vivas principalmente pela mesma raça que quase as destruiu completamente. Sem o público de brancos do continente, mesmo os poucos professores *kahunas* havaianos não teriam praticamente ninguém para ensinar. Um *kahuna* havaiano amigo meu me disse que os havaianos não retornarão ao antigo folclore *huna* até que um contingente razoável de brancos diga que é bom. E outro *kahuna* havaiano que assistiu a uma das minhas palestras para ouvir o que esse *haole kahuna* estava dizendo acabou por confirmar o que havia chegado a mim, dando-me sua bênção por compartilhá-lo, ao mesmo tempo em que expressava os estranhos sentimentos que o acometiam enquanto ouvia esse conhecimento tão abertamente ensinado depois de tantos anos de repressão. Por outro lado, há alguns havaianos, embora não *kahunas* que eu saiba, que sentem que as tradições sagradas havaianas só devem ser compartilhadas com os havaianos.

De certa forma, é uma sorte e uma infelicidade que a sabedoria *kahuna* – *Huna* – seja ensinada nos dias de hoje sobretudo por caucasianos do continente. Uma sorte porque seus números, interesse e destemor relativo garantem que o conhecimento seja mantido e aprimorado; uma infelicidade apenas porque o conhecimento poderia ser útil para os próprios havaianos em sua busca moderna por autoestima e autodeterminação. Atualmente, existem menos de meia dúzia de *kahunas* professores, todos ensinando principalmente no continente. Apenas um deles é da Ordem de *Kane*, e ele também é um *haole* – branco. Esse professor sou eu. Nenhum dos xamãs *kahuna* restantes que conheço tem qualquer desejo de ensinar, mas pelo menos alguns *kahunas* das outras ordens estão começando a se apresentar e compartilhar suas habilidades e conhecimentos de cura. Tenho grandes esperanças nos poucos aprendizes polinésios que tenho, mas parece que estamos entrando em um período da história em que as diferenças estão se tornando cada vez menos importantes. O xamanismo havaiano e o espírito de *aloha* em que ele se baseia representam um modo de vida com grande valor para toda a humanidade. É um momento de união para todos, e o melhor uso de todo o xamanismo, urbano ou não, seria pela causa da paz, interior e exterior. Como diz um velho provérbio havaiano: *He ali'i ka la'i, he haku na ke aloha* (A paz é um chefe, o senhor do amor). Que a paz e o amor sejam nosso guia e nosso propósito ao trabalharmos na cura do mundo de hoje.

3
A segunda aventura: coração, mente e espírito

'A' ohe pau ka 'ike i ka halau ho'okahi

Todo conhecimento não é ensinado na mesma escola

O sistema xamânico havaiano é semelhante a outros sistemas de pensamento que lidam com a mente e seu efeito no Universo, mas algumas das diferenças são consideráveis. Muitos séculos atrás, os mestres espirituais havaianos chegaram às mesmas conclusões alcançadas por outros em vários tempos e lugares: que há um aspecto da consciência que opera secreta e indiretamente (o subconsciente); que há um aspecto da consciência que opera aberta e diretamente (a mente consciente); e que há um aspecto da consciência que transcende, mas inclui ambos (o superconsciente). As diferenças no pensamento havaiano têm a ver com sua natureza, funções e relacionamentos. No título deste capítulo, chamei-os de coração, mente e espírito, e entender o que são e como funcionam do ponto de vista havaiano pode ser uma das coisas mais práticas que você aprenderá.

Os três aspectos da consciência

O conceito de três aspectos é uma maneira de dividir a natureza complexa de um ser humano em três partes convenientes, cada uma com sua própria função e motivação. Não há nada no pensamento polinésio que implique que esses três aspectos estejam em verdade separados. É mais como dividir um mamão em três partes chamadas pele, polpa e sementes. Essas três partes são, na verdade, um mamão inteiro que veio de uma só fonte, mas às vezes é mais conveniente falar de pele, polpa e sementes separadamente. Também não há nada inerente à natureza de um ser humano que nos impeça de fazer uma divisão em, digamos, quatorze aspectos. Três é simplesmente útil, conveniente e, portanto, aceito como uma verdade prática. Em havaiano eles são chamados de *ku* (o coração, o corpo ou o subconsciente), *lono* (a mente ou a mente consciente) e *kane* (o espírito ou o superconsciente).

O aspecto do coração – Ku

A principal função desse aspecto da consciência é a memória. É graças ao aspecto do coração (*ku*) que podemos aprender e lembrar, desenvolver habilidades e hábitos, manter a integridade do corpo e manter um senso de identidade dia após dia. É um equivalente próximo ao conceito ocidental do subconsciente, mas não é idêntico.

A coisa mais importante a saber sobre a memória é que ela é armazenada no corpo como um padrão de vibração ou movimento. A memória genética é, naturalmente, armazenada no nível celular, enquanto a memória experiencial ou adquirida é armazenada em um ou mais dos muitos níveis musculares. Sob a estimulação certa – interna ou externa, mental ou física – o movimento ocorre, e a memória é liberada. Isso dá origem a comportamentos mentais, emocionais ou físicos. Se o movimento é inibido, digamos, por tensão ou estresse, então a memória relacionada também é inibida. Isso vale tanto para a memória genética quanto para a memória aprendida.

No caso da memória genética, o corpo só sabe o que seus ancestrais sabiam. Esse é um armazém tão rico, no entanto, que o comportamento e as reações físicas e emocionais geralmente são influenciados em maior ou menor grau pela memória aprendida. Em uma situação estressante, o aspecto do coração primeiro recorre à memória ancestral em busca de uma maneira de confrontar a circunstância e, em seguida, se houver várias escolhas potenciais, ele recorre à memória aprendida para uma abordagem específica. Vamos supor que você esteja em uma situação estressante envolvendo sua autoestima, que geralmente se manifesta no peito. E vamos supor que a memória genética lhe ofereça as opções de uma bronquite, um ataque de ansiedade ou asma. Se, na semana anterior, seu aspecto do coração aprendeu com outra pessoa ou com a televisão tudo sobre sintomas de bronquite, a probabilidade é alta de que seu aspecto do coração faça essa escolha.

A memória genética é armazenada em todas as células, mas a memória aprendida parece ser armazenada em áreas específicas do tecido muscular do corpo. A área de armazenamento parece estar relacionada a qual parte do corpo estava ativa ou energizada durante o aprendizado. Quando a parte do corpo em que a memória foi armazenada está sob suficiente tensão, então essa memória é inibida ou mesmo inacessível. Durante uma caminhada com uma amiga em uma região selvagem da ilha de Kauai, não conseguimos localizar nossa trilha de retorno. Concordamos que estava do outro lado de um riacho, mas não conseguíamos chegar a um consenso em relação à aparência do local; assim, passamos um dia inteiro subindo e descendo um riacho em busca de um lugar que ambos reconhecêssemos. No dia seguinte, depois de dormir em um pântano úmido e lamacento, decidi usar nosso conhecimento do aspecto do coração. Com cuidadoso questionamento mútuo, descobrimos que em sua memória do local da trilha havia um banco de lama peculiar nas proximidades, do qual eu não me lembrava, e em minha memória havia um afluente com uma grande pedra nas proximidades, da qual ela não se lembrava. Então andamos pelo riacho até encontrarmos os dois atributos próximos um do outro, e havia a trilha, bem no meio.

Quando a tensão muscular é liberada, qualquer memória armazenada nessa área e inibida pela tensão também é liberada. Isso é de conhecimento comum para quem dá ou recebe muitas massagens, mas há muitas maneiras de criar tensão e liberá-la consciente ou inconscientemente. Uma experiência frequente que as pessoas têm é a de esquecer o nome de alguém. Você pode ter uma imagem clara de um rosto em sua mente, mas o nome simplesmente não aparece. É porque aquela parte do seu corpo em que o nome está armazenado se encontra sob muito estresse no momento. Normalmente, se você deixar para lá e cuidar do seu negócio, o nome meio que passará pela sua cabeça quando você menos esperar. E isso porque, entrementes, os músculos que detinham o nome haviam relaxado o suficiente para liberar a memória. Certa vez, na África, eu estava sob alto estresse quando levei minha esposa a uma festa para conhecer o novo embaixador dos EUA e, quando a hora de apresentá-la chegou, não conseguia me lembrar do nome dela! Assegurei ao embaixador que vivia com ela havia vários anos e a conhecia bem, mas ele estava, como se pode imaginar, incrédulo. Quando Gloria finalmente disse seu próprio nome, isso desencadeou a liberação muscular certa e eu pude dizer: "Certo, é isso, Gloria."

Um choque grave que produz estresse generalizado também pode resultar em amnésia, uma condição na qual grandes áreas de memória são bloqueadas. À medida que vários grupos musculares são relaxados, a memória começa a retornar. É muito interessante, nesse sentido, que a linguagem quase nunca é esquecida por amnésicos, embora o nome pessoal possa ser bloqueado. Isso provavelmente ocorre porque os componentes da linguagem (sons das letras) são usados com tanta frequência que são armazenados em muitas áreas do corpo. No entanto, ainda há casos em que uma pessoa pode ficar de fato momentaneamente emudecida.

Ainda coro quando conto a história de ter esquecido o nome da minha esposa. O que é digno de nota é que eu coro enquanto conto, enquanto a memória está vividamente presente em minha mente. Isso nos diz algo mais importante sobre a memória e o aspecto do coração. O aspecto do coração, o corpo-mente subconsciente, não faz distinção entre passado, presente e futuro. No que diz respeito ao presente, ele é tudo o que existe. Quando uma memória vem à tona, você obtém reações fisiológicas no momento presente cuja intensidade depende da vivacidade daquilo que recorda. Por exemplo, é mais provável que você tenha reações fisiológicas mais fortes ao trazer à lembrança um momento em que foi duramente criticado aos sete anos de idade do que ao recobrar uma lembrança do almoço de uma semana atrás na terça-feira, a menos que esse almoço tenha sido ainda mais traumático. Isso significa que quaisquer memórias em que você se debruçar afetarão seu corpo no momento presente, produzindo mais ou menos as mesmas reações químicas e musculares que ocorreram quando o evento aconteceu pela primeira vez. Uma boa memória pode produzir endorfinas e uma memória ruim pode produzir toxinas, tudo no momento presente. Obviamente, quanto mais você se debruça sobre a memória, maior o efeito presente.

Explorando a memória

Dê a si mesmo cerca de quinze segundos para recordar uma memória desagradável e preste muita atenção ao seu corpo enquanto o faz. Em seguida, relembre imediatamente uma memória muito agradável por aproximadamente o mesmo tempo,

> prestando também muita atenção ao seu corpo. Você descobrirá que a memória desagradável tende a fazer você se sentir cansado, tenso, contraído, deprimido e/ou infeliz, enquanto a memória agradável tende a fazer você se sentir mais leve, expandido, relaxado e/ou feliz. Além do fato de que os dois tipos de memórias fizeram você se sentir diferente aqui e agora, observe a rapidez com que a mudança ocorreu. Em um momento você estava se sentindo mal, e no momento seguinte você estava se sentindo bem. E tudo o que foi preciso foi uma mudança de foco. Uma maneira de controlar suas emoções e sua saúde, então, é escolher em quais memórias você se permite se demorar.

Como eu disse, eu coro quando me lembro do incidente sobre o nome da minha esposa. O rubor é uma reação emocional, e as emoções são desencadeadas por memórias. Essa é a única fonte de emoções, ou do que geralmente são os chamados sentimentos. Eles não ocorrem por si só. São reações energéticas desencadeadas por padrões de memória. Ninguém anda por aí cheio de raiva, por exemplo. No entanto, as pessoas andam por aí remoendo memórias que estimulam continuamente a raiva, ou com tensão muscular que suprime memórias que liberariam a raiva se fossem trazidas à consciência. Como exemplo, novos conhecimentos ou experiências totalmente não relacionados a conhecimentos ou experiências passadas, por si só, não produzem emoção. A única maneira pela qual um novo conhecimento ou experiência poderia produzir uma emoção seria se você já tivesse um padrão de memória (na forma de hábito ou expectativa) de como reagir quando apresentado a um novo conhecimento ou experiência. Se você tivesse um padrão para lembrá-lo de que novos conhecimentos ou experiências fossem a) emocionantes ou b) assustadores, sua reação seria apropriada a esse padrão. Caso contrário, sua reação seria mais da ordem do "Hein?" ou "Isso é bom." O ponto de tudo isso é que, se as emoções são geradas por memórias de como reagir em determinadas situações, uma maneira de controlar indiretamente as emoções é alterando as memórias. Formas e meios de fazer isso serão discutidos mais adiante no livro.

As emoções também podem ser controladas indiretamente ensinando ao seu aspecto do coração um novo truque. Isso se baseia no fato de que as emoções, particularmente as emoções negativas, como medo e raiva, são sempre acompanhadas de tensão muscular.

Explorando as emoções

Sente-se ou fique em pé confortavelmente com todos os músculos relaxados (mantenha-se tenso o suficiente apenas para permanecer sentado ou em pé). Agora, usando sua memória ou imaginação, vá em frente e fique o mais irritado possível, *mas não tensione um único músculo*. Você descobrirá, caso consiga manter seus músculos relaxados, que é fisiologicamente impossível ficar com raiva. A raiva *não pode* existir sem tensão muscular, tampouco o medo. Treinar-se, portanto, para relaxar os músculos deliberadamente pode ajudá-lo a se lembrar de conhecimentos e habilidades com mais facilidade, além de permitir que você se previna ou se liberte no meio do medo ou da raiva. Além disso,

> pode ajudá-lo a quebrar muitos padrões de hábitos desagradáveis e insalubres, imprimindo em seu aspecto do coração uma nova memória de como agir ou reagir em diferentes situações.

Eu estava com uma amiga, a mesma que sai em trilhas comigo, em uma cidade chamada Kapaa esperando minha esposa nos buscar. Minha amiga me ofereceu um pouquinho da casquinha de sorvete dela, que eu tomei, e estava muito boa. Em pouco tempo ela me ofereceu outro pouquinho, que recusei, pois àquela altura estava cortando a gordura da minha dieta. Mais tarde, ela me perguntou como eu era capaz de recusar uma segunda rodada de um sorvete tão bom. Foi fácil, disse a ela. Tudo o que eu precisava fazer era manter os músculos do ombro tão relaxados que não conseguia levantar os braços para pegar o cone.

Outra coisa muito importante a saber sobre o aspecto do coração e a memória é que toda experiência, independentemente de sua fonte, é armazenada como uma memória corporal. O aspecto do coração não faz distinções refinadas sobre se a experiência veio de fonte interna ou externa, se derivou de situação física real ou de livro, filme, programa de TV, sonho, intuição psíquica ou se da própria imaginação. Tudo permanece armazenado como memória corporal. Tudo com o que o aspecto do coração se preocupa é a intensidade da experiência; ou seja, quanta reação fisiológica (emocional, química, muscular) ocorreu durante a experiência. Essa é a única base do aspecto do coração para o quão "real" a experiência foi. O lado prático disso é que uma experiência intensamente imaginada é tão boa quanto a coisa real, pelo menos no que diz respeito ao comportamento baseado na memória. Os xamãs havaianos e outros xamãs usaram esse pouco de sabedoria por eras incalculáveis como uma ferramenta para a cura e o autodesenvolvimento. Recentemente, esse antigo entendimento xamânico foi colocado em uso moderno por atletas olímpicos, entre outros, com resultados extremamente eficazes. Ao usar a imaginação sensorial completa em que eles executam perfeitamente seus movimentos em todas as ocasiões, os atletas criam memórias corporais que tornam o desempenho físico mais fácil e melhor. O mesmo processo pode ser usado para que se treine qualquer habilidade, estado ou condição.

Explorando a imaginação

Lembre-se de uma cena de um livro que você leu ou de um devaneio favorito. Em seguida, lembre-se de umas férias ou viagem que você fez. Por cerca de trinta segundos, recorde primeiro um e depois o outro. Agora, excluindo diferenças de conteúdo (grau de vivacidade ou tipo de atividade, ou decisão consciente sobre qual é real), tente determinar qualquer diferença entre os dois enquanto memória. Você descobrirá que, *como memória*, não há diferença. Você pode lembrar-se de um tão facilmente quanto do outro e, de fato, a cena do livro ou do devaneio pode ter um efeito presente mais forte em você do que a memória "real". O ponto: o aspecto do coração não faz distinções entre memórias, independentemente da fonte. Para o aspecto do coração, as mais reais são aquelas com maior impacto sensorial.

A principal função do aspecto do coração é a memória, e sua motivação primordial é o prazer. Para ser mais preciso, a motivação do aspecto do coração ruma ao prazer e se distancia da dor. Todo o seu comportamento mental, emocional ou físico habitual – ou seja, baseado na memória – tem essa motivação. É por isso que você gosta de fazer certas coisas e não gosta de outras, a razão de algumas coisas serem mais fáceis de fazer do que outras e por que você procrastina mesmo quando há algo importante a fazer. O aspecto do coração se move automaticamente em direção ao que é prazeroso e faz o possível para evitar o que é doloroso.

Se você criar uma memória "futura" – em outras palavras, se você imaginar o que acontecerá se fizer uma determinada coisa – o comportamento de seu aspecto do coração será fortemente influenciado pelo fato de a memória carregar a expectativa de dor ou prazer. Se você criou a expectativa/memória de que os encontros humanos podem resultar em rejeição dolorosa, achará difícil conhecer ou estar com pessoas, fazer telefonemas (especialmente telefonemas de vendas) e possivelmente até escrever cartas. Por outro lado, se o pensamento de tais encontros evoca uma expectativa/memória de contato prazeroso, então tais coisas serão fáceis e agradáveis para você. E se, como é muito comum, seu aspecto do coração tiver expectativas/memórias, a facilidade ou dificuldade dessas atividades variará de acordo com seu nível atual de autoconfiança e autoestima (também chamado de "humor").

Há ocasiões em que a única escolha disponível para o aspecto do coração é a escolha entre duas dores. O aspecto do coração não é capaz de fazer escolhas criativas; não consegue inventar novas soluções. Só pode fazer o que aprendeu com a experiência passada ou o que pode copiar dos outros no presente. Quando confrontado com uma situação dolorosa, a inclinação normal do aspecto do coração é mover em direção a uma resolução prazerosa, mas só pode fazer isso lembrando, copiando ou recebendo instruções da mente consciente. Se a mente consciente não estiver participando da solução, e se nenhuma solução prazerosa estiver disponível no presente ou no passado, então o aspecto do coração deve usar o presente ou o passado para chegar à solução que produz menos dor. Se você estiver trabalhando em um lugar que faz com que você reaja com um estresse crescente que ameaça a integridade de seu corpo e você não está reagindo conscientemente a essa circunstância (porque você precisa do dinheiro, por exemplo), o aspecto do coração pode avaliar a situação ou lembrá-lo e dar-lhe uma gripe para tirá-lo de lá. Do ponto de vista do aspecto do coração, a gripe não é agradável, mas é melhor do que a dor de permanecer no trabalho. Você melhora quando decide sair, quando é demitido ou quando a dor da gripe se torna maior do que a memória da dor de estar no trabalho (o papel dos vírus será considerado no capítulo sobre a cura do corpo).

Às vezes, você passará por uma grande dor mental, emocional ou física para realizar algo. Atletas, alpinistas, vendedores, cientistas, estudantes e muitos outros podem passar por isso. O que acontece aqui é a adição de um fator chamado "importância". As pessoas passarão conscientemente pela dor, até mesmo pela dor severa, apenas quando alguma outra parte delas decidir que o resultado final ou objetivo do que estão fazendo é mais importante – e, portanto, contém mais prazer potencial – do que a dor pela qual precisam passar, *e* quando o objetivo potencialmente prazeroso é mantido em mente. O ganho tem de ser maior que a dor. O atleta quer o prazer de vencer, o alpinista quer o prazer de chegar ao topo, o vendedor quer o prazer de obter mais dinheiro, o cientista quer o prazer de resolver um problema, o aluno pode querer apenas o prazer de chegar ao fim. O ponto é que todo comportamento, os hábitos e a ação são influenciados pela motivação em direção ao prazer.

Para fazer valer a função de memória e engajar sua motivação, o aspecto do coração usa sua principal ferramenta, a sensação. De acordo com esse conceito, toda memória é sinestésica, ou relacionada ao corpo; todo prazer e dor também; e toda experiência, mesmo feita de emoções e ideias, produz sensações físicas. Como xamã urbano, você vai querer desenvolver e ajustar essa importante ferramenta de sensação ou consciência sensorial. A parte de você que pode fazer isso é o assunto da próxima seção.

O aspecto da mente – Lono

O aspecto da mente (*lono*) é aquela parte de si mesmo que está consciente dos influxos internos e externos; de memórias, pensamentos, ideias, imaginações, intuições, palpites e inspirações, bem como impressões sensoriais de visão, som, toque, paladar, cheiro, profundidade, movimento, pressão, tempo e outros. Ele permanece na fronteira, por assim dizer, entre os mundos interno e externo. A função primordial do aspecto da mente é a tomada de decisão. Como o processo de tomada de decisão inclui elementos como atenção, intenção, escolha e interpretação, discutirei cada um deles com muitas sobreposições entre si.

Uma das decisões que o aspecto da mente tem de tomar com frequência é onde concentrar a atenção. Há tantas coisas para se estar ciente a qualquer momento que uma tentativa de estar ciente de todas elas de uma só vez logo reduziria alguém à total ineficácia. A consciência total requer inação, porque a ação requer exclusão. Fazer o que quer que seja significa não fazer muitas outras coisas. Aumentar a atenção em relação a uma coisa significa diminuir a atenção em relação a muitas outras coisas. Portanto, parte do papel do aspecto da mente é tomar decisões que resultem em consciência seletiva, a fim de aumentar a habilidade ou eficácia do indivíduo. Em outras palavras, o aspecto da mente decide entre o que é e não é importante, e a atenção segue a decisão. A maioria dessas decisões é baseada no padrão de memória de prazer e dor do aspecto do coração (*ku*), mas o aspecto da mente (*lono*), baseado em outros tipos de decisões, pode ter uma infinidade de outras razões para a atribuição de importância. Quando a atenção está concentrada em algo importante para os padrões do aspecto da mente, o foco pode ser estreito ou amplo, dependendo de quanto da atenção potencial é considerada importante.

Explorando a atenção

> Encontre um pequeno objeto para olhar a cerca de três metros ou mais de distância de você. Ao conservar a atenção no objeto, permita que sua consciência se expanda em torno dele para incluir outros objetos acima, abaixo e de um lado e de outro. Agora olhe para o primeiro objeto mais de perto e descubra alguns detalhes sobre sua aparência. Nesse caso, a importância estava implícita pelas orientações do próprio experimento. Quando você direcionou sua atenção pela primeira vez ao objeto focalizado, quase tudo em sua consciência esmaeceu. Então você expandiu seu foco para ampliar sua consciência. Por fim, você vai observar que, quando sua atenção foi atraída a um detalhe do primeiro objeto, sua consciência de quase tudo o mais diminuiu novamente. Este experimento simplesmente ilustra como a importância opera e como a atenção é flexível.

A intenção é um tipo de tomada de decisão que direciona a atenção bem como a atividade. É uma maneira poderosa de administrar o aspecto do coração, que, usado corretamente, traz consequências extraordinárias à saúde, à felicidade e ao sucesso. A teoria do gerenciamento reconhece três estilos principais de operação: o autoritário, o democrático e o *laissez-faire*. Ela também descreve os três modos fundamentais pelos quais as pessoas lidam com seu aspecto do coração. Para tornar nossa discussão mais clara, vamos chamá-los de estilos controladores, cooperativos e não controlados.

Quando você pretende atravessar a sala, a intenção é seguida pela consciência, esta por sua vez acompanhada da ação. Um estilo controlador de gerenciamento do aspecto do coração envolverá um aspecto da mente que monitorará e corrigirá constantemente o aspecto do coração para garantir que ele não faça nada de errado. O efeito costumeiro de tal controle é um movimento rígido e desajeitado ou, na pior das hipóteses, um movimento desajeitado e espasmódico (se houver algum movimento). O estilo cooperativo envolve o aspecto da mente mantendo a intenção e confiando ao aspecto do coração a realização do que ele já sabe realizar.

O efeito usual disso é um movimento suave ou, na melhor das hipóteses, um movimento fluido e gracioso. O estilo não controlado geralmente resulta em nunca chegar ao outro lado da sala, porque o acréscimo de muitas coisas prazerosas ou importantes distraem a atenção. Quando você está falando com alguém com a intenção de expressar algo definido, o aspecto do coração acessa sua memória e de uma maneira milagrosa que ninguém ainda pode explicar, ele faz as cordas vocais vibrarem e move a mandíbula, a língua e os lábios de tal forma que sons mais ou menos significativos são produzidos. Um aspecto da mente controlador interfere no processo tentando garantir que as palavras certas sejam ditas da maneira correta e geralmente cria estragos na forma de interromper a fala com muitos "ehhh" ou "sabe?" ou até mesmo gagueira. O aspecto da mente cooperativo mantém a intenção e deixa o aspecto do coração fazer o que quer, o que muitas vezes produz humor espontâneo e achados ou frases inesperadamente boas. O aspecto da mente sem controle deixa o aspecto do coração se desviar muito do assunto ou até mesmo falar bobagens. O que o aspecto do coração sabe, ele sabe bem, e isso inclui tudo, desde como se curar até como executar as habilidades que aprendeu. Ouvi há pouco tempo que as asas deltas são projetadas para voar perfeitamente todas as vezes. Os únicos acidentes de asa delta são causados pelo controle excessivo por parte de seres humanos temerosos. Como veremos em breve, é o aspecto da mente que gera medo. O aspecto do coração é muito parecido com uma asa delta perfeitamente projetada. Controlado em excesso, ele não funcionará adequadamente; sob orientação cooperativa, ele fará o que você quiser; sem direção, ele irá para onde quer que as correntes da vida o levem.

Escolher é o que a maioria das pessoas pensa como tomada de decisão. Escolher é tomar a decisão de voltar a própria atenção para uma direção em lugar de outra, ou fazer uma coisa em vez de outra (o que se faz enquanto se faz é feito pelo aspecto do coração). Muitas pessoas experimentam grande dificuldade em tomar tais decisões, e geralmente dizem que têm medo de tomar a decisão errada e ver as coisas tomarem um rumo indesejado por causa disso. O que elas realmente temem é o sentimento de frustração ou a desaprovação. Bem, em primeiro lugar, ninguém pode tomar uma decisão errada sobre o futuro porque uma decisão presente não cria um evento futuro. Decisões presentes só podem criar eventos presentes. Os eventos futuros são criados por decisões futuras, ou melhor, decisões tomadas quando o futuro é uma experiência do momento presente. Se duas pessoas que vivem em St. Louis, Missouri – uma delas caracterizada como uma pessoa de pensamentos positivos, e a outra, como uma pessoa de pensamentos negativos –, estão tomando uma decisão sobre se mudar para Honolulu ou Nova York e ambas escolhem Honolulu, é grande a probabilidade de que aquela que pensa positivamente venha a ter uma experiência positiva e aquela que pensa negativamente venha a ter uma experiência negativa. Há também uma grande probabilidade (a menos que tenham lido este livro) de que cada um celebre ou lamente a decisão sobre a mudança a depender de sua experiência. Na verdade, se cada um tivesse escolhido Nova York, a situação teria sido a mesma.

Uma decisão não faz o futuro acontecer de maneira determinada. É como você continua a pensar depois de tomar uma decisão que faz com que o futuro se revele da maneira que for. Quanto à frustração, isso nada mais é do que uma decisão de se sentir mal acerca de um resultado. E não tomar uma decisão por ter medo de se sentir frustrado é como dizer que tem medo de tomar uma decisão para se sentir mal no futuro, independentemente do resultado, ou que tem medo de que o resultado possa não ser o que você deseja. Não sei quanto a você, mas isso soa uma grande bobagem para mim. É como não sair da cama porque você pode decidir sentir-se infeliz com alguma coisa, ou porque as coisas, quaisquer que sejam, podem não sair conforme o planejado. Como veremos, a decisão sobre a infelicidade nada tem a ver com os eventos, e (chego quase a detestar dizer-lhe isso) as coisas raramente saem de acordo com o planejado. Se o seu pensamento estiver certo, muitas vezes elas resultam melhores. Em termos de escolher em que se concentrar ou o que fazer, então, de fato não importa o que você escolher. Algumas coisas que você escolhe podem ser mais fáceis do que outras, mas isso tem a ver com a memória e os hábitos do aspecto do coração existentes, e não com o que seja escolhido. Muito mais importantes do que essas escolhas são as decisões que você toma sobre a experiência de interpretação.

A interpretação é uma decisão sobre o significado ou a validade da experiência. Esse tipo de decisão estabelece padrões de expectativa e filtragem que têm grande influência na experiência futura. A interpretação é feita por avaliação ou análise. A avaliação é basicamente uma decisão de que algo é bom ou ruim, certo ou errado, enquanto a análise é uma decisão de que algo é ou não é. Quando você avalia o desempenho de um funcionário, procura coisas para criticar ou elogiar; você toma decisões sobre quais aspectos de seu desempenho são ruins e quais são bons. Quando você analisa o desempenho de um funcionário, toma decisões sobre eficácia e eficiência. Uma meta definida é alcançada dentro de um determinado período de tempo ou não. Depois de fazer um julgamento de valor com seu aspecto da mente sobre eficácia ou eficiência, você está fora de análise e em avaliação. A diferença é bastante importante para a clareza de pensamento, porque a avaliação geralmente gera respostas emocionais de felicidade, medo ou raiva, enquanto a análise pura não. Isso ocorre porque o que é "bom" estimula padrões de expectativa de prazer (aprovação, aceitação) e o que é "mal" estimula padrões de expectativa de dor (desaprovação, rejeição). A mera existência apenas estimula o interesse ou a indiferença (com base em padrões de decisão de importância).

Falei da motivação primária do aspecto do coração ser o prazer, o que explica muito do comportamento humano. Além disso, o comportamento pode ser explicado pela motivação primária do aspecto da mente, que é a ordem. Ordem não significa necessariamente limpeza, embora alguns aspectos da mente possam interpretá-la dessa maneira. Tem mais a ver com regras, categorias e compreensão. Os aspectos da mente humanos adoram a lógica, mesmo quando a lógica é baseada em suposições tolas; e eles adoram explicações, desde que as explicações sejam baseadas na memória e motivação do aspecto do coração, ou se elas produzem ordem a partir da desordem. Algumas pessoas passam a vida inteira classificando plantas, por exemplo, e tudo bem se gostarem. A natureza, porém, *não* se divide em gênero, família e espécie. Essas são apenas categorias inventadas por aspectos da mente humanos para trazer um senso de ordem à esmagadora variedade da natureza. E algumas pessoas insistem em saber *por que* as coisas são do jeito que são antes de se darem permissão para mudar. A compreensão não é necessária para provocar mudanças positivas, mas muitas pessoas se sentem melhor se tiverem explicações primeiro. Quando o medo está presente, a motivação para a ordem torna-se uma motivação para a segurança.

A ferramenta fundamental do aspecto da mente é a imaginação. Como o aspecto da mente é a única parte de você sob seu controle direto, o desenvolvimento dessa ferramenta é de suprema importância para o xamã urbano. É através de sua imaginação que você influencia e direciona seus aspectos e o mundo ao seu redor.

O aspecto espiritual – Kane

O aspecto espiritual (*kane*) é concebido como um aspecto "fonte", essência puramente espiritual que manifesta ou projeta sob as formas da realidade nosso ser fisicamente orientado. Também pode ser chamado de alma ou supra-alma, desde que você não tenha a ideia de que é algo que possa se perder ou se separar de você. Por essa razão, muitas vezes é chamado de eu divino ou Eu Superior [ele vem, contudo, de uma fonte ainda mais elevada, que se pode chamar de divindade ou qualquer outro termo que se prefira]. Na tradição havaiana, é frequentemente chamado de *aumakua* e pode estar simbolicamente relacionado aos antepassados ou avós.

A principal função do aspecto espiritual é a criatividade sob a forma de experiência mental e física. Em termos mais simples, o aspecto da mente (*lono*) gera um padrão ao decidir que algo é verdadeiro, o aspecto do coração (*ku*) memoriza o padrão, e o aspecto espiritual (*kane*) vale-se do padrão para manifestar a experiência. Ao mesmo tempo, o aspecto espiritual não cessa de dar inspiração com vistas à melhora do padrão, pois sua principal motivação é a harmonia. Essa inspiração pode vir mentalmente, como na meditação, ou pode vir fisicamente por meio de presságio contido no movimento de pássaros, animais ou nuvens ou talvez, nos tempos modernos, no conteúdo de uma conversa, um livro ou mesmo um programa de TV. Seja como for, a motivação é ajudar todo o eu a integrar seus padrões de forma mais harmoniosa aos demais na comunidade e no meio ambiente.

O aspecto espiritual nunca interfere na experiência, a menos que haja alguma possibilidade de perder-se do seu caminho de vida. Isso não é o mesmo que predestinação. A ideia é que você-enquanto-aspecto espiritual decidiu realizar certas coisas durante esta vida e as realizará: chutando e gritando ou rindo e dançando, você cumprirá sua missão. É algo como ter decidido zarpar de uma margem de um oceano para a outra. O destino que você se atribuiu é chegar ao outro lado, mas a direção específica que você toma, as correntes que você segue, os tipos de velas que você usa, o tipo de tripulação que você assume, as ilhas em que você para e as posturas que você desenvolve ao longo do caminho dependem de você. O aspecto espiritual intervém diretamente apenas quando um evento que está prestes a ocorrer o leve, direta ou indiretamente, a não alcançar o outro lado. Essas ocasiões geralmente assumem a forma de pequenos “acidentes” que quebram uma linha de pensamento que você não consegue recuperar. Pode ser algo tão simples como ser atropelado por um transeunte ou bater o dedo do pé. Uma vez eu estava jantando com alguns companheiros xamãs em um restaurante chinês em Kauai, e uma mulher à minha direita havia acabado de começar a nos contar uma história a respeito de alguma coisa quando peguei um prato no meio da mesa. No meio do caminho, minha mão de repente se virou para a direita e derrubou uma taça de vinho em cima da mulher que contava a história. Ajudamo-la imediatamente a limpar-se, mas depois ela não conseguia lembrar-se do que estava falando, nem ninguém mais. Semanas depois, a mulher ainda não conseguia se lembrar do que estava dizendo ou prestes a dizer. Pedi desculpas na ocasião, é claro, mas estava completamente despreocupado acerca do ocorrido, pois tinha uma forte intuição sobre o que havia acontecido. Ficou claro para mim de que se tratava de uma intervenção do aspecto espiritual: a história teria consequências prejudiciais (em termos do caminho de vida) para uma ou mais pessoas presentes.

A principal ferramenta do aspecto espiritual (*kane*) é a energia. O universo é feito de energia, e é a energia que sustenta, mantém e muda os sonhos da vida. A imaginação do aspecto da mente (*lono*) direciona a energia, e a sensação do aspecto do coração (*ku*) nos permite experimentar seus efeitos.

Muitas tradições e ensinamentos expressam a ideia de que entrar em contato com seu aspecto espiritual é um processo árduo e de longo prazo que envolve grande autodisciplina e técnicas especiais. Digo-lhe, aqui e agora, que é simples e fácil. Assim deve ser. Pois nada é tão intimamente parte de você quanto seu próprio espírito.

Explorando a conexão espiritual

> Sente-se confortavelmente e feche os olhos; respire fundo algumas vezes e fique atento ao seu corpo. Agora imagine algo bonito, o mais bonito possível. Pode ser algo da sua memória, algo que você viu ou leu, ou algo que você inventou agora. Pense nisso fortemente. Em um momento ou mais, você pode sentir sensações de relaxamento, prazer ou energia. Esse é o aspecto do coração dizendo que você está agora em contato direto e consciente com seu aspecto espiritual. Este também é um bom momento para uma comunicação consciente. Uma das melhores maneiras de comunicar-se diretamente com seu aspecto espiritual é dizer "obrigado". Obrigado pelas coisas boas que são e pelo bem que está por vir. Reserve alguns momentos, sendo tão específico quanto quiser, e termine com alguma frase que signifique para você uma conclusão e uma expectativa positiva. "Que assim seja", "amém" ou o "*amama*" havaiano são exemplos.

Na medida em que você acreditar e confiar, você obterá resultados. É com isso que vamos lidar a seguir.

4
A terceira aventura: os princípios fundamentais

Hili hewa ka mana'o ke' ole ke kukakuka

As ideias correm soltas sem discussão

Meus professores me disseram que, há muito tempo, alguns curandeiros sábios se reuniram para compartilhar suas observações sobre a vida e a cura e organizá-las de tal forma que pudessem ser facilmente ensinadas e lembradas como um ofício. Embora pudessem ter escolhido uma centena de ideias, eles escolheram expressar sua sabedoria em sete princípios básicos em virtude do simbolismo esotérico do número sete. Estes são essencialmente princípios de manifestação, da causa oculta ou interna de eventos externos, e em muitas tradições antigas o número sete representa esse conhecimento interior porque é composto pelos números três e quatro, que por sua vez representam as forças ou polaridades masculina e feminina primordiais do universo. Nem todas as tradições concordam sobre qual é qual, no entanto. Em havaiano, o número sete é *hiku,* composto por duas sílabas – *hi,* o princípio feminino (que significa "fluir") e *ku*, o princípio masculino (que significa "permanecer firme").

Os sete princípios do xamã

Aprendi os sete princípios em sua forma havaiana como sete palavras individuais com muitos significados estendidos, mas, para ensinar esse conhecimento na cultura ocidental, tive de traduzir cada palavra em uma sentença básica. Logo ficou claro que as sentenças básicas não conseguiam capturar o suficiente da essência de cada princípio, então adicionei vários "corolários" para cada frase.

Os princípios e corolários que se seguem representam uma filosofia de vida viável e orientam a prática do xamanismo urbano.

O primeiro princípio: Ike *– O mundo é o que você pensa que é*

A depender do seu ponto de vista, uma cabaça d'água pode estar meio vazia ou meio cheia. A depender dos seus planos, a chuva pode ser boa para as colheitas ou ruim para o piquenique. A depender de sua postura, um problema pode ser um obstáculo ou um desafio. Essas são maneiras claras, óbvias e compreensíveis pelas quais nosso pensamento afeta nossa experiência. De uma maneira mais sutil – mas muito bem documentada nos campos da psicossomática, psicoimunologia e psicologia motivacional – sabemos que pensamentos de medo, preocupação, raiva e indignação nos podem deixar doentes e diminuir nossa eficácia, enquanto pensamentos de confiança, determinação, amor e perdão nos podem fazer bem e aumentar nosso desempenho. Estendendo-se para o reino metafísico, deparamo-nos com a ideia de que os pensamentos atrairão telepaticamente seu equivalente. Em outras palavras, para simplificar, pensamentos positivos atrairão pessoas e eventos positivos, e pensamentos negativos atrairão pessoas e eventos negativos. Isso é menos óbvio do que os exemplos anteriores, mas milhões de pessoas reconhecem a noção e uma avaliação cuidadosa e honesta de seus pensamentos e sua vida demonstrará claramente o efeito. Depois, há a ideia esotérica mais profunda compartilhada por muitos professores espirituais em todo o mundo de que sua experiência é determinada por sua fé, por aquilo em que você acredita. E tanto a história antiga quanto a contemporânea estão cheias de exemplos do poder do pensamento na forma de oração, fé e convicção para mudar as condições físicas, eventos e circunstâncias. Todas essas ideias estão incluídas no primeiro princípio dessa filosofia. E um pouco mais.

Corolário: Tudo é um sonho

Além de reconhecer os efeitos da postura, das expectativas, da telepatia e da crença sobre a experiência, os xamãs também conservam a ideia excepcionalmente sutil de que a vida é um sonho; que, de fato, é pelo sonho que trazemos nossas vidas à existência. Isso não significa que a vida seja uma ilusão. Significa que os sonhos são reais, e a realidade é um sonho. Isso significa que a realidade que você está experimentando neste exato momento é apenas um dos muitos sonhos. A princípio, isso soa tão estranho que é confuso e parece ilógico, porque você pode bater a mão contra uma parede e sentir sua solidez, você pode ouvir o som ao seu redor e pode ver muitos objetos em grande detalhe. O que há de tão onírico nisso? Pense um minuto. A parede contra a qual você bateu a mão não é realmente sólida, nem a sua mão. Ambos são compostos de moléculas que são, por sua vez, compostas de átomos, estes, sobretudo, campos de energia que vibram em diferentes frequências. Sua mão não atravessou a parede, pura e simplesmente, porque ela e a parede estão vibrando em frequências tão próximas que elas sofrem de interferência mútua. Ao mesmo tempo, as frequências de rádio e televisão, por exemplo, atravessam a parede e sua mão como se ambas nem estivessem lá. Quando você bateu na parede, não estava batendo em um objeto sólido. Em vez disso, dois campos de energia se encontraram, e a informação foi transmitida ao seu cérebro, onde foi interpretada por você, a partir da memória, como a experiência de bater em uma parede. E o som que você ouve? Vamos supor que seja música. Em verdade, porém, o que você escuta diretamente não é música. Você está experimentando um padrão de onda vibracional se movendo pelo ar que atinge seu tímpano e é traduzido em um impulso nervoso elétrico recebido pelo cérebro. O cérebro, então, emite um sinal que você interpreta, mais uma vez com base na memória, como música. Por fim, os objetos que você vê só são vistos porque a energia da luz ricocheteia em outros campos de energia em direção aos seus olhos, onde as frequências são traduzidas em padrões que você interpreta como objetos. O que parece ser a realidade externa é, de fato, coisa da sua cabeça. Ora, isso soa como um sonho.

Enquanto você estiver se recuperando disso, pense a respeito. Você já teve um sonho durante o sono que parecia tão real ou até mais real do que sua experiência cotidiana? Se sim, então você sabe que a única maneira de saber a diferença era que este sonho (ou realidade) tinha mais memórias que você poderia conectar a ele. No entanto, do ponto de vista do xamã, as memórias são apenas outros sonhos. Se você não teve um sonho tão realista, pode ter ouvido ou lido sobre pessoas – místicos, bêbados, esquizofrênicos, pessoas que usam drogas, que estão privadas de sono, doentes, idosos, crianças ou xamãs – que tiveram o que psicólogos e psiquiatras gostam de chamar de "alucinações" que para eles eram tão reais, ou mais reais, do que o sonho que chamamos de experiência comum (*alucinação* significa "seu sonho não corresponde ao meu sonho").

Pense no fato de que o único teste que usamos para a realidade de tais experiências é se alguém as experimentou ou não. E mesmo isso nem sempre é o bastante. Se você está com raiva de ser deixado de fora ou não gosta do que os outros dizem que experimentaram, você sempre pode chamar isso de "alucinação em massa". Para os xamãs, a experiência que chamamos de realidade cotidiana comum é uma alucinação em massa ou, para dizer mais educadamente, um sonho compartilhado. É como se todos nós estivéssemos tendo nossos próprios sonhos individuais sobre a vida e o compartilhamento ocorre em pontos de acordo ou consenso. Se você entrasse no meu escritório agora, nós dois poderíamos concordar que eu estou trabalhando no meu computador que tem uma escultura da palavra *amor* e uma escultura de jade de um *tiki* Maori da Nova Zelândia na frente dela. É possível, porém, que você não seja capaz de sentir ou ver o campo de energia ao redor do jade, e talvez eu não seja capaz de sentir o cheiro do seu perfume ou loção pós-barba, nem ouvir a música vinda de seus fones de ouvido. Alguns elementos dos nossos sonhos seriam compartilhados, outros não. É claro que sempre haveria a possibilidade de você se aproximar para que eu pudesse sentir o seu cheiro e colocar os fones em meus ouvidos para ouvir a música, e eu poderia ensinar você a sentir a energia do jade, mas isso não prova nada sobre sonhos e realidade, porque podemos aprender a compartilhar essas outras experiências geralmente chamadas de sonhos também.

Com seu pragmatismo, os xamãs urbanos sabem que há uma questão nesse ponto de vista. *Se* esta vida é um sonho, e *se* pudermos acordar totalmente dentro dela, então podemos mudar o sonho mudando nosso sonho. Exploraremos muitas maneiras de mudar o sonho da vida neste livro, a maioria das quais funcionará para você, quer você decida que a vida é um sonho ou não. Para aqueles que se atreverem a experimentar tal ideia, uma rica aventura cheia de desafios e oportunidades se abrirá.

Corolário: Todos os sistemas são arbitrários

Há uma história de um jovem que embarcou em uma jornada perigosa e demorada para encontrar um velho sábio e perguntar-lhe o sentido da vida. Quando finalmente confrontou o sábio e fez sua pergunta, o velho respondeu: "A vida é apenas uma tigela de cerejas". A princípio atordoado e sem palavras e depois furiosamente zangado, o jovem disse: "É isso? Eu vim até aqui, atravessei oceanos, montanhas, desertos e selvas para encontrá-lo e perguntar o sentido da vida, e tudo o que você tem a dizer é que a vida é uma tigela de cerejas?!" O velho sorriu, mexeu o roupão e respondeu: "Tudo bem, então a vida não é apenas uma tigela de cerejas."

Por incalculáveis eras, os humanos procuraram encontrar o Significado Final e a Verdade Absoluta, algo sólido e eterno para seus *aspectos da mente* se agarrarem. Eles recorreram ao Misticismo, à Religião, à Ciência, à Metafísica, à Arte e à Filosofia para dar sentido à vida, para que pudessem se sentir mais seguros em si mesmos e, muitas vezes, controlar a vida para se sentirem mais seguros fora de si mesmos.

Os xamãs criaram sua própria solução para o problema do significado por uma extensão lógica das ideias de que tudo é um sonho, e o mundo é o que você pensa que ele é. Se essas suposições são aceitas como fundamentos, então, obviamente, todos os significados são inventados, e a Verdade Absoluta é o que você decidir que ela é. O significado da experiência depende da sua interpretação ou da sua decisão de aceitar a interpretação de outra pessoa, e a decisão de aceitar uma suposição básica também é arbitrária. Portanto, todos os sistemas que descrevem a vida e seu funcionamento são arbitrariamente constituídos com base em determinadas decisões de aceitar esta ou aquela interpretação da experiência. Assim, o que de fato importa não é se um determinado sistema é verdadeiro (um conceito arbitrário), mas o quão bem ele funciona para você. O sistema conhecido como *huna*, com seus sete princípios, é reconhecidamente tão arbitrário e racionalizado quanto qualquer outro sistema. Portanto, não é apresentado como Verdade, mas como um conjunto de hipóteses que permitem que você pratique o xamanismo da forma mais eficaz. Não é muito diferente de aprender as escalas na música ou as regras de perspectiva na pintura para que você possa praticar esses ofícios de forma mais eficaz. Os princípios de qualquer ofício são úteis para a sua prática, mas não se aplicam necessariamente a um ofício diferente ou a um aspecto diferente da vida. É por isso que os sete princípios não são apresentados como dogmas e não precisam ser defendidos. Se eles funcionam para você, use-os; se não, use outra coisa. Um xamã sábio se sente livre para mudar os sistemas à vontade, de acordo com a situação em questão. Este corolário também permite uma grande tolerância para outros sistemas, porque eles não são vistos como antagônicos ou ameaçadores, mas simplesmente como diferentes pontos de vista.

Explorando o poder do pensamento

Se o mundo é o que você pensa que é, então você precisa ser capaz de mudar seu mundo mudando seu pensamento. Sente-se confortavelmente com os olhos abertos e vire a cabeça o máximo que puder para a esquerda e olhe para a frente. Encontre algo em seu campo de visão que você identifique como ponto de referência e traga sua cabeça para frente novamente. Agora feche os olhos, mantenha a cabeça imóvel e *imagine* que você está virando lentamente a cabeça para a esquerda com muita facilidade e leveza, sem qualquer tensão, muito além do ponto de referência, até que esteja olhando diretamente para trás sem qualquer problema. Imagine a sensação e o sentimento, bem como a visão. Em seguida, imagine trazer a cabeça lentamente de volta para a frente. Agora abra os olhos e vire a cabeça fisicamente para a esquerda. Na medida em que você foi capaz de imaginar o sentimento em sua mente, você perceberá que sua cabeça se move mais amplamente do que antes e seu campo de visão vai bem além do ponto de referência.

O que você acabou de fazer foi mudar seu corpo mudando seu pensamento. Você imaginou ser capaz de fazer algo diferente, e seu corpo respondeu ao seu pensamento mudando o que era possível apenas momentos antes. É uma demonstração simples cheia de implicações poderosas.

O segundo princípio: **Kala** – *Não há limites*

Isso parece à primeira vista absurdo, pois podemos experimentar limitações ao nosso redor. Nossos corpos só podem crescer até certo ponto, só podemos ver até certo ponto, só podemos ouvir dentro de determinado alcance, só podemos viver um certo limite de tempo sem respirar, a terra é grande demais, e temos certa quantia de dinheiro no banco. Sem limites?

Sim, sem limites. O universo é infinito, como teria que ser se o mundo é o que pensamos que é e tudo é um sonho. Como, então, explicar as limitações que experimentamos? Uma maneira é reconhecer dois tipos de limitações: criativas e filtradas.

Um universo infinito implica experiência infinita, que é o mesmo que nenhuma experiência, porque não haveria qualquer diferenciação, contraste ou sensação de mudança. O conceito de limitação criativa pressupõe o estabelecimento proposital de limites dentro de um universo infinito, a fim de criar experiências particulares. Nosso reino da experiência física, por exemplo, é arbitrariamente limitado por nosso alcance perceptivo natural das frequências da visão, som, toque, gravidade, distância e tempo, para citar os mais proeminentes, além das extensões daqueles que podemos fazer com instrumentos mecânicos e habilidades psíquicas. Sem essas aparentes limitações, no entanto, não poderíamos nem experimentar essa dimensão. Se você assumir um universo infinito, não há razão lógica para que não possa haver outros seres tão fisicamente reais para si mesmos quanto somos para nós mesmos e que vejam na faixa de frequência do ultravioleta, ouçam na faixa de frequência ultra-alta e toquem na faixa de ondas de rádio. Tanto quanto sabemos, cada um de nós experimenta as leves intrusões dos outros em nossas "áreas de vida" como estáticas. Portanto, este universo físico de nossa percepção pode ser o efeito de escolhas criativas de fatores limitantes por parte de Deus ou de nossos próprios Eus Superiores que nos permitem experimentar a vida na Terra.

Vamos reduzir este tópico a uma escala mais gerenciável. A vida é como um jogo de damas (se pode ser uma tigela de cerejas, pode ser um jogo de damas). Em um tabuleiro de xadrez, representando a dimensão física, há sessenta e quatro quadrados – metade deles preto, metade vermelho – e vinte e quatro damas, doze de cada cor. No início do jogo, você tem suas peças organizadas de um lado, e seu parceiro tem as próprias organizadas do outro. As regras dizem que você pode avançar e tomar as peças do seu parceiro quando as pula, e dobrar ou dominar sua peça quando chegar ao outro lado, o que lhe dá liberdade para se mover em qualquer direção. Ora: *a bem da verdade,* não há nada que o impeça de atribuir poderes maiores a todas as suas peças antes de começar, tomar as peças do seu parceiro sempre que quiser ou jogar as peças dele pela sala para que ele não possa movê-las. Você poderia fazer isso, mas não estaria mais jogando damas. As regras do jogo são limitações criadas para que você possa jogar o jogo. É assim que o xamã vê a vida. A questão do jogo do xamã tem a ver com o uso do mesmo tabuleiro, porém mudando as regras e as peças para que você possa jogar xadrez, expandindo assim as possibilidades de experiência dentro da mesma dimensão. A limitação criativa nos permite melhorar nossas habilidades criativas, impondo um foco em determinada faixa e interpretação da experiência. Mesmo no jogo limitado de xadrez, as mentes humanas ainda não descobriram todas as possibilidades.

Em contraste, a limitação filtrada é usada aqui para significar limitações impostas por ideias e crenças que inibem a criatividade em vez de aumentá-la, como crenças que geram desamparo e desesperança, ou vingança e crueldade. Recentemente, conversei com uma pessoa que expressou raiva irrefreável de um mundo cheio de dor e sofrimento. E estávamos discutindo isso em um lugar cheio de amor, paz e harmonia. A obsessão dessa pessoa com o sofrimento era filtrar experiências contrárias e tornar quase impossível fazer qualquer coisa a respeito do sofrimento. Limitações filtradas geram foco sem o potencial de ação positiva.

Corolário: Tudo está conectado

Em muitas culturas xamânicas tradicionais, a ideia de que tudo está conectado é geralmente representada pelo símbolo de uma teia de aranha. O xamã é a aranha que tece a teia (da vida) em um sonho lúcido a partir de fios finos que vêm de dentro. A teia não representa apenas o sonho da vida, mas também sua interconectividade. Cada parte da vida está conectada a todas as outras partes, e o que afeta uma afeta todas em graus variados. Um único pensamento de amor ou ódio afeta todo o Universo, mas seu corpo provavelmente será mais afetado do que a estrela Betelguese, assim como uma mosca ou uma folha afetará a parte da teia que uma ou outra tocam mais do que o resto, embora toda a teia possa tremer.

Embora a teia seja uma metáfora tradicional comum usada para explicar uma conexão metafísica real entre tudo, algumas pessoas podem achar mais fácil pensar na conexão em termos de uma metáfora eletromagnética de campos dentro de campos em arranjo infinito.

Ao assumir tal interconexão, podemos aceitar a possibilidade de influência à distância, que os xamãs praticam e usam para muitos tipos de cura e manifestação.

Corolário: Tudo é possível

Se não há limites, então é claro que tudo é possível. Tudo o que você precisa fazer é acreditar (o que vem do primeiro princípio). No entanto, como você não está sozinho no Universo, o grau em que algo pode ser compartilhado depende das crenças dos outros ao seu redor. Você pode ser capaz de levitar na privacidade do seu quarto, mas pode não ser capaz de fazê-lo na presença de outras pessoas por causa da descrença delas. Por outro lado, a crença de outra pessoa na levitação pode ser tão forte que você se vê capaz de fazê-lo na presença dela, mas não quando está com outras pessoas ou sozinho. Viajar entre as estrelas é possível, mas a única maneira de expressá-lo em nossa cultura atual é através de filmes ou livros (descontadas as afirmações de alguns indivíduos que podem ou não ter tido uma experiência física).

De acordo com as escrituras cristãs, mesmo Jesus teve dificuldade de realizar milagres em sua cidade natal porque as pessoas não acreditavam que o filho do carpinteiro pudesse ou devesse ter tais poderes (como me foi apontado, no entanto, outras interpretações deste evento são possíveis). De qualquer forma, quanto mais pessoas acreditarem que a mudança que você quer fazer é possível, mais fácil será fazê-la.

Corolário: A separação é uma ilusão útil

Conheço pessoas que se sentem tão presas à ideia e à experiência de conexões e relacionamentos que ficam imobilizadas pelo medo de consequências imprevistas decorrentes de seus menores pensamentos ou ações, ou se afogam em solidariedade com a dor e o sofrimento dos outros. Nesses momentos, é saudável injetar um pouco de separação criativa para funcionar melhor. O medo faz com que você perca de vista seu papel como tecelão de sonhos, e a suposição por um tempo da independência de todas as coisas ajudará a trazê-lo de volta ao equilíbrio. Da mesma forma, a empatia pura torna você tão desamparado quanto aquele que sofre. Uma solução é adicionar uma dose de separação orientando-se à compaixão, na qual você está ciente do sofrimento enquanto percebe que isso não está acontecendo com você. Então você pode ajudar o sofredor a sair disso. O ponto principal é que realmente não há limites, então, como xamã urbano, você pode se sentir livre para criar limites quando for útil.

Explorando conexões de energia

Com outra ou várias pessoas, estenda as mãos, palma a palma, a alguns centímetros de distância. Talvez não demore para você poder sentir uma sensação de calor, frieza ou formigamento. Se mover as mãos em direção ao seu parceiro muito ligeiramente, você pode até sentir uma sensação de pressão, como se estivesse exercendo pressão contra um ímã ou um balão muito leve. Agora mova as mãos para ainda mais longe e verifique se há novas sensações. O quanto você pode sentir à medida que se afasta dependerá da sua sensibilidade. O mais importante é perceber que você está tocando essa pessoa diretamente. Você estava tocando a energia dela, que é parte tão íntima de uma pessoa quanto o corpo. Não nos encerramos na nossa pele. Nossa energia, ou espírito, se estende até os confins do Universo. Estamos todos conectados a tudo porque não há limites.

O terceiro princípio: Makia – *A energia flui para onde vai a atenção*

Duas das técnicas mais bem-sucedidas e praticadas há muito tempo pelos xamãs são a meditação e a hipnose, porque ambas fazem uso do terceiro princípio. A meditação significa muitas coisas diferentes para pessoas que usam sistemas diferentes. Para alguns, ela evoca pensamentos de um monge solitário na cela de um mosteiro que habita a presença de Deus; outros pensam em yuppies sentados de pernas cruzadas em um círculo cantando mantras em uma língua que não entendem; e outros pensam em beber chá enquanto observam o sol se pôr. Todas essas e ainda outras similares são técnicas ou estilos de meditação. A meditação em si significa simplesmente pensar profunda e continuamente; em outras palavras, a manutenção do foco da atenção. A palavra vem de uma raiz latina *med*, que significa "medir", que é compartilhada com uma palavra que significa "curar" e leva à palavra *médico*. Você está meditando sempre que está envolvido na manutenção da atenção focada em qualquer coisa e, de acordo com essa filosofia, essa atenção canaliza a energia do universo para manifestar o equivalente físico do foco. No entanto, a manifestação não é apenas o equivalente ao que você está olhando, dizendo, ouvindo ou fazendo. É o equivalente à soma total de toda a sua atenção, incluindo a expectativa habitual, durante a meditação. Em outras palavras, sempre que o aspecto da mente (*lono*) está meditando, o aspecto do coração (*ku*) também está meditando. Parte do desenvolvimento de alguém como xamã envolve aprender a fazer com que *lono* e *ku* meditem na mesma coisa ao mesmo tempo. Então a magia acontece.

A hipnose é apenas outro tipo de meditação. Não há uma definição geralmente aceita de hipnose, porque algumas pessoas a tratam como um processo e outras como um estado. O processo não é de interesse aqui, mas o estado é. Como estado, a hipnose é simplesmente uma condição de manutenção da atenção focada, assim como a meditação. A principal diferença é que a meditação é considerada mais espiritual e a hipnose mais prática; a meditação é usada para limpar o karma e alcançar a iluminação, enquanto a hipnose é usada para parar de fumar e perder peso. O fato é que você pode usar uma e outra para a mesma coisa. A hipnose costumava se distinguir pelo uso de um assistente chamado hipnotizador que o ajudou a entrar no estado focado, mas a meditação guiada eliminou essa distinção. E a meditação sempre foi uma coisa privada, mas a auto-hipnose removeu essa diferença. Como processos, tanto a meditação quanto a hipnose são simplesmente técnicas diferentes para fazer a mesma coisa: reorientar sua atenção para crenças e expectativas mais positivas. Enquanto estados, ambos são condições idênticas de manutenção da atenção focada. Qualquer diferença pode ser atribuída ao objeto de foco.

Como a energia flui para onde a atenção vai, os aspectos de sua experiência presente que parecem duradouros são o efeito da manutenção da atenção focada habitual realizada por seu aspecto do coração. Se você gosta do que tem, ótimo. Se não, então você precisa encontrar alguma maneira de mudar a atenção do seu aspecto do coração para um novo padrão. Meditação e hipnose são boas ferramentas para tanto, e vou lhe oferecer algumas outras mais tarde.

Corolário: A atenção vai para onde a energia flui

A atenção é naturalmente atraída por luzes brilhantes, objetos brilhantes e ruídos altos, mas podemos não perceber que o fator comum de todos os três é sua intensidade energética. A atenção é atraída para qualquer fonte de energia que estimule fortemente qualquer um dos nossos sentidos, mesmo aqueles sentidos sutis dos quais a maioria das pessoas não tem consciência. Certas pessoas, por causa de sua intensidade emocional ou foco sensorial, têm uma aura ou campo de energia tão forte que atraem automaticamente a atenção dos outros sempre que aparecem. Em uma escala maior, algumas áreas geográficas – geralmente áreas de alta atividade ou potencial sísmico – têm uma intensidade energética mais alta do que outras, atraindo assim maiores populações, o que aumenta ainda mais a energia. Muito se escreve hoje em dia sobre pontos de poder sagrados, mas penso que o poder deles é passivo, permitindo-lhe relaxar e desestressar dos pontos de poder realmente ativos dos centros urbanos. As sensações de formigamento e os fenômenos psíquicos experimentados em tais lugares ocorrem quando você começa a relaxar e a energia represada que você carrega do lugar mais ativo de onde você veio começa a fluir. Os seres humanos são tão geradores de energia, no entanto, que se muitos deles se mudarem para um local de poder agradável, silencioso e passivo, eles logo poderão transformá-lo em um local de poder ativo, dinâmico e possivelmente estressante.

Corolário: Tudo é energia

Não é novidade para a física ou para a metafísica dizer que tudo é energia, mas as implicações lógicas são interessantes porque incluem a ideia de que o pensamento é energia e que um tipo de energia pode ser convertido em outro tipo de energia. Isso acontece quando a energia de pressão do vapor empurra uma turbina para converter energia magnética em energia elétrica, e isso acontece quando a energia elétrica atravessa um fio de resistência para produzir calor para um ferro. O calor também é gerado quando um grupo de seres humanos em uma sala fica animado ou faz certos exercícios de respiração ou meditação. Essa ideia também fornece uma explicação clara de como o pensamento pode produzir seu equivalente físico, especialmente quando amplificado pela emoção e/ou confiança.

Explorando o fluxo de energia

Para demonstrar como a energia flui para onde a atenção vai e como o pensamento afeta a energia física, pegue uma cadeira perto de onde você está sentado e sinta o peso dela. Coloque-a de volta. Agora concentre sua atenção no topo das costas da cadeira e pegue-a pelo assento novamente. Se o seu foco for bom, a cadeira ficará mais leve. Independentemente de como você queira explicar, o fato prático é que, se você tiver que levantar qualquer coisa, será mais fácil de fazer se sua atenção estiver focada no topo do objeto ou mesmo no ar, um metro acima dele.

Uma das minhas alunas, uma mulher bastante baixa, muito orgulhosamente me disse que foi a uma loja de jardinagem e comprou uma estátua de concreto para um pedestal que tinha em seu quintal. Dois balconistas fortes a carregaram para sua perua, e ela foi para casa. Lá, ela percebeu que não tinha ninguém para ajudá-la a mover a pesada estátua para fora do carro, subindo um aclive até o portão e caminhando mais seis metros em seu quintal para então colocá-la no pedestal. Depois de lamentar-se um pouco de frustração, ela se lembrou do que sabia sobre foco e fluxo de energia e o usou, em arranques curtos, realizando todo o trabalho sozinha.

O quarto princípio: Manawa – *Agora é o momento do poder*

Em algumas tradições orientais (bem como em algumas metafísicas ocidentais), suas circunstâncias atuais são o efeito de decisões e ações em vidas passadas. Se essas foram boas decisões e ações, você tem boas experiências agora, mas se elas foram ruins, você tem dor, sofrimento e tristeza agora no mesmo grau que você deu em uma ou mais dessas outras vidas. Isso é chamado de karma, uma palavra sânscrita geralmente traduzida como "causa e efeito" ou "recompensa e dívida", mas que realmente significa "ação e reação". As boas ações que você executa agora criam um karma "bom" e as más ações que você executa agora criam um karma "ruim" para suas próximas vidas. Nessas tradições, o karma geralmente não é algo que você pode mudar. Tudo o que você pode fazer é colher as recompensas ou pagar as dívidas do passado.

Uma tradição ocidental comum diz que você é recompensado nesta vida por obedecer a regras sociais ou religiosas específicas e punido nesta vida por quebrar essas regras, não importa há quanto tempo você obedeceu a elas ou com elas rompeu, nem se alguém estava lá para vê-lo fazer isso. Algumas pessoas treinadas nessa tradição podem carregar vinte anos de culpa por terem passado por uma placa de pare no deserto do Arizona às duas da manhã a 150 km de qualquer outra alma humana.

Outra tradição ocidental mais moderna elogia ou culpa sua postura, ações e circunstâncias atuais segundo a hereditariedade e em seu ambiente social inicial. A implicação é que você foi moldado por forças além do seu controle e não pode ser responsabilizado por aquilo que seus genes, seus pais ou a sociedade fizeram de você.

A tradição xamânica, tanto na versão guerreira quanto na aventureira, contrasta fortemente com as visões acima. Diz que o passado não lhe deu o que você tem hoje, nem fez de você o que você é hoje. São suas crenças, decisões e ações sobre si mesmo e o mundo ao seu redor *hoje* que lhe dão o que você tem e fazem de você o que você é. O karma existe e opera apenas no momento presente. Seu ambiente e circunstâncias neste momento são os reflexos diretos de seu comportamento mental e físico neste momento.

Graças à memória, podemos transmitir hábitos de corpo e mente de um dia para o outro, mas cada dia é uma nova criação e qualquer hábito pode ser alterado em qualquer momento presente – embora isso não signifique que seja fácil. Seus genes não determinam o que você é ou o que ocorre em seu corpo. Em vez disso, como efeito de suas crenças, você seleciona entre os imensos recursos de seu conjunto genético as características que melhor refletem suas crenças e intenções atuais. Da mesma forma, seus pais ou origem social não têm nada a ver com suas circunstâncias atuais, mas suas crenças a respeito deles no presente momento e como você reage a elas neste momento certamente tem. À medida que você transforma a si mesmo no momento presente – a seus pensamentos e seu comportamento –, você muda seu mundo.

Repetidamente, meus alunos e eu testemunhamos mudanças dramáticas na personalidade e nas circunstâncias no momento em que uma pessoa decidiu fazer uma mudança dramática de pensamento e comportamento. Vou mencionar apenas uma dessas mudanças agora. Aconteceu no Taiti depois de eu ter realizado um treinamento lá. Uma de minhas alunas, uma mulher taitiana, tinha uma briga de longa data com a irmã em razão de alguma propriedade, a ponto de a irmã estar prestes a levar o caso à justiça de uma maneira muito desagradável. Depois de refletir sobre o que ensinara na noite em que parti, essa mulher decidiu dedicar uma oração de perdão a sua irmã, a despeito do que ela tivesse feito ou fizesse. Na manhã seguinte, sua irmã ligou, disse que havia pensado em todo o assunto e decidiu desistir do processo e não disputar mais a propriedade.

Corolário: Tudo é relativo

Agora é o momento do poder, mas como definimos o que é o agora? A definição mais fácil e prática é: a área ou faixa de atenção presente. O agora pode ser este segundo, este minuto, esta hora, dia, mês ou ano, a depender do seu foco. Valer-se dessa definição, porém, envolve aceitar a incorporação à condição de agora de elementos do que normalmente chamaríamos de passado e futuro, como no caso de concentrarmos nossa atenção em dia, mês ou ano presentes. E isso está precisamente certo. O que chamamos de futuro é apenas o futuro em relação ao que definimos como o momento presente, e o mesmo vale para o passado. Se nossa atenção for abrangente o bastante, podemos até trazer a consciência de vidas passadas e futuras ao momento presente (se você acreditar nelas). Quando nossa atenção e consciência trazem aspectos do passado e do futuro para o momento presente, ambos estão dentro do alcance de nosso poder de mudá-los. O que significa que, a partir do presente, podemos mudar o passado e o futuro.

Corolário: O poder aumenta com a atenção sensorial

Há muitas pessoas que vivem no mundo hoje que nem estão aqui. A maior parte de sua atenção está focada em memórias do passado, projeções para o futuro, fantasias de mundos alternativos ou em si mesmas. Na medida em que diminuem sua consciência do momento presente durante tais ruminações, seu poder e eficácia no presente também diminuem. Quando feito ocasional ou ciclicamente para relaxamento, recreação, inspiração, planejamento ou autodesenvolvimento, pode haver grande benefício em se retirar do mundo presente, mas há um ponto de retornos decrescentes que varia com os indivíduos se tal foco for mantido por longos períodos. Infelizmente, algumas pessoas estão obsessivamente trancadas no passado, no futuro ou em outro lugar por causa de um grande medo e raiva. Culpa, indignação e preocupação os mantêm fora do presente e longe das alegrias da vida. Grande parte do medo e da raiva podem ser dissipados mudando o foco para o presente sensorial, embora as pessoas que decidiram que o momento presente é um lugar perigoso tenham mais dificuldade em fazer isso.

O que significa focar no presente sensorial e quais são os efeitos de fazer isso? Significa estar cada vez mais consciente da entrada de seus sentidos. Tão poucas pessoas praticam a consciência sensorial real que às vezes é ensinada como uma técnica de meditação, e algumas pessoas fazem isso tão bem inconscientemente que elas têm um impacto profundo nos outros ao seu redor sem qualquer intenção. Os efeitos ocorrem como resultado do terceiro princípio – fluxos de energia para onde a atenção vai. À medida que você coloca mais e mais atenção no vetor de entrada de seus sentidos, você pode progredir através de experiências de acuidade sensorial elevada, relaxamento, consciência do fluxo de energia para dentro e ao seu redor, consciência de mais coisas acontecendo ao seu redor do que você normalmente percebe... no sentido de um entendimento crescente da qualidade onírica da realidade física e uma consciência de se tornar lúcido no sonho. Parte desse processo pode assustá-lo com sua estranheza, e parte dele pode fazer com que você sinta vontade de explodir de alegria. Por outro lado, um esforço desprovido de vontade provavelmente só fará você se sentir entediado. Uma indicação da compreensão xamânica dessa prática está contida nos significados da palavra havaiana para ela, *ano* (e sua variante, *'ano*): o momento presente, semente, semelhança, paz, reverência, santo, sagrado, fogo intensivo (*a* + *no*).

Explorando o momento presente

Onde quer que você esteja, tome consciência das cores em seu ambiente, os brancos, vermelhos, laranjas, amarelos, verdes, azuis, violetas e pretos; em seguida, olhe para todas as linhas retas e curvas que você for capaz de ver, as formas dos objetos e os espaços entre eles. Em seguida, ouça todos os sons que você puder ouvir em todas as direções. E então sinta a posição de suas mãos e pés, seu corpo como um todo, a sensação de sua roupa e o que quer que você esteja tocando, o movimento de sua respiração e, da melhor maneira possível, a energia dentro e ao redor de você. Finalmente, adicione outros sentidos como gosto e cheiro, se desejar, e deixe sua atenção vagar entre todos os seus sentidos buscando cada vez mais consciência de cada um. Faça isso pelo tempo que quiser durante qualquer tipo de atividade e decida por si mesmo se vale a pena seguir. Basta lembrar que esse tipo de foco é uma habilidade que pode ser desenvolvida. O momento presente é um campo muito rico em experiência e aventura.

O quinto princípio: Aloha – *Amar é felicidade compartilhada*

Amor é uma palavra que muitas pessoas acham difícil de entender porque seu uso em inglês se banalizou bastante. É usado para denotar prazer ("Eu amo sorvete"), desejo sexual ("Eu quero fazer amor com você"), intenção ("Eu amaria colocar minhas mãos nisso"), como uma medida de carinho ("Se você me ama, você vai fazer o que eu quero"), e para expressar a necessidade viciante ("Eu vou morrer sem o seu amor"). Os efeitos do amor na música e na história contemporâneas até soam como deficiências vitamínicas (insônia, dor de estômago, perda de apetite, joelhos fracos, palpitações cardíacas, tontura, mãos suadas, febre, calafrios etc.).

Em havaiano, o significado do amor é muito claro e fornece uma orientação útil para amar e ser amado. *Aloha* é a palavra em havaiano que designa amor. A raiz *alo* significa "estar com, compartilhar uma experiência, aqui e agora". A raiz *oha* significa "afeto, alegria". Assim, a tradução completa de *aloha* se torna "amar é ser feliz com". Isso significa que o amor existe tanto quanto você se encontre feliz com o objeto de seu amor. Em qualquer relacionamento com uma pessoa, lugar ou coisa, a parte feliz vem do amor e a parte infeliz vem do medo, da raiva e da dúvida. Você não fica com as mãos suadas por estar apaixonado; você fica com as mãos suadas de medo. Você não se sente ferido por estar apaixonado; você se sente ferido por raiva. O que você recebe por estar apaixonado é a felicidade, cuja intensidade depende de quão profundamente você esteja apaixonado. Estar profundamente apaixonado significa estar profundamente conectado, e a profundidade e a clareza da conexão aumentam à medida que o medo, a raiva e a dúvida se dissipam.

Corolário: O amor aumenta à medida que o julgamento diminui

Certa vez, participei de uma oficina chamada "Atualizações" (conhecida por alguns como uma "*est*[1] com coração"), que basicamente consistia em alguns exercícios meditativos e muita troca pessoal. No meio do segundo dia, o amor e o carinho entre nós já estavam densos e, no

1. Provável referência a Erhard Seminars Training, organização fundada em 1971 pelo palestrante motivacional norte-americano Werner Erhard. [N T.]

terceiro dia, havia cem pessoas apaixonadas. O facilitador da oficina foi honesto o bastante para declarar que a situação não fora induzida; eles nem sabiam como havia acontecido; porém, acontecera. Quando você sabe como o amor funciona, no entanto, isso é fácil de entender. Cem estranhos se reuniram sem quaisquer expectativas ou história diferentes do que eles escolheram compartilhar, e tudo o que obtiveram ao compartilhar foi reconhecimento e apoio sem críticas ou julgamentos. Medo, raiva e dúvida não estavam presentes – daí, havia lugar para o amor. O amor estava sempre ali. O problema é que o medo, a raiva e a dúvida encobrem tudo.

Medo, raiva e dúvida dão origem a críticas e julgamentos negativos, que causam separação, o que diminui o amor. A crítica mata os relacionamentos. Por outro lado, o elogio os constrói e reconstrói, porque o elogio é um ato de amor – estar feliz com alguém – que esclarece e fortalece os relacionamentos. Por causa do terceiro princípio, quando você elogia, você reforça o bem ao qual se dirige seu elogio, e ele aumenta e cresce. Quando você se dedica à crítica, porém, você reforça o mal, aquilo de que você não gosta, e ele também aumenta e cresce. Um novo relacionamento geralmente é cheio de diversão, felicidade e emoção, porque a tendência no início do relacionamento entre duas pessoas é observar e se concentrar apenas no que é bom entre si. À medida que a dúvida sobre si mesmo, sobre o outro ou sobre o relacionamento em geral ganha espaço, a tendência é criticar falhas e fracassos percebidos ou imaginados. Se isso acontecer de forma rápida e aberta, é um relacionamento de curta duração, e se acontecer lenta e sutilmente, é um relacionamento longo e infeliz que se rompe diante da exaustão de um dos parceiros. Para ser direto, o relacionamento contém mais dor do que prazer. Um relacionamento em processo de desmoronamento em razão da crítica pode ser revivido e tornado feliz novamente mediante a remoção das críticas e o acréscimo de fortes doses de elogios e cumprimentos. Esse é um processo facilitado pela participação de ambos os parceiros; é possível, porém difícil, se contar com apenas um deles. A chave para o sucesso aqui é simplesmente elevar a apreciação daquilo que você gosta em seu parceiro e mostrar-se mais tolerante ao que você não gosta. O elogio telepático é tão importante quanto o elogio verbal e, às vezes, é uma maneira melhor de começar.

Corolário: Tudo está vivo, consciente e sensível

Para o xamã, a vida não se limita a plantas, animais e seres humanos, porque a vida é definida como movimento. Algumas coisas se movem muito devagar, como pedras, e algumas coisas se movem muito rápido, como a luz. Para o xamã, tratam-se apenas de diferentes tipos de vida. Além disso, operando a partir do segundo princípio, uma vez que a Fonte da Vida é infinita, e a Fonte é autoconsciente, tudo deve ser autoconsciente e, portanto, sensível em algum grau ao que acontece ao seu redor. Assim, o xamã, especialmente o xamã aventureiro, tenta agir respeitosamente em relação a tudo. Isso pode ser considerado docemente pitoresco, exceto pelo fato de ter um propósito muito prático.

Seu aspecto do coração está vivo, consciente e sensível. Quando você se critica, seu aspecto do coração se sente sob ataque e tenta se defender apertando os músculos, o que causa estresse e inibe a consciência, a memória e o fluxo de energia, tornando-o mais fraco e mais sujeito a doenças e acidentes. Uma pequena crítica não vai fazer isso, mas um hábito de autocrítica, sim. A autoapreciação, por outro lado, relaxa os músculos; aumenta a consciência, o fluxo de energia e a força; abre a memória de habilidades e faz você se sentir melhor.

Quando você critica ou elogia qualquer parte do mundo ao seu redor, três coisas acontecem. Primeiro, por causa do segundo princípio, seu aspecto do coração não distingue entre você e seu sonho, então se você critica outra pessoa, um dia chuvoso, seu carro ou o governo, seu aspecto do coração leva a crítica para o lado pessoal, e seu corpo fica tenso. E quando você elogia qualquer uma dessas coisas, seu aspecto do coração agradece, e seu corpo relaxa. Em segundo lugar, por causa do terceiro princípio, quaisquer características ou condições em que você se concentrar tenderão a aumentar de acordo com a capacidade de reação do objeto. Se você criticar uma pessoa que valoriza sua opinião, a crítica a ela endereçada, ainda que formulada com a melhor das intenções, tenderá a reforçar o comportamento que você criticou. Se ele melhorar, será a despeito de suas críticas, não por causa delas. Se a pessoa pouco se importar com sua opinião, porém, sua crítica terá praticamente efeito nenhum sobre ela, mas ainda assim afetará você. Elogiar uma pessoa ajudará a reforçar o bem de que você gosta, independentemente de ela se importar com sua opinião ou não, porque o aspecto do coração sempre responde de alguma forma ao amor. Da mesma forma, se você criticar a chuva, ela fará o que você não quer, e se você elogiar, choverá o suficiente; se você criticar seu carro, ele tenderá a quebrar com mais frequência, e se você elogiar, ele tenderá a funcionar melhor (e se ele quebrar, será para o melhor); e, preste atenção agora: quanto mais você criticar as ações do governo de que você não gosta, mais o governo tenderá a realizá-las, e quanto mais você elogiar aquilo de que você gosta, mais essas atividades serão aumentadas. Em terceiro lugar, por causa desse quinto princípio, cada crítica aumentará sua separação e diminuirá sua consciência do que você critica, até que você acabe respondendo a uma criação secundária sua que pode não ter mais nenhuma semelhança com o original. Cada elogio o aproximará cada vez mais e aumentará sua consciência do que você elogia, expandindo seu crescimento de várias maneiras.

Uma questão importante é o que fazer quando você é criticado por outra pessoa. Há muitos bons ensinamentos sobre esse assunto, então apresentarei apenas um aqui que é derivado diretamente do princípio presente. O exemplo que eu vou usar é extremo, mas a aplicação vai ficar clara.

No antigo Havaí, havia muito medo de maldições, que são apenas críticas formuladas sob a forma da ameaça, derivada de uma crença predominante no poder das palavras. Sempre que as pessoas tinham contato com xamãs, no entanto, não havia tal medo, pelo mesmo motivo. O ensinamento xamânico era que o poder de uma maldição poderia ser neutralizado e compensado pelo poder de uma bênção, que é apenas um elogio formulado como promessa. Então, se um homem zangado dissesse a um agricultor: "Que suas colheitas apodreçam e murchem!", o agricultor olhava amorosamente para seu campo e dizia: "Que minhas colheitas cresçam e produzam abundantemente". O efeito da maldição seria nulo, e as colheitas receberiam um bom impulso de energia. Aplicar a mesma ideia pessoalmente significaria simplesmente que, sempre que você for criticado, elogie-se em voz alta ou silenciosamente, e a crítica não terá efeito sobre você, desde que você não a tema.

Explorando o poder do amor

Pedirei algo que você talvez nunca tenha feito antes. Por um minuto inteiro, sente-se em silêncio, feche os olhos e elogie-se incessantemente por qualquer boa qualidade, característica ou comportamento que você possa imaginar. Não há problema em se repetir se você não consegue pensar em muito o que dizer. Com a prática fica mais fácil. Se respostas negativas ou autocríticas surgirem espontaneamente, não dê importância a elas; apenas siga em seus elogios (também não há problema em fazer isso por mais de um minuto). Quando terminar, esteja ciente de seus sentimentos e sensações. Você quase sempre se sentirá muito melhor. Em seguida, por um minuto inteiro, sente-se com os olhos abertos e elogie qualquer boa qualidade, característica ou comportamento de que você possa estar ciente em seu ambiente imediato. Novamente, não dê ouvidos às críticas e vá mais longe se quiser. Não é um sentimento maravilhoso?

O sexto princípio: **Mana** *– todo poder vem de dentro*

A maioria das filosofias ensina que somos relativamente impotentes, que o poder real existe fora de nós mesmos na forma de um deus descolado de sua criação, deuses e deusas que agem por sua própria vontade, destino, eventos passados, genes de nossos ancestrais, sociedade (o que significa outras pessoas), governo (o que também significa outras pessoas), pais, uma hierarquia espiritual de mestres que conheceram ascensão, forças do mal, Natureza... virtualmente em qualquer lugar, exceto dentro de nós mesmos. Em contraste completo e, para alguns, chocante, a filosofia *huna* ensina que *todo* o poder que cria sua experiência vem de seu próprio corpo, mente e espírito. Logicamente falando, se não há limites, então o Universo ou Fonte da Vida é infinito, e se é infinito, então todo o seu poder está em cada ponto dele, incluindo o ponto que você define como você. Mantendo essa discussão em um nível prático, nada acontece com você sem a sua participação. Para cada evento que você experimenta, você o atrai criativamente através de suas crenças, desejos, medos e expectativas, e depois reage a ele com o hábito ou responde a ele com a consciência. Neste ponto, geralmente me perguntam: "E quanto aos bebês inocentes?" Do ponto de vista espiritual, não há bebês inocentes. Na verdade, muitos bebês são mais sábios do que seus pais. Um bebê nascido em uma família abusiva ou com alguma deficiência pode ter escolhido isso como um desafio de vida (a noção da ausência de limites pressupõe a vida antes da vida, bem como após a morte), e um bebê que desenvolve uma doença ou lesão pode estar refletindo conflitos familiares que não estão sendo expressos.

Da mesma forma, ninguém mais o deixa infeliz. Você pode sentir-se infeliz porque os outros não agem da maneira que você quer ou da maneira que você acha que eles deveriam. Se você é vítima de algum tipo de abuso ou lesão, é importante perceber que algo em você ajudou a provocar isso. Isso *não* significa que você é o culpado, porque você provavelmente não estava consciente das crenças, atitudes e expectativas de sua parte que estavam envolvidas. Além disso, isso não significa que a outra pessoa era inocente, porque o que quer que ele ou ela tenha feito veio de suas próprias crenças, atitudes e expectativas, e em qualquer grau que tenham feito escolhas conscientes para fazer o mal, eles estão sujeitos às leis da sociedade. No entanto, é importante perceber sua parte no acontecimento para que você encontre condições de transformar os fatores que auxiliaram um tal desenlace em si mesmos. Se o poder estava em você para criá-lo, então o poder está em você para mudá-lo.

Corolário: Tudo tem poder

Quando algumas pessoas começam a brincar com a ideia de que são as criadoras de sua experiência, muitas vezes elas têm a estranha ideia de que ninguém mais tem nada a ver com isso. Do extremo de não ter poder, elas saltam para o outro extremo de ter todo o poder. Pelo contrário, todos têm o poder de criar sua própria experiência. Em qualquer situação ou evento, todas as pessoas envolvidas estão criando sua própria experiência. Todos têm o mesmo poder.

E tudo tem o mesmo poder. O vento, as árvores, as flores, as estrelas, as montanhas, os mares, a chuva, as nuvens e todo o resto dos elementos e objetos do Universo natural têm o mesmo poder de criar sua própria experiência. Um xamã urbano bem treinado não ficaria surpreso com a ideia de que os computadores estão usando humanos para se estruturar. O que é maravilhosamente curioso é que, a despeito das suposições que decidimos elaborar a esse respeito, de fato não temos como provar que não é assim. Eu sei que meu computador, Jonathan, pensa que é verdade. De qualquer forma, ao assumir o ponto de vista de que tudo na Natureza tem seu próprio poder, você aprende a trabalhar respeitosamente com esses poderes, em vez de tentar impor sua vontade à matéria morta. E, no verdadeiro estilo xamânico, você se torna capaz de aprender os poderes desses elementos para seu próprio uso. Nas sociedades tradicionais, o xamã aprende o poder invisível do vento, o poder de movimento da onça-pintada, o poder de cura da árvore e assim por diante. Embora ainda possamos fazer isso hoje, como xamãs urbanos também podemos aprender o poder invisível do eletromagnetismo, o poder de movimento das máquinas e o poder de cura da música. Há poder em todos os lugares, e todo o poder pode ser útil.

Corolário: O poder vem da autoridade

Na psicologia há um conceito de autoridade externa e autoridade interna. Autoridade externa é quando você dá poder de decisão a outra pessoa, e autoridade interna, considerada a variedade mais saudável, é quando você dá a si mesmo. Isso se torna mais interessante quando aprendemos que um dos significados básicos de *mana*, ou poder, é "autoridade". E ainda mais interessante quando descobrimos que a palavra *autoridade* é baseada em uma palavra que significa "criar" (da qual também obtemos a palavra autor, a propósito).

Falar com autoridade significa falar com confiança de que suas palavras produzirão resultados, como em "Haja luz!" Aqui reside o segredo do poder da oração, da bênção, dos feitiços e afirmações. Eles têm poder na medida em que são falados com autoridade. Leia o Salmo 23 ou a Oração do Senhor, caso nunca o tenha feito, ou novamente se o fez, e descobrirá que eles não são apenas tímidos pedidos de ajuda. São declarações fortes a serem reproduzidas com confiança e autoridade (ou fé e firmeza, se preferir). Deixe de lado qualquer preconceito e examine um livro sobre feitiços ocultos, e você descobrirá que eles também são declarações fortes e cheias de autoridade. Nem orações, feitiços ou afirmações farão muito bem se forem ditas com esperança melancólica ou como se as próprias palavras contivessem a magia. A autoridade confiante é a chave para a criação consciente, seja usada com palavras, visualizações ou sentimentos.

Explorando o poder da autoridade

Para desenvolver um sentimento de autoridade confiante, olhe ao seu redor e comece a dizer às coisas e circunstâncias que sejam exatamente como são. Diga às cadeiras e mesas que se coloquem onde estão, diga às imagens que se pendurem onde estão penduradas, diga às flores e árvores que cresçam onde estão crescendo e às nuvens que se movam enquanto se movem. Diga ao seu corpo que seja do jeito que é, sua conta bancária que seja do jeito que é, seus relacionamentos que sejam o que são e as condições do mundo que sejam as que são (sempre tendo em vista que se deve evitar qualquer dúvida ou crítica). Este exercício o ajudará no caminho para um estado de autoridade confiante. Assim, quando você decretar mudanças, elas ocorrerão.

O sétimo princípio: **Pono** – *A eficácia é a medida da verdade*

De início, muitas pessoas têm problemas com ele, pois acham que o princípio reza a ideia de que o fim justifica os meios. Na verdade, ele diz exatamente o oposto – isto é, que os meios determinam o fim. Meios violentos produzirão resultados violentos, e meios pacíficos produzirão resultados pacíficos. Alcançar o sucesso através da crueldade produzirá um estado de sucesso no qual os demais agirão impiedosamente em relação a você, e atingir o sucesso ajudando os outros produzirá um estado de sucesso no qual os outros o ajudarão.

Esse princípio também diz que o que é de fato importante é o que funciona. Os xamãs não são teólogos nem cientistas teóricos. Eles são mais como conselheiros e técnicos. A Verdade Absoluta e a Realidade Última são descartadas por sua falta de valor prático. Os xamãs são tão pragmáticos que, embora os poderes da mente sejam sua província especial, eles não hesitarão em usar quaisquer ferramentas e processos físicos que ajudem a trazer uma cura, e até mesmo mudarão os sistemas se isso ajudar. No tempo em que eu costumava realizar muito aconselhamento privado, era possível que, no decorrer de um único dia, eu saltasse do cristianismo ao budismo e deste ao espiritualismo, ao vodu, à psicanálise e à ciência, trabalhando dentro dos sistemas de crenças de cada indivíduo para auxiliá-los a encontrar maneiras de ajudar a si mesmos. A cura é o objetivo e a eficácia é o critério, não a comprovação de um sistema ou método específico.

Corolário: Há sempre outra maneira de fazer qualquer coisa

Todo problema tem mais de uma solução. Em um universo infinito, como você poderia duvidar? No entanto, as pessoas muitas vezes ficam presas a um método, processo, técnica ou plano para alcançar seus objetivos, e se ele não funciona, elas desistem. Se o objetivo é importante, você nunca deve desistir, apenas mudar sua abordagem. Se uma doença crônica não estiver desaparecendo, faça algo que você não tenha feito, como trabalhar mais com a mente e as emoções, se sua abordagem tiver sido sobretudo física, ou valha-se mais de meios físicos, se sua abordagem tiver sido principalmente mental e emocional. Se uma abordagem de confronto não funcionou em um relacionamento, use uma abordagem mais cooperativa e vice-versa. Se o seu plano atual para ganhar dinheiro não tem funcionado, mude o seu plano ou mude a sua carreira. Se a paz na Terra ainda não aconteceu, então vamos fazer mais do que funciona e criar maneiras mais viáveis. A vida e as maneiras de melhorar a vida existem em infinita variedade e potencial. Sempre existe uma outra maneira.

Explorando o poder da flexibilidade

Imagine que você está andando em uma estrada em direção a uma cidade que tem uma praça central com um baú do tesouro no meio, que simboliza um objetivo importante em sua vida (você não precisa decidir qual é esse objetivo agora). Na periferia da cidade há um muro alto e vigiado, e onde a estrada entra há um portão enorme e sólido. Usando o que vem à mente em sua imaginação, entre na cidade e alcance seu tesouro. Depois de fazer isso, repita a cena e entre na cidade por um meio diferente. Em seguida, faça isso de novo e de novo, pelo menos meia dúzia de vezes, alterando seu método de entrada a cada vez. Com sua imaginação, você estará treinando seu aspecto do coração para uma grande flexibilidade para alcançar seus objetivos.

Os sete talentos do xamã

Os sete talentos do xamã são simplesmente derivados dos princípios. Eles representam habilidades essenciais a serem desenvolvidas, em vez de técnicas específicas.

Visão (de O mundo é o que você pensa que é*)*

Essa é a competência de agir no mundo sob a perspectiva dos princípios, de "ver" as coisas a partir desse ponto de vista em vez de fazê-lo da maneira comum. Muitas vezes chamamos isso de agir no segundo nível (*ike papalua*) em vez de no primeiro nível (*ike papakahi*). No primeiro nível, a realidade "comum" da maioria das pessoas, o mundo é independente do seu pensamento, tudo é separado, a energia flui apenas por meios físicos, o passado tem mais poder do que o presente, amar é arriscar-se no terreno da infelicidade, o poder está fora de você e a eficácia é uma questão de gênio, recompensa, força ou sorte. Operar no segundo nível em um mundo cujo funcionamento se dá no primeiro nível não é fácil, mas é a chave para o sucesso de um xamã. O que o torna especialmente desafiador é que você também precisa manter o primeiro nível de consciência para poder se comunicar com outras pessoas que operam nesse nível.

Abertura de espaço (de Não há limites*)*

Para o maior efeito, isso significa usar os melhores meios à mão para manter desimpedidas as conexões entre todas as suas partes e o universo ao seu redor, principalmente liberando continuamente o estresse e a tensão mental e física, além de lembrar de trazer outros aspectos de si mesmo e do mundo para a consciência.

Foco (de **A energia flui na direção da atenção***)*

A habilidade envolvida aqui é a de manter suas intenções, objetivos, metas e propósito em mente, o que significa uma revisão frequente de suas motivações para fazer o que quer que você faça. Isso o ajuda a manter um alto grau de eficiência e um baixo grau de frustração.

Presença (de **Agora é a hora do poder***)*

É importante permanecer no momento presente o máximo que puder, especialmente ao lidar com assuntos do momento presente. A partir de uma experiência difícil, aprendi que as pessoas com quem estou falando podem sentir uma queda no meu nível de energia se eu deixar minha mente vagar; sem saber do que se trata, contudo, elas encaram essa queda como indiferença ou rejeição da minha parte. Eu frequentei uma escola especial onde a competição por notas era acirrada. Durante uma palestra, permiti-me dar uma breve olhada pela janela, e ela me custou a resposta a uma pergunta no questionário seguinte. Tal como as coisas se colocaram, só consegui o primeiro lugar por três centésimos de ponto percentual. Talvez você nunca precise de presença tão extrema, mas não descarte essa necessidade. Quanto maior a sua presença, maior a sua influência e eficácia.

Bênção (de Amar é compartilhar a felicidade*)*

Abençoar é reforçar o bem real ou potencial por palavra, imagem ou ação. Quando você reconhece a beleza, admira a habilidade ou aprecia a bondade, você oferece uma bênção. O que o xamã faz a mais é abençoar o potencial. "Que você tenha uma viagem segura", "Desejo-lhe sucesso em seu empreendimento" ou "Que você siga de vento em popa" são exemplos desse tipo de bênção. E lembre-se de que as bênçãos telepáticas também podem ser eficazes.

Empoderamento (de Todo poder vem de dentro*)*

Empoderamos algo sempre que atribuímos qualquer tipo de poder a ele. As pessoas que atribuem poderes especiais a certos cristais estão conferindo-lhes poder, e elas obterão mais benefícios dos cristais, desde que mantenham o empoderamento. Outra maneira de empoderar é personificar, atribuir qualidades humanas a entidades ou objetos não humanos. Por exemplo, ao empoderá-lo, eu permito que meu computador, Jonathan, e eu tenhamos um relacionamento melhor. A habilidade de empoderar também implica a habilidade de desempoderar. Por exemplo, os xamãs guerreiros tendem a fortalecer o mal personificando-o para que possam aprender a conquistá-lo, enquanto os xamãs aventureiros tendem a enfraquecer o mal, despersonificando-o para que possam aprender a harmonizá-lo. Você pode empoderar ou desempoderar qualquer coisa, incluindo pessoas, lugares, coisas, o passado, o futuro e infinitamente.

Tecendo os sonhos (de **A efetividade é a medida da verdade)**

Na qualidade de tecelão de sonhos, o xamã tece sonhos para si mesmo e ajuda os outros a fazer o mesmo. Isso também é chamado de "cura xamânica". Um massagista de primeiro nível fazendo uma massagem está usando as mãos como ferramentas para curar um corpo físico. Um massagista xamânico fazendo uma massagem está usando o corpo físico como uma ferramenta para tecer um novo sonho e curar o espírito. Pode parecer o mesmo, mas não é. Tecer sonhos não depende da técnica. Tem a ver com ter a postura de um curandeiro e assumir medidas de cura, mentalmente ou fisicamente, em todas as situações com que você se deparar. Pelo menos esse é o objetivo.

5
A quarta aventura: criar harmonia no corpo

Mai ka piko o ke po'o a ka poli o ka wawae, a la' a ma na kihi 'eha o ke kino

Da coroa da cabeça às solas dos pés e aos quatro cantos do corpo (expressão usada na cura)

A saúde é um estado de paz e harmonia, enquanto a doença é um estado de guerra e conflito. Um curandeiro xamã urbano da tradição aventureira não tenta parar a guerra, no corpo ou no mundo, mas procura criar harmonia.

O conceito havaiano de saúde e cura é muito útil para o nosso mundo moderno. É baseado na palavra *ola,* que também significa "vida" e "alcançar a paz", com fortes conotações de raiz de energia abundante. A condição oposta, doença, é chamada de *ma'i,* com o significado raiz de "um estado de tensão". Aqui temos uma compreensão clara da doença como uma condição relacionada ao estresse.

Várias palavras que usamos para insalubridade – *mal, doença* e *distúrbio* –, cada qual reflete uma abordagem filosófica para a cura, embora geralmente não estejamos conscientes disso. O *mal* tem significado físico ou espiritual e implica o efeito de um comportamento pecaminoso e uma força malévola a ser temida. Subconscientemente, muitas pessoas reagem a um mal dessa maneira. A doença vem de uma raiz que significa "dor" e implica uma base emocional para a condição. O distúrbio realmente significa apenas "perturbação", mas agora carrega uma forte conotação de fisicalidade, uma coisa que invade o corpo e tem de ser destruída, cortada, neutralizada ou suportada. Portanto, se uma pessoa padece mentalmente de um mal, tendemos a temê-la; se padecer de uma doença, lamentamos por ela; e se estiver acometida de um distúrbio, a recomendar uma cirurgia.

Em contraste com a abordagem ocidental, que tende a tratar cada manifestação de doença como uma entidade separada – de acordo com seus sintomas, localização e reação ao tratamento – e que atribui grande importância à nomeação de cada processo individualmente (muitas vezes em momento posterior à pessoa descobrir esse conjunto específico de sintomas), a abordagem xamânica derivada dos princípios e expressa na língua havaiana parece absurdamente simples. Segundo a abordagem xamânica, toda doença (note-se: *toda*) é considerada autogerada como efeito do estresse. O local é simplesmente onde o estresse se concentra. Todas as palavras havaianas relacionadas à cura carregam conotações de fazer com que a energia flua, implicando a liberação da tensão relacionada ao estresse. Os vírus certamente existem, mas sob a perspectiva *huna* eles são efeito do estresse, não a causa de doenças. E as bactérias certamente existem, mas não causam doenças, apenas se aproveitam delas. Já posso ouvir muitas objeções, então vou lidar com as principais à medida que continuamos. Lembre-se, porém, de que não estou tentando refutar o sistema médico ocidental tradicional. Como dito anteriormente, estou apenas apresentando um sistema diferente.

O efeito do estresse

Praticamente tudo o que fazemos causa estresse e isso é bastante natural. Pensamentos, emoções, atividade física, comida, condições ambientais – tudo isso naturalmente causa estresse. O que não é natural, ao contrário do normal, é o estresse permanente. O fluxo natural da vida é um ciclo repetitivo de tensão-liberação-relaxamento-estresse e assim por diante. O fluxo não natural é mais ou menos assim:

> estresse-tensão-liberação-rela-
> estresse-tensão-libe-
> estresse-tensão-estresse

À medida que as partes de liberação e relaxamento do ciclo são inibidas, o estresse e a tensão continuam a se acumular. Quando a tensão do estresse atinge um certo ponto, que varia de acordo com os indivíduos, as funções do corpo começam a desmoronar. Embora estejamos focados principalmente no corpo aqui, tenha em mente que os mesmos conceitos se aplicam a relacionamentos, sociedades e natureza.

Quando o corpo experimenta estresse, cinco coisas acontecem quase simultaneamente:

1. O açúcar é liberado na corrente sanguínea. O propósito natural é fornecer energia para a ação e, no ciclo natural, apenas a quantidade certa de energia é liberada para lidar com a situação vivenciada. Se os momentos de liberação e relaxamento do ciclo forem inibidos, é liberado mais açúcar do que o necessário, e a desarmonia ocorre. Um pouco de movimento físico vigoroso ajudará a consumir o açúcar extra.

2. O timo se contrai. Relacionada ao crescimento em crianças, essa grande glândula no centro do tórax, atrás do esterno, associa-se ao sistema imunológico em adultos. Uma contração e liberação natural destina-se a estimular a produção de glóbulos brancos, mas a contração sustentada a inibe e faz aumentar a ansiedade. Bater levemente no peito com os dedos ajudará o timo a relaxar.

3. Os músculos se contraem. O objetivo é fortalecer e estimular as células em preparação para a ação apropriada. O momento de relaxamento do ciclo permite que elas se recuperem. Os fisiculturistas sabem que os músculos se fortalecem e crescem mediante repetições de tensão e relaxamento. A tensão muscular permanente fará com que as células se rompam, as toxinas se acumulem, e os suprimentos de oxigênio e nutrientes diminuam. A dor aparentemente

se deve não apenas à tensão muscular que afeta os nervos, mas também à falta de oxigênio no nível celular. Os músculos, a propósito, não são apenas aquelas grandes massas de carne que movem seu corpo. Seus nervos e órgãos internos também estão revestidos de tecido muscular. Alongamento e massagem rápida e autoaplicada ajudarão a aliviar a tensão muscular.

4. Os vasos capilares se dilatam. Os vasos capilares são as veias e artérias muito pequenas que transportam o sangue diretamente de e para as células. Eles são como uma rede tubular que permite que o oxigênio e os nutrientes da corrente sanguínea penetrem e nutram as células. Sob estresse, os buracos na rede se expandem e o plasma, a substância aquosa clara que transporta o sangue e os nutrientes, flui mais rapidamente. O objetivo, quando a parte de relaxamento do ciclo está operando, é alimentar as células mais rapidamente e limpá-las rapidamente, lavando as toxinas no sistema linfático, aonde podem ser transportadas e onde são descarregadas. Sob tensão permanente, o movimento linfático é retardado, e o plasma e as proteínas se acumulam entre as células, causando um acúmulo de toxinas, pressão e inchaço, além de inibir o suprimento de nutrientes e oxigênio das células. Sob estresse extremo, como ferimentos ou choques, a rede se esgarça tanto que corpúsculos sanguíneos se espalham, causando marcas roxas e/ou brancas (palidez não natural). Devido a este efeito, um choque muito grave pode até exigir transfusões de sangue, à medida que os corpúsculos

continuam a extravasar os vasos capilares estressados. Massagem suave, exceto onde há lesão, também é útil para essa condição.

5. As células liberam toxinas. Nossas células estão liberando toxinas o tempo todo como parte natural de sua atividade regular. Sob estresse, sua atividade aumenta (desde que a tensão não a iniba), assim como a quantidade de toxinas que elas liberam. O processo natural é que essas toxinas sejam lavadas pelo plasma e transportadas pelo sistema linfático para serem descarregadas através da transpiração, respiração e eliminação. Quando a tensão permanente inibe a limpeza das toxinas, elas se acumulam localmente, envenenando as células locais e encontrando seu caminho para a corrente sanguínea através dos vasos capilares dilatados, onde podem afetar o cérebro e as glândulas. Essa é uma das razões pelas quais algumas pessoas ficam tontas ou irritadas quando estão começando a relaxar, através de massagem ou algum outro meio, após um longo estado de tensão. A respiração profunda, que estimula o sistema linfático e descarrega as próprias toxinas, é muito útil.

Os efeitos do estresse descritos acima ocorrem em todo o corpo até certo ponto, mas mais especialmente nas áreas diretamente afetadas pelo estresse. Uma vez que, segundo os ensinamentos dos xamãs havaianos, todas as condições de doença no corpo estão relacionadas ao estresse, conhecer a fonte do estresse será muito útil para ajudar a trazer uma cura.

A fonte de estresse

Não vou perder tempo. A fonte de estresse é a resistência, *ku'e* em havaiano, que significa "manter-se à distância". A resistência natural é como o atrito que nos permite caminhar pelo chão, o impulso que mantém uma bola de beisebol em seu curso e não vagando a esmo pelo espaço, a tendência dos hábitos de se conservarem e das memórias de manterem seu padrão. A resistência natural produz o ciclo saudável da vida em que as coisas tendem a manter seu padrão, mas são flexíveis o suficiente para se adaptar e mudar.

De um modo geral, existem quatro tipos de resistência que serão discutidos abaixo. Descreverei os aspectos positivos e negativos de cada um, juntamente com o que chamo de "relaxamentos rápidos", técnicas breves que podem ajudar muito a aliviar cada tipo de tensão.

Resistência física

Quando seu corpo sofre um soco, cutucada, pancada, estocada, corte ou queimadura, ele reage com os efeitos do estresse mencionados acima, e pensamos que hematomas, feridas e bolhas são também um efeito natural. Não é necessariamente assim. Há pessoas que podem perfurar seus braços com agulhas de aço sem que eles sangrem ou fiquem feridos, que são capazes de enfiar as mãos diretamente no corpo de outra pessoa sem machucá-la ou deixar buraco, e que podem caminhar sobre o fogo sem se queimar. Isso pode parecer antinatural para você, mas estou convencido de que é a coisa mais natural do mundo, embora bastante incomum. Seu corpo também reage com estresse a venenos, substâncias tóxicas, radiação e íons positivos, mas há pessoas que podem beber arsênico e metanol sem danos; do mesmo modo, nem todo mundo que trabalha com amianto adoece, algumas pessoas podem suportar níveis muito mais altos de radiação do que outras, e muitas pessoas encontram estimulação mental e física de íons positivos.

O que distingue aqueles que não reagem com estresse a venenos e lesões daqueles que conhecem essa condição é que os primeiros têm maior tolerância a essas substâncias ou condições. O que significa uma tolerância mais elevada? Significa que eles podem ingerir uma quantidade maior da substância ou permanecerem mais tempo expostos a determinada condição do que a maioria das pessoas antes que sua resistência produza tensão o bastante para causar alguma ruptura no corpo. Para começar, isso significa que eles estavam mais relaxados; então, seria preciso mais estresse para causar tensão suficiente para produzir os sintomas, ou antes de tudo eles treinaram seus corpos para responder de forma distinta, de forma a reduzir a resistência mudando o padrão de reação. Sabemos, por exemplo, que algumas pessoas treinaram seus corpos ingerindo gradualmente doses cada vez mais fortes de arsênico. Pessoalmente, eu prefiro praticar relaxamento profundo.

De qualquer forma, talvez seja possível alterar nossas reações físicas para que o contato físico agudo não resulte em lesões físicas. Em 1983, enquanto estava na ilha do Taiti, andei lentamente descalço por um amplo leito de rochas de lava em brasa com um *kahuna* taitiano, pisando firmemente em cada pedra até o fim.

Nem meus pés nem os pelos das minhas pernas estavam queimados. Eu havia visto uma quantidade razoável de caminhadas sobre o fogo e sabia fazê-lo de várias maneiras. A mais comum no mundo é a devoção, a crença na proteção de uma divindade, e funciona bem se a crença for forte o bastante. A segunda mais comum que conheço é a distração, um estado de transe de atenção, que permanece focada em algo completamente distinto do fogo. A terceira é a motivação, um desejo de enorme intensidade energética totalmente focado em alcançar o outro lado. Cada um deles tem em comum o efeito de afastar do fogo a atenção da mente consciente, reduzindo ou removendo assim a resistência ao calor e permitindo que o corpo siga um ciclo natural de cura instantânea. Essa, pelo menos, era a minha teoria antes de caminhar por sobre as rochas de lava. Decidi testar minha teoria no Taiti sob uma abordagem diferente. Em vez de usar devoção, distração ou motivação, concentrei toda a minha atenção exatamente no que estava fazendo, sem o menor comentário, pergunta ou análise. O efeito foi uma sensação de unidade com meu ambiente imediato a tal ponto que não havia absolutamente medo. Não houve, portanto, resistência ou queimadura. Meu corpo atravessou o ciclo de estresse-tensão-liberação-relaxamento tão rapidamente que os efeitos cumulativos da tensão não puderam ocorrer.

Repadronização

Há muito tempo, tanto tempo que não consigo recordar a fonte, aprendi que se você der uma topada com um dedo do pé, tudo o que precisa fazer é repetir a mesma ação várias vezes, *sem atingir outra vez o dedo ferido*, e a dor desaparecerá. Eu fiz isso muitas vezes de forma irrefletida, mas nos últimos anos estudei o processo em detalhes e comecei a ensiná-lo em meus cursos, sugerindo que os alunos experimentassem variações. O conceito que desenvolvi foi que, ao recriar o padrão e *mudar o final*, você estava, de fato, dando ao aspecto do coração uma nova memória do evento, exigindo que o aspecto do coração mudasse o estado do corpo em conformidade com a nova versão do que aconteceu. Quanto mais cedo você pudesse fazer isso após o evento, mais cedo o corpo voltaria à harmonia.

O que os alunos fizeram me surpreendeu e encantou.

Um homem na Califórnia, uma semana após o treinamento, estava em seu quintal construindo uma cerca. A determinada altura, ele acertou o polegar com um martelo; ato contínuo, puxou o martelo para trás, em vez de soltá-lo e seguir a rotina normal de pular de um lado para o outro apertando o polegar e xingando. Ao fazê-lo, com o martelo já distante do polegar, ele se lembrou da minha lição sobre repetir o padrão e mudar o final, então ele seguiu com o movimento do martelo, porém sem tocar o polegar. Ele repetiu essa ação ainda outras dezessete vezes. A essa altura, seu polegar mal formigava, e ele continuou com seu trabalho. Quando terminou, olhou para o polegar e não havia hematomas, inchaço ou dor.

Um médico no Texas relatou que estava usando uma faca para fatiar um pé de alface e abriu um corte profundo no dedo. Profissionalmente, ele sabia que precisaria de vários pontos, mas decidiu experimentar minha ideia maluca de qualquer maneira. Depois de alguns movimentos sucessivos com a faca, seu dedo parou de sangrar, e a dor cessou; assim, ele esqueceu-se do assunto e terminou a salada. Três dias depois, ele se lembrou do acidente e olhou para o dedo. Não havia sinal de corte no dedo.

Uma mulher em Minnesota queimou o dedo em uma panela quente e rapidamente repetiu a ação com um final diferente. Não havia bolhas nem dor.

Uma mulher no Canadá bateu a porta do carro nos dedos e, alheia aos olhares dos transeuntes, repetiu o movimento da porta em direção aos dedos até que a dor desaparecesse. Ela não tinha hematomas ou cortes.

Talvez o mais emocionante dentre todos os casos, uma mulher na Califórnia decidiu agir com base no pressuposto de que o aspecto do coração vive apenas no momento presente e não faz distinções entre imaginação vívida e experiência física. Ela havia queimado gravemente a perna em um cano de escapamento de motocicleta algumas semanas antes, e o ferimento não estava cicatrizando bem. Recriando vividamente o acidente em sua mente, ela criou uma nova versão do desfecho do caso, na qual sua perna ficava distante do cano. Ela repetiu a versão em sua mente cerca de quarenta vezes. A condição de longa data que começara a conhecer piora melhorou em três dias.

As possibilidades desse processo simples são fantásticas e ilimitadas, especialmente se pudermos usá-lo para trazer melhora aos efeitos presentes de eventos passados.

Como orientação, descobrimos que os melhores resultados vêm de fazer a menor mudança possível no padrão.

Resistência emocional

A resistência também vem do medo e da raiva. Resistimos ao que tememos e resistimos ao que nos irrita. Mesmo que a resistência possa se originar com decisões solitárias, no entanto, o aspecto do coração ainda expressa resistência emocional com o ciclo de estresse físico.

O medo natural destina-se a avisá-lo do perigo iminente e, no processo natural, desaparecerá assim que você agir. Com nossa imaginação criativa, no entanto, muitas vezes geramos medo artificial muito tempo depois de um evento e frequentemente apesar de um evento. Recentemente, durante uma aula em nosso centro em Kauai, uma mulher relatou que acabara de salvar uma criança de um afogamento e ainda estava traumatizada pelo medo derivado do acontecimento. Eu a fiz examinar seus padrões de pensamento, e ela foi capaz de perceber que o medo e o trauma vinham de imaginar vividamente o que *poderia* ter acontecido se ela não estivesse lá. Em vez de se alegrar com o sucesso real de seu resgate, a fantasia do afogamento a assustava. Ao insistir na fantasia assustadora, ela produzia um aumento contínuo de tensão em seu corpo. Sintomas de paralisia, hipofunção (atividade reduzida), rigidez, ansiedade, náusea e tontura podem ter o medo como um fator importante.

A raiva natural tem o propósito de concentrar energia para mudar algo em sua situação imediata, seja por aviso ou ação direta. Não é natural quando usamos a memória para reabastecê-la repetidamente. Além do fato de que acabamos ficando com raiva da memória e não da pessoa ou situação real no presente, a raiva prolongada causa estragos reais no corpo e é, provavelmente, o principal fator presente à maioria das doenças. Onde quer que você tenha inchaço, infecção, inflamação, febre, dor e feridas ou tumores, você tem a raiva como fator importante. É também um fator a se ter em conta em condições de rigidez e dor de qualquer tipo.

Agora vamos ver algumas maneiras "rápidas e fáceis" de lidar com cada uma delas.

O efeito da expectativa

É útil saber o que realmente é o medo. O medo é tão somente a expectativa da dor, o resultado de projetar a imaginação para o futuro, de um ponto no presente ou no passado, e inventar uma experiência de dor. O medo nunca diz respeito ao presente, mas apenas ao futuro. O problema é que o aspecto do coração não sabe disso. O aspecto do coração trata o que quer que venha a pensar como parte do momento presente, algo que está acontecendo. Para o aspecto do coração, antecipar a dor é o mesmo que sentir a dor. Daí que a antecipação leva o corpo a um ciclo de estresse negativo.

O relaxamento, é claro, reduz o medo, assim como, em muitos casos, o faz o conhecimento. O medo é sempre acompanhado de tensão; portanto, se você estiver completamente relaxado, não poderá sentir medo, e se tiver certo conhecimento de que o que teme não pode acontecer ou não causará dor, o medo também desaparecerá. No entanto, o método mais rápido e simples que encontrei para me livrar do medo é mudar o foco para o oposto. O medo é a expectativa da dor, então seu oposto é a expectativa de prazer. Geralmente demonstro isso fazendo com que a turma se concentre na ideia: "E se algo terrível acontecer nos próximos cinco minutos?" Depois de alguns momentos deixando-os sentir as reações de seus corpos, eu então digo: "Mas pense: e se, em vez disso, algo maravilhoso acontecer?" E então eles sentem a mudança imediata em direção ao prazer que a expectativa positiva traz. Mesmo que você se encontre em uma situação em que esteja absolutamente certo de que algo doloroso vai acontecer (como na cadeira de um dentista), vá em frente e faça a mudança para uma expectativa positiva real ou fantástica de qualquer maneira. Uma vez que o medo lhe deu o aviso, você não precisa mais dele, nem precisa da tensão que ele causa.

A técnica do perdão geral

A raiva não natural, cujos efeitos de estresse queremos mudar, resulta sobretudo de padrões não naturais. Todos nós temos uma ideia de como as coisas devem ser e de como as pessoas, incluindo nós mesmos, devemos agir. Esses padrões permitem que continuemos a nos alinhar com nossos ideais e sigamos realizando mudanças para melhorar nosso mundo. Um padrão antinatural é aquele que diz: "As coisas e as pessoas não devem se desviar das minhas expectativas, porque, se o fizerem, são ruins e devem ser punidas". Isso causa uma tremenda quantidade de raiva e estresse, porque as coisas e as pessoas vão se desviar, quer você queira ou não, simplesmente por espontaneidade criativa, se não por qualquer outra coisa. Algumas pessoas gostam de se desfazer de toda a noção de dever para reduzir a raiva e o estresse, e isso é útil até certo ponto. Outros gostam de praticar o relaxamento, porque a raiva também está associada à tensão muscular e, se você estiver completamente relaxado, não pode ficar com raiva. Meu método rápido e fácil preferido, porém, é o perdão geral.

O perdão é basicamente um processo de decidir que o que aconteceu não é mais importante ou não importa mais. É maravilhoso para todos os ressentimentos e culpas conscientes que muitos de nós carregamos do passado. Nem todas as fontes para as reações presentes do aspecto do coração estão prontamente disponíveis para a mente consciente, no entanto, em parte porque a raiva pode ser apenas um dos fatores envolvidos em uma condição atual. Se você puder, contudo, reduzir qualquer raiva que exista, a condição toda conhecerá alívio até certo ponto. Então, ao praticar o perdão geral, você primeiro pressupõe que em qualquer condição atual de dor ou desconforto há alguma raiva envolvida, mesmo que você não saiba do que se trata. Então você toca a área do seu corpo que esteja padecendo de dor ou desconforto com os dedos de ambas as mãos e diz: "Seja com o que for que isso esteja relacionado, eu o perdoo completamente e isso não tem mais importância." Na maioria das vezes, você experimentará pelo menos algum alívio instantâneo e, muitas vezes, alívio completo, a não ser que você não o faça continuamente por um minuto inteiro com o foco integral de sua atenção. A mudança mais sutil é um alívio no que toca à raiva do estresse, e eu continuaria essas sessões de um minuto de vez em quando, junto com qualquer outra coisa que você faça. Se não houver nenhuma mudança após um minuto inteiro, você não está lidando com a raiva ou não está disposto a se desapegar.

Resistência mental

Sempre que resistimos a qualquer coisa, geramos estresse. A resistência mental difere da resistência emocional da mesma forma que a avaliação difere da análise. A resistência emocional vem de pensar que algo é ruim; a resistência mental vem de pensar nisso como algo errado. Por si só, não tem o poder devastador do medo e da raiva, mas corrói a confiança, a autoestima e a saúde do corpo da mesma forma que um pequeno riacho erode uma montanha. A resistência mental assume a forma de crítica negativa, e cada crítica individual – que o aspecto do coração sente como um soco – causa uma quantidade relativamente pequena de estresse negativo. No entanto, o mesmo soco com que você pode lidar facilmente quando relaxado e saudável pode doer como brasa quando você está tenso e dolorido de golpes anteriores. Esse tipo de crítica é uma coisa tão sutil quando ocorre habitualmente que pode atravessar seus pensamentos sem que você sequer o perceba, e observe que o tensionamento ocorre independentemente de a crítica ser ou não falada em voz alta.

Uma das ideias mais loucas que a sociedade moderna tem é que a crítica é boa para você ou que o auxilia no aprendizado. Tudo o que a crítica faz é criar estresse e reforçar o que você critica. Perceber ou lembrar o que não fizemos corretamente apenas atrapalha o aprendizado. Quando você aprendeu a andar quando criança, você fez isso esquecendo-se do que não funcionou e lembrando-se do que funcionou. As pessoas que têm em mente o que não funciona tendem a repeti-lo. Se alguém aprende sob crítica é apesar dela, não por causa dela. Muitas vezes me perguntam sobre o valor da "crítica construtiva". Ela não tem valor porque geralmente é apenas uma desculpa para a crítica. Apontar falhas é motivado mais por um desejo de colocar alguém para baixo e se sentir superior do que por um genuíno desejo de ajudar. Se você realmente quisesse ajudar, apontaria sucessos e maneiras de aumentar o sucesso. Existe uma habilidade altamente desenvolvida chamada análise crítica, mas é raro encontrar um praticante qualificado. A crítica construtiva geralmente funciona da seguinte maneira: "Não, não, isso está errado. Faça assim, idiota." A análise crítica é assim: "O que você acabou de fazer não lhe dá o efeito desejado. Fazer isso dessa maneira, sim." É reconhecimento e recomendação sem julgamento. É claro que uma pessoa com autoestima muito baixa provavelmente interpretará até mesmo a análise crítica positiva como uma crítica negativa pessoal e ficará tensa com isso.

Tem sido minha experiência que a resposta às críticas é um fator importante na asma, em alergias, resfriados, dores de cabeça e, talvez porque o hábito incentiva o pensamento rígido, a artrite.

A torção e o sanduíche

Algumas pessoas estão tão presas ao hábito condicionado da crítica que não conhecem nenhuma outra maneira de ajudar a provocar mudanças em si mesmas e nos outros. Se você é uma delas, não se sinta mal, porque você é a maioria. A solução é criticar se for preciso, mas fazer diferente.

A Torção refere-se a dar voltas em torno do padrão usual de crítica, isto é, de reconhecer algo bom e depois oferecer a crítica. Como em: "Essa é uma bela pintura, mas você colocou muito vermelho no céu." Para melhor efeito, dê voltas para que fique assim: "Acho que você colocou muito vermelho no céu, mas é uma bela pintura". A razão para dar voltas é terminar com o elogio, porque em termos de tensão e relaxamento no corpo, um elogio neutraliza uma crítica – especialmente no corpo do falante, mas também em grande parte no corpo do ouvinte, que estará mais aberto à assistência.

O Sanduíche é semelhante, exceto que desta vez você começa com um elogio, faz as críticas e termina com um elogio, como em: "Essa é uma bela pintura, embora tenha muito vermelho no céu, mas eu realmente gosto do jeito que você fez as ondas." Tal abordagem estimulará uma aceitação mais relaxada das críticas e uma maior inclinação à mudança, além de ajudar a aliviar o estresse.

Resistência espiritual

A resistência e a tensão resultante podem decorrer do avanço na direção de um estímulo físico ou do afastamento em relação a ele, de reações de medo e raiva ou da postura de defesa contra críticas negativas. Também pode vir da alienação. Lembre-se de que a palavra havaiana para resistência é *ku'e*, que significa "manter-se à distância". A tensão de resistência ocorre quando você se separa de algo ou tenta fazê-lo. Na resistência espiritual, você se dissocia emocionalmente de um lugar, grupo ou do mundo inteiro porque sente que não pertence a eles. Isso geralmente acontece porque você não se sente aceito, mas isso também pode acontecer em razão de uma sensação de que você pertence a outro lugar. Existem tantas combinações possíveis de crenças que podem dar origem a esses sentimentos que sua fonte não importa. O que importa é que quanto mais severa a dissociação, maior o estresse negativo.

Não participar de atividades em grupo ou não ter nenhum senso de conexão com a região em que você vive causa uma quantidade relativamente baixa de estresse (descontando medo, raiva e fatores críticos), mas os extremos de sonhar acordado por muito tempo, da meditação prolongada e do autismo podem causar muitos problemas físicos. Sonhar acordado por tempo prolongado significa passar a maior parte do dia com toda a sua atenção consciente em sonhos distintos dos sonhos deste mundo (os romancistas geralmente mantêm o equilíbrio mediante as atividades físicas de escrever, digitar ou ditar). Meditação prolongada significa passar a maior parte do dia em qualquer tipo de foco meditativo que afaste sua atenção deste mundo e do seu corpo. Parte da razão para o aumento da tensão física é simplesmente a inatividade prolongada, que reduz a ingestão de oxigênio e acumula toxinas, mas a tensão também é produzida a partir da separação entre seu aspecto da mente (*lono*) e seu aspecto do coração (*ku*) ou entre sua consciência mental e sua consciência corporal, por longos períodos de tempo. A mesma coisa pode acontecer se você dormir muito tempo, e é por isso que lentidão e dores podem ocorrer por dormir demais. As pessoas envolvidas em qualquer uma dessas atividades alienantes (sono prolongado, devaneio ou meditação) muitas vezes acham que é cada vez mais desconfortável "fazer o corpo voltar" após longos períodos longe dele, o que os induz a passar períodos mais longos fora de si. O ponto de partida é que foi o afastamento prolongado que fez com que o corpo ficasse desconfortável em primeiro lugar.

Tive uma experiência pessoal nesse sentido enquanto mochilava com meus filhos nas High Sierras. Eu estava sentindo dificuldade em acompanhá-los em um trecho, então usei uma técnica de repetir um canto que afastou minha mente do meu corpo para que eu pudesse me mover em um ritmo mais rápido sem que fosse acometido de sinais de desconforto. Eu os acompanhei lindamente até chegarmos ao nosso acampamento. Assim que me retornei ao meu corpo, desmaiei de exaustão pelo calor. Meu aspecto da mente afastado desconhecia totalmente os sinais gritantes do meu aspecto do coração de tensão e desidratação crescentes. Os meninos foram para uma cachoeira e levei meia hora conversando cuidadosamente com meu aspecto do coração para trazê-lo de volta e recuperá-lo antes que eu pudesse alcançar meu cantil.

Não há regras rígidas e rápidas para quanto tempo você pode ficar afastado sem tensão indevida, porque todos nós diferimos em metabolismo e motivação. O melhor teste é como você se sente. Um período saudável de afastamento produzirá uma boa sensação quando você voltar. Se a alienação espiritual é um problema, o envolvimento consciente com a atividade física, as pessoas ou a terra será muito útil, e a prática da bênção o ajudará com isso.

O autismo é um caso especial porque, nessa condição, uma pessoa se afastou tanto do mundo que geralmente precisa de ajuda externa para voltar. Os sintomas geralmente variam de uma recusa em falar ou participar de atividades, a uma recusa em reconhecer pessoas ou ambientes, a um esquecimento total deles. Também pode haver movimentos rítmicos, aparentemente sem propósito. A solução mais produtiva parece ser o amor incondicional, e eu recomendaria os livros de Barry Kaufman para qualquer pessoa com preocupações nessa área. Em alguns casos, porém, basta um pouco de amor. Um dos meus alunos era um professor da escola primária que tinha uma aluna que poderia ter sido descrita como autista limítrofe. A garota não falava e não participava. Ela permanecia em silêncio desde o momento em que era entregue à escola até o momento em que a buscavam e não correspondia sequer à atenção da professora. Em razão da quantidade limitada de tempo que a professora podia passar com cada aluno, sugeri que ela simplesmente se sentasse com a garota por dois minutos em cada aula, duplicando a posição, expressão e qualquer movimento que a garota fizesse da melhor maneira que pudesse, e terminasse cada período de dois minutos tocando a garota gentilmente e dizendo: "Obrigada." Ao final de três semanas, a garota estava conversando, sorrindo e começando a participar da aula.

Kahi – *O toque de mágica*

A tradição havaiana tem um sistema de tratamento corporal chamado *lomi-lomi*. Geralmente é considerado um sistema de massagem, mas tem elementos que se assemelham à massagem sueca e Esalen, *rolfing*, acupressão e terapia de polaridade, além de algumas coisas que não se assemelham a nada mais. Pela primeira vez estou escrevendo em detalhes sobre uma dessas outras coisas, um processo raramente ensinado que tenho compartilhado em meus cursos de xamã há vários anos. Acho que é uma das coisas mais úteis que já aprendi ou que ensino.

O processo é chamado de *kahi*, que significa "unidade" e também se refere a uma técnica *lomi-lomi* que usa uma pressão muito leve na mão ou no dedo. Alguns dos meus amigos havaianos aprenderam de forma diferente em relação à minha, mas tal como me ensinaram, o que a mente está fazendo durante o *kahi* é mais importante do que o que as mãos estão fazendo.

Os oito centros e os quatro cantos do corpo

Na cura havaiana tradicional, os oito centros do corpo são a coroa, o peito, o umbigo, o osso púbico, as palmas das mãos e as solas dos pés, enquanto os quatro cantos são os ombros e os quadris. Também recebi a sétima vértebra cervical (a protuberância na parte inferior da base do pescoço) e o cóccix como centros adicionais, perfazendo quatorze ao todo. Cada um deles é considerado em *kahi* como um "centro de poder", ou fonte de energia, um pouco como o *chakra* oriental.

Para praticar o *kahi*, colocam-se os dedos ou a palma de uma mão (não importa qual) em um centro de potência e os da outra mão em um "ponto de liberação", uma área do corpo com tensão, dor, lesão ou alguma outra condição desarmônica. Em alguns casos, isso pode até ser outro centro de poder. Então, para uma dor de cabeça, você pode colocar os dedos de uma mão levemente no local da dor e os dedos da outra mão no umbigo ou na base da coluna. Ou para uma dor de estômago, você pode colocar uma mão suavemente sobre o estômago e a outra na parte de trás do pescoço ou em uma das palmas da mão da pessoa. Então, e aqui está a parte importante, você concentra sua atenção em ambas as mãos ao mesmo tempo enquanto respira profundamente. Até que você esteja habituado com tal foco duplo, você pode variar a atenção rapidamente entre as mãos ou imaginar algo como um arco-íris conectando-as. Para ajudar ainda mais a manter a atenção focada, geralmente ensino um canto havaiano no meu curso com base nos sete princípios, mas como não posso ajudá-lo agora com a pronúncia, vou ensinar-lhe o seguinte canto em português, que também é baseado nos princípios:

"Esteja atento, seja livre, esteja focado, esteja aqui, seja amado, seja forte, seja curado."

Use o ritmo e o tom que quiser. O canto servirá ao duplo propósito de ajudar seu foco e dar sugestões ao aspecto do coração. No entanto, o principal efeito vem do foco duplo em ambas as mãos. No *kahi*, você não tenta enviar sua energia para o corpo da pessoa, nem tenta ser um canal de energia com sua própria respiração ou mente. Tudo o que você faz é conservar o foco. Por causa do terceiro princípio, o próprio foco intensifica e harmoniza a energia no corpo em que se está trabalhando. Não posso enfatizar isso muito fortemente, porque muitas pessoas querem controlar o processo ou a energia com seu aspecto da mente. Não é necessário. A energia sabe exatamente o que fazer, e o aspecto do coração sabe como responder. Essa é uma técnica que também ensina confiança. Use seu aspecto da mente para manter o foco e deixe o resto acontecer por si só. Quando você tiver realizado três ou quatro respirações profundas completas, examine seu corpo ou o corpo da pessoa que você está ajudando para verificar o quadro. Se a condição da pessoa mudou para melhor, o processo está concluído. Caso contrário, você tem a opção de prosseguir.

O que acontece em *kahi* é que o foco nas mãos induz um fluxo de energia entre elas muito parecido com o fluxo de eletricidade em um fio. O efeito desse fluxo no *kahi* é duplo: ele aumenta a intensidade do seu campo de energia pessoal e estimula a parte de liberação e relaxamento do ciclo de estresse, o que resulta em um alívio da tensão e uma harmonização da área que se encontra nas mãos e entre elas. Quando você aplica as mãos no corpo de outra pessoa, a mesma coisa acontece com vocês dois. De acordo com o segundo princípio, quando você usa o *kahi* para outra pessoa, você se cura ao mesmo tempo. Os efeitos específicos são os seguintes:

1. Relaxamento da tensão muscular, um alívio da dor e estimulação do processo de cicatrização do corpo no ponto de liberação. Pode ser acompanhado por sensações de calor e/ou formigamento.

2. Às vezes, uma aparente mudança de dor para um novo local. A experiência indica que isso é, em verdade, o descobrimento de uma camada de dor mascarada pela primeira. Prossiga na nova área como fez com a anterior.

3. Às vezes, nenhuma mudança de condição, mesmo depois de inúmeras rodadas ou sessões de *kahi* (uma "rodada" é um foco de *kahi* que dura de três a quatro ciclos de respiração profunda; uma "sessão" é qualquer duração de aplicação de *kahi* temporalmente separada de outra aplicação). Isso pode acontecer quando a fonte de estresse é, sobretudo, a resistência em razão de raiva ou medo. Embora um foco mais intensificado possa romper essa resistência, recomenda-se usar uma técnica mais diretamente relacionada à mudança das emoções ou dos padrões de memória que as geram. Tais técnicas serão discutidas mais adiante no livro.

4. Às vezes, uma recorrência da condição após a sessão de *kahi*. Isso se deve a uma renovação dos mesmos padrões de pensamento que causaram a condição em primeiro lugar. O *kahi* é apenas uma ajuda para a cura que funciona mediante a mudança

corporal do estado de tensão ao de relaxamento. As curas decorrem da mudança da mente.

5. Sensações frequentes de movimento, 'calor e/ou formigamento sob as mãos da pessoa que faz o *kahi*. Além disso, é comum sentir-se mais revigorado depois de fazer *kahi*. Uma vez que você não está tentando controlar ou forçar a energia, você não se cansa de fazer isso.

Como implícito acima, você pode fazer *kahi* em si mesmo ou em outra pessoa. Descobri que os efeitos são melhores quando você segue a prática geral de usar o centro de potência mais distante e conveniente a partir do ponto de liberação. Assim, se trabalhar na parte superior das costas de alguém, eu usaria um centro da palma da mão no centro do cóccix ou no centro do umbigo (não sugiro usar o centro púbico, exceto com um amigo íntimo) em vez de um centro do ombro, peito ou pescoço. Se as duas áreas de foco estiverem muito próximas, o fluxo é diminuído e, se estiverem muito distantes, a tensão de alcance aumentará sua própria tensão. Não se trata de uma regra, apenas de uma diretriz, porque há momentos em que você pode querer que os dois pontos estejam próximos ou distantes por algum motivo próprio.

Você também descobrirá que o *kahi* é uma alternativa maravilhosa à acupressão e à reflexologia. Sem diminuir o valor desses valiosos sistemas, devo dizer que é um prazer fazê-los sem dor. A maneira de fazer isso é combinar os centros de potência *kahi* com quaisquer pontos de acupressão ou reflexologia (nos pés você pode trabalhar do centro da sola de um pé até o ponto sensível no outro pé).

Pressione os pontos apenas o suficiente para descobrir a sensibilidade e, em seguida, relaxe e mantenha um toque leve enquanto se concentra. Depois de uma rodada, verifique o ponto novamente em relação à sensibilidade.

Kahi *mútuo*

Uma excelente maneira de acalmar alguém, levantar o ânimo de alguém, fazer cura cooperativa ou estabelecer um entendimento profundo é fazer *kahi* mútuo. Quando você está trabalhando individualmente, duas grandes variações são:

1. Fique diante de seu parceiro com a palma da mão esquerda para cima e a palma da mão direita para baixo. Toque as palmas das mãos com o seu parceiro e entrelacem os dedos para que fiquem agarrados levemente aos dedos um do outro. Em seguida, ambos começam o *kahi* concentrando-se em suas próprias mãos enquanto cantam silenciosamente.

2. Coloque a palma da mão direita ou os dedos no seu próprio umbigo e a palma da mão esquerda ou os dedos no peito ou na testa do seu parceiro, enquanto o seu parceiro faz o mesmo, tocando o seu umbigo e o seu peito ou testa. Concentre-se em suas próprias mãos e cante enquanto respira.

Entre outras coisas, você pode notar, depois de várias rodadas, uma tendência a perder a noção de onde você termina fisicamente e seu parceiro começa. Isso não acontece com todos imediatamente, mas é um sinal da mistura de campos de energia pessoais, da mudança para a "unidade". Se você fizer isso muito com alguém, desenvolverá uma amizade profunda e um entendimento telepático considerável.

Kahi *em grupo*

Assim como a energia elétrica pode ser aumentada colocando as baterias uma em contato com a outra, o poder de cura pode ser aumentado colocando as pessoas da mesma forma. As duas variações a seguir funcionam muito bem.

1. Sentem-se ou fiquem em pé em um círculo com quem quiser ser parte do trabalho e incluído como parte do círculo. Deem-se as mãos, e todos farão *kahi* juntos. Às vezes, há um efeito de grupo maior se você fizer o canto em voz alta. Se você quiser adicionar um pouco de ritual, você pode fazer com que todos deem as mãos com a palma da mão esquerda para cima e a palma da mão direita para baixo. Não é necessário, mas algumas pessoas gostam.
2. Todos no grupo estão em uma linha, curvada se vocês quiserem, com uma mão no próprio umbigo e a outra tocando levemente o centro do pescoço da pessoa à frente, e todos fazem *kahi* juntos. A primeira pessoa da fila aplica *kahi* da maneira normal em alguém que quer ajuda.

Kahi *mental*

Basta dizer que usar as mãos para o *kahi* não é absolutamente necessário, já que é o foco que faz o trabalho. O que as mãos fazem principalmente é ajudá-lo a se concentrar, mas muitas pessoas precisam dessa ajuda e muitas pessoas se curam melhor quando são tocadas. No entanto, pode haver momentos em que será muito útil saber que um foco mental claro e nítido pode funcionar bem, como nos casos seguintes:

1. Quando o ponto de liberação de uma pessoa com quem você está trabalhando é muito sensível ao toque ou está em uma área delicada da anatomia. Você pode segurar sua mão alguns centímetros acima do ponto ou apenas usar sua mente para se concentrar nesse ponto.

2. Quando você quer trabalhar em si mesmo e ambas as mãos estão ocupadas. Eu tive de fazer isso uma vez quando senti uma cãibra na perna enquanto dirigia um carro.

3. Quando você quer ajudar alguém por perto, mas fazer *kahi* abertamente não é prático ou aconselhável.

O trabalho à distância será discutido no próximo capítulo.

Kaulike – *Outro toque mágico*

Kaulike significa "equilíbrio ou harmonia" e refere-se a uma maneira extremamente simples de ajudar alguém a se sentir bem. É possível fazer isso sozinho, mas sempre funciona melhor quando outra pessoa o faz porque é uma maneira de compartilhar amor e amizade. Essencialmente, consiste em tocar levemente o corpo de uma pessoa enquanto ela está em pé, sentada ou deitada. Quando feito com a atitude certa por parte do doador e do receptor, é incrivelmente bom. A atitude certa é simplesmente dar e receber de bom grado. A beleza do *kaulike* é que não requer nenhum pensamento de aspecto da mente (*lono*), nem mesmo o foco de *kahi*.

Primeiro, fique na frente do receptor e toque-o com os dedos das mãos alternadas por cerca do período equivalente a dois batimentos cardíacos na coroa, na garganta, no tórax, no plexo solar e no umbigo. Em seguida, use as duas mãos em ambos os lados do corpo e toque mandíbulas, ombros, cotovelos, pulsos, quadris, joelhos, tornozelos e dedos dos pés. Termine levantando os braços para os lados e acima da cabeça e passando as mãos com a palma para baixo na frente do receptor até o nível do quadril. É isso. Não há nenhum segundo passo. Você não precisa pensar, cantar, respirar profundamente ou fazer qualquer coisa, exceto tocar e varrer.

Agora vamos passar a trabalhar mais com a mente, mas sempre em parceria com o corpo.

6
A quinta aventura: iniciar a oportunidade através da intuição

Ka po nui ho'olakolako, ke ao
nui ho' ohemahema

O mundo interior fornece, o mundo
exterior ignora

Os xamãs não ensinam a intuição, eles a pressupõem. É uma função tão natural quanto a respiração, e decorre logicamente dos três primeiros princípios. A intuição é uma maneira importante pela qual o mundo se torna o que pensamos que é; é uma das maneiras pelas quais tudo está conectado; e é transportado pela energia que flui para onde a atenção vai. No entanto, assim como a respiração pode ser desenvolvida em uma habilidade refinada, a intuição também pode.

Permita-me explicar aqui no início que estou usando a palavra *intuição* em um sentido ativo e passivo, e como uma alternativa às palavras *telepatia* e *clarividência*. Em primeiro lugar, a intuição geralmente se refere a informações ou conhecimentos adquiridos através de qualquer um dos sentidos internos de ver, ouvir e sentir (além de, às vezes, cheirar e, raramente, saborear), enquanto a telepatia tem a conotação usual de algo ativo e verbal, e a clarividência geralmente significa algo passivo e visual. Em segundo lugar, assim como no mundo exterior, o conhecimento interior e a informação podem ser dados e recebidos.

Então, como funciona a intuição? Para uma explicação, temos de usar uma metáfora, porque não estamos descrevendo uma coisa física que se possa separar em pedaços com suas partes todas nomeadas. É isso que deixa os cientistas de primeiro nível malucos. A evidência para a intuição – a troca de dados sem intervenção física ou proximidade – é inquestionável, se você não optar por ignorá-la, mas não parece ter uma base física. Uma vez que o mundo físico é um produto do mundo não físico, de acordo com o pensamento xamânico, uma base física pode ou não ser encontrada. Para tais pesquisadores, recomendo uma observação de C. W. Leadbeater: "É o mais comum dos erros considerar que o limite de nosso poder de perceber também é o limite de tudo o que há para perceber".

Vamos à metáfora. Uma metáfora boa, frequentemente usada e mencionada anteriormente é a teia, também chamada de teia *aka*. *Aka* é uma palavra havaiana que significa "essência" ou "sombra" e também se refere à ideia de uma teia não física de fios conectando tudo no universo. Conexões feitas com frequência com conteúdo emocional às vezes são chamadas de cordas ou mesmo cabos. Pode-se dizer que, enquanto a maioria das pessoas está ligada por filamentos à sua vida exterior no planeta Terra até o momento da morte, os xamãs procuram estar conectados por fios a tudo o tempo todo. Usando a metáfora da teia, podemos dizer que as conexões da teia sempre existem, mas tópicos específicos só são ativados pela atenção consciente. Ou seja, a intuição ocorre – a informação é transferida – sempre que você pensa ou se torna consciente de algo. Em um exemplo típico, você pensa em um amigo e esse amigo manda uma mensagem para você logo depois. Agora, o pensamento do amigo pode ter trazido uma sugestão ou desejo que ele ou ela respondeu, ou o amigo pode ter pensado em você antes da mensagem e você percebeu. De qualquer forma, isso pode ser explicado pela transferência de informações pela teia.

Outra metáfora útil adequada para xamãs urbanos modernos é o efeito de sinal. Tudo no universo transmite seu próprio sinal, muito parecido com uma estação de televisão, e tudo também é um receptor. Cada sinal é uma combinação de frequências que transmite todas as informações que existem sobre a fonte de sinal, mas cada receptor é projetado para captar apenas certa faixa de frequências, como um rádio que pode captar sinais de áudio de uma estação de televisão, mas não pode captar o visual, ou uma TV que só recebe certos canais. Metaforicamente falando, sua percepção do sinal de transmissão de outra pessoa é limitada por sua sintonia com essa pessoa. Quanto mais próxima a sintonia, mais você capta; quanto menos sintonizados vocês estão, mais você perde. A sintonia é produzida de maneira propositada, com intenção consciente ou atenção, seja passivamente para receber informações, seja ativamente para enviá-las; e por padrão através de semelhanças de crenças mantidas na memória do aspecto do coração. O envio ou recebimento específico de um indivíduo é como uma comunicação entre um conjunto transmissor e receptor em uma faixa específica e estreita de frequências. A estática pode ocorrer externamente a partir de outros sinais próximos à mesma faixa, ou internamente a partir de deslizamento e interferência (leia isso como perder o foco ou ter dúvidas e/ou receber críticas). Esta é uma ótima metáfora porque pode explicar muitos fenômenos intuitivos.

Uma terceira metáfora, útil para os misticamente inclinados, é o efeito de campo. Nesse caso, como o universo é infinito, você é infinito. Se você é infinito, você está em toda parte. Se você está em todos os lugares, então você pode estar ciente de qualquer coisa e influenciar qualquer coisa, voltando sua atenção para ela. A chave para isso, então, é a pureza de intenção e clareza de foco.

Se alguém perguntar o que realmente é a intuição, é o que você pensa que é.

Os xamãs usam a intuição para coletar informações sobre o passado, presente ou futuro em preparação para a atividade de cura ou para a própria cura. Discutiremos uma série de ferramentas e técnicas para fazer isso, mas um pouco mais de discussão é necessária para que você possa usá-la de forma eficaz.

O mais importante de tudo é a ideia de que, seguindo o quarto princípio, você não pode se sintonizar com o passado ou o futuro, mesmo que queira, porque o momento presente é a única realidade. Se você for a um médium profissional e pedir uma leitura, ele geralmente começará contando sobre seu passado, depois sobre seu presente e depois sobre seu futuro. De acordo com o ponto de vista apresentado aqui, o médium não está de fato sintonizando seu passado, mas apenas suas memórias (conscientes ou não) do passado, que você transmite (para usar essa metáfora) no presente. Da mesma forma, ele ou ela está captando memórias e pensamentos sobre suas preocupações presentes ao falar sobre seu presente e está sintonizando uma projeção lógica de seus padrões e inclinações atuais ao falar sobre seu futuro. Observe que não estou dizendo que se trata de um esforço consciente por parte do psíquico. A maioria está simplesmente entregando o assunto para aspecto do coração (*ku*) e aspecto espiritual (*kane*), com um processo interno que funciona, em verdade, assim: "Ok, amigos, me deem algumas informações sobre o passado, presente e futuro dessa pessoa." Em seguida, o médium espera que palavras, imagens ou símbolos e sentimentos surjam, interpreta-os conscientemente, se necessário, e fornece as informações para você.

Um bom médium geralmente é bastante preciso sobre o passado, razoavelmente preciso sobre o seu presente e lamentavelmente impreciso sobre o seu futuro. Isso ocorre em parte porque a informação tem de ser filtrada através do próprio sistema psíquico, e em parte porque você está constantemente mudando de ideia sobre seu próprio passado, presente e futuro, e provavelmente também tem alguns bloqueios de memória e ideias conflitantes. Assumindo o conceito xamânico de que estamos criando nosso futuro à medida que avançamos, você pode imaginar a dificuldade que um médium tem em chegar a uma avaliação significativa da massa de informações frequentemente conflitantes e confusas transmitidas por você e por aqueles que no instante presente, ou potencialmente, estão conectados a você. É incrível que eles se saiam tão bem.

É certo que os médiuns às vezes apresentam informações sobre o futuro que se confirmam, mas isso em geral se dá quando eles se sintonizam com um padrão presente de hábitos fortes, forte sugestionabilidade ou forte determinação. Na maioria das vezes, em razão de mudarmos tanto, eles são completamente imprecisos ou apenas parcialmente precisos. Certa vez, visitei uma vidente de renome no sul da Califórnia para uma leitura. Sua leitura do meu passado foi bastante perspicaz, sua leitura do meu presente trouxe várias coisas à minha atenção consciente que eu não tinha notado, e sua leitura do meu futuro sofreu interferências. Ela se adaptou bem ao meu plano de falar em público, que eu não tinha começado naquela época, e ela previu com precisão a reunião e descreveu a aparência de um homem com quem eu não me conectava fisicamente havia mais de seis meses. No entanto, ela também o descreveu como alguém que seria um professor importante na minha vida. Em verdade, tornamo-nos bons amigos e compartilhamos alguns conhecimentos, mas ele nunca desempenhou um papel de professor para mim. Se meu estado no momento da leitura não tivesse mudado, porém, ele poderia muito bem ter desempenhado esse papel. Finalmente, ela me encantou dizendo que eu acabaria me mudando para a Riviera Francesa e viveria lá por seis meses e viajaria outros seis. Isso nunca aconteceu, é claro, mas essa leitura pode ter sido uma expressão mista da minha experiência passada na cidade africana de língua francesa de Dakar, que se assemelha muito à Riviera, e meu desejo de viver no Havaí e viajar pelo mundo a partir daí.

Apesar do exagero promocional, os médiuns raramente são mais de 30% precisos em suas previsões gerais, e 50% é especulação. O problema tem a ver com a estática dos próprios desejos e estresses do médium, bem como do fato de que as pessoas mudam de ideia. A Terra muda de ideia com ainda mais frequência, aparentemente, porque a única coisa que os médiuns são piores em prever (sem contar os encontros alienígenas) são os terremotos. Encontrei apenas um "médium" cuja porcentagem preditiva variava consistentemente de 90 a 98%. No entanto, isso ocorria por causa da infrequência e do método de suas previsões. O "vidente" em questão era Jack Smith, colunista do *Los Angeles Times*. Seu método era esperar pela edição anual do *National Enquirer* de previsões de médiuns famosos para o próximo ano. Então, ao lado de cada uma das previsões dos médiuns famosos, ele escrevia "Isso não vai acontecer." Ele era extraordinariamente preciso.

Se não estamos realmente nos sintonizando com o passado ou o futuro, e o que captamos são apenas memórias ou possibilidades, por que nos preocuparmos em transformar nossa intuição nessas direções? Por que não apenas trabalhar para estendê-la ao presente? Precisamente porque a intuição do presente estendido pode nos dar informações valiosas sobre ideias inibidoras que ainda temos acerca do passado, bem como padrões presentes que podem levar a um futuro que não queremos. Podemos usar a intuição para entender melhor a nós mesmos e aos outros; para mudar nossas ideias e, portanto, os efeitos do passado; e para mudar o futuro mudando os padrões atuais.

Hailona – Intuição criativa

Hailona refere-se à arte de produzir a adivinhação, uma palavra antiga para sintonizar a intuição. A adivinhação em si é uma técnica para disponibilizar informações intuitivas à mente consciente. O processo básico é focar conscientemente em uma pergunta e depois deixar que o eu interior (a combinação *ku/kane*) lhe dê a resposta por meio de algum tipo de arranjo de sinais e símbolos. Na maioria dos casos, os significados dos sinais, símbolos e padrão de disposição de elementos foram elaborados de antemão. Alguns métodos de adivinhação comumente usados são o lançamento de moedas para o I-Ching e a distribuição de cartas de tarô. O conceito ensinado no sistema xamã é que o eu interior reúne as informações desejadas através da teia, transmissão ou campo e manipula os sinais e símbolos de tal forma que o padrão da disposição lhe dê a resposta mais próxima possível para o método escolhido. Em uma leitura do I-Ching, você poderia dizer que o aspecto do coração reúne as informações desejadas por meio da intuição e, em seguida, levando em consideração a gravidade, a resistência do ar, a força muscular e o atrito superficial, libera as moedas de uma maneira que dá um padrão significativo.

Nas próximas seções, descreverei um antigo método de adivinhação havaiano, um método africano modificado e outro altamente flexível de minha própria invenção, baseado em modelos antigos.

'Oi-pahu

O nome desse método usado no antigo Havaí significa "par-ímpar" ou "bem-sucedido-malsucedido". Ele é usado quando você deseja determinar o resultado de um evento ou empreendimento. Em primeiro lugar você coloca duas peças de pano – lenços servem – ou duas tigelas, e designa uma como representação de você mesmo e a outra como representantes de pessoa, lugar, evento ou empreendimento com o qual você está preocupado. Então você relaxa seu corpo, concentra-se na questão do sucesso e, de uma pilha de pedras ou bolinhas, pega um punhado aleatório com cada mão e os coloca sob os panos ou nas tigelas. Por fim, você conta as pedras ou bolinhas aos pares. Conte primeiro as que dizem respeito a você para economizar tempo, porque se você acabar com uma quantia par, esqueça. Não importa o que esteja na outra pilha, esse é um sinal de fracasso. Se sua pilha tiver uma sobrando (ímpar) e a outra pilha também for ímpar, esse também pode ser um sinal de fracasso.

Acho, porém, que é uma perspectiva excessivamente pessimista. O pensamento original era que vocês dois não poderiam vencer (*'oi*, "ímpar", também significa "bem-sucedido"), que duas probabilidades se anulavam. Por outro lado, se você aceitar uma filosofia "ganha-ganha", esse resultado pode significar sucesso para ambos os lados. O último resultado, em que sua pilha é ímpar e a outra é par, é um sinal definitivo de seu sucesso.

Lembre-se sempre, porém, de que as informações que você recebe não têm nada a ver com o futuro. É uma leitura do resultado provável de suas atitudes e planos atuais. Altere-os e você pode alterar o resultado.

Os dezesseis olhos de Fa

Há séculos, o povo Fon do Daomé (agora chamado Benim) na África Ocidental, onde vivi por dois anos e meio, desenvolveu um sistema de adivinhação baseado em lendas que ainda está em uso hoje. A lenda tinha a ver com o deus Fa, criador da humanidade e mensageiro dos grandes deuses, que tinha dezesseis olhos na forma de nozes de palma que se abriam todas as manhãs para que ele pudesse olhar e profetizar. Fazer essa adivinhação é chamado de "abrir os olhos de Fa". É um método par-ímpar, mas o processo original foi simplificado por mim para facilitar o uso moderno. Agora ele consiste em relaxar e se concentrar em sua pergunta, depois jogar uma moeda (cara = par, coroa = ímpar) ou um dado quatro vezes e anotar os pares e os ímpares. Em seguida, basta consultar o gráfico abaixo para obter sua resposta. Um lance "ímpar" é representado no gráfico por um ponto e um lance "par" por dois pontos. Isso ajuda a desenvolver sua intuição, porque você precisa pensar em diferentes maneiras pelas quais a resposta de uma única palavra pode se aplicar à sua pergunta e, em seguida, escolher a interpretação que *parece* certa. Para exemplificar, se você perguntou se você e seu amante ainda estariam juntos no próximo ano e conseguiu quatro lances ímpares seguidos, a resposta seria união, o que seria bastante óbvio. Mas se você tem duas probabilidades, uma par e uma ímpar, dando a resposta Fraqueza, você teria que pensar sobre a força de seu relacionamento, ou a força de seu desejo, ou a motivação por trás de sua pergunta.

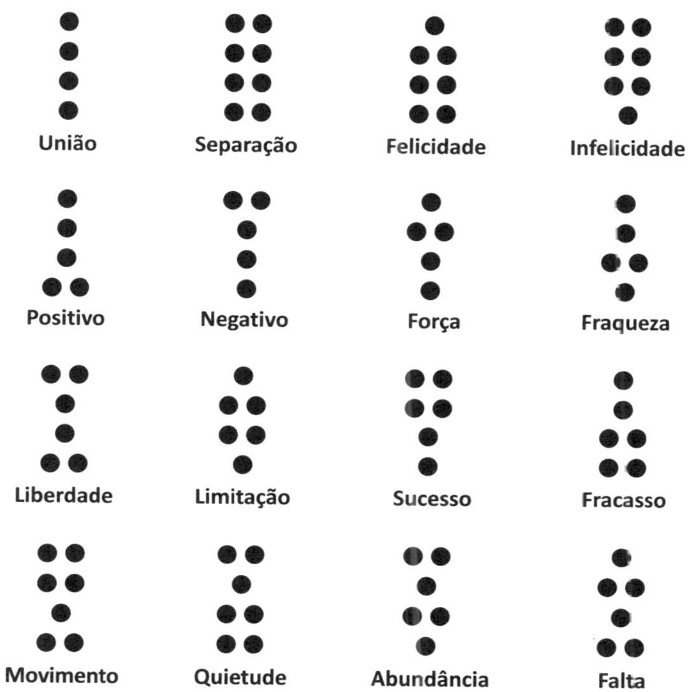

Pedras xamânicas

Esse método, que se divide em três partes, é o que eu ensino nos meus cursos. Ele usa um total de sete "pedras", que não precisam ser pedras. Geralmente distribuo sete contas de plástico, de cor branca, vermelha, laranja, amarela, verde, azul e violeta. Os alunos que gostam do método geralmente compram ou fazem um conjunto mais pessoal depois. Pedras semipreciosas são populares, assim como pedras de basalto desgastadas pela água cobertas de tinta colorida, e para meus alunos cegos eu recomendei pingentes de pulseira. Se você gosta de cristais, um bom conjunto pode ser feito de quartzo transparente, rodocrosita ou quartzo rosa, cornalina, citrino, malaquita ou aventurina, turquesa ou sodalita e ametista ou fluorita roxa. O melhor tamanho não é superior a meia polegada de diâmetro. Na discussão abaixo, suponho que você tenha um conjunto de "pedras" nas cores mencionadas.

A técnica sim/não

Aqui, use apenas a pedra branca, a pedra vermelha e a pedra verde. A pedra branca é chamada de *kumu,* a pedra de "fundação", e as outras são *eo,* pedras de "resposta". Isso significa que a resposta vem da pedra que cai mais próxima da branca, de cada lado dela. Nessa técnica, as pedras vermelhas significam não e a pedra verde significa sim. Você relaxa e faz qualquer pergunta que quiser que possa ser respondida sim ou não. No entanto, tenha cuidado com as perguntas "devo" ("Devo fazer isso ou aquilo?"), porque o devo está relacionado a padrões ou regras, e seu aspecto do coração geralmente tem memórias de mais de um conjunto, o que torna a pergunta ambígua. Independentemente do motivo, tais perguntas tendem a ser menos eficazes. Quando estiver pronto, segure as pedras na mão e jogue-as na sua frente.

Se você fizer perguntas de "teste", poderá ocorrer interferência da dúvida implícita. A única diferença entre médiuns profissionais e o resto da população é que os médiuns tendem a confiar em suas respostas. Fatores de estresse à parte, quanto mais você confia, mais precisas são suas respostas.

Lembre-se também de que suas respostas estão apenas informando sobre seu aspecto do coração e seus padrões, e elas podem não ter nada a ver com a situação tal como os outros a percebem ou tal como ela pode realmente acontecer. Você pode perguntar sobre o que quiser, mas essa técnica é particularmente boa para descobrir atitudes e crenças no nível aspecto do coração e para obter informações sobre suas percepções subconscientes de outras pessoas e situações.

Ao fazer perguntas sobre assuntos que realmente lhe dizem respeito, você pode se deparar com o desejo de fazer uma nova consulta diante de uma resposta indesejada. Sugiro que não, porque isso tende a estimular o medo e a supressão. Em vez disso, recomendo o seguinte processo:

O processo secreto do xamã para obter a resposta que você deseja:

1. Obtenha uma resposta das pedras de que você não gosta.

2. Reconheça a resposta como representando um padrão atual.

3. Agarre *com força* as duas pedras de resposta e inverta sua posição, *gritando* enquanto você faz: "Este é o novo padrão, aspecto do coração! Lembre-se disto!" A força, o grito e o movimento físico causarão uma forte impressão sensorial no aspecto do coração e ajudarão a estabelecer um novo padrão com melhores resultados.

A técnica de aconselhamento

Use todas as sete pedras para isso. O branco ainda é o *kumu*, embora seja apresentado na lista de significados abaixo com as pedras *eo*.

Branco = Primeiro princípio, palavra-chave *consciência*

Vermelho = Segundo princípio, palavra-chave *liberdade*

Laranja = Terceiro princípio, palavra-chave *foco*

Amarelo = Quarto princípio, palavra-chave *persistência*

Verde = Quinto princípio, palavra-chave *amor*

Azul = Sexto princípio, palavra-chave *confiança*

Violeta = Sétimo princípio, palavra-chave *flexibilidade*

Quando estiver pronto, relaxe e concentre-se em um pedido de conselho, como "Qual é a melhor maneira de conseguir o que quero?" ou "Qual é a melhor coisa para eu fazer em determinada situação?" Lembre-se de que esta técnica não responde sim ou não. Em seguida, jogue as pedras e leia a mais próxima do branco. Use uma combinação do princípio e da palavra-chave para obter uma resposta à sua pergunta. É da natureza da adivinhação que as respostas exijam tanta intuição quanto as perguntas.

Em uma variação, em vez de conselhos sobre um assunto específico, peça um plano de ação, decidindo de antemão o número de pedras que você deseja que façam parte de sua resposta. Por exemplo, se você perguntasse: "Dê-me um plano de ação de três etapas para aumentar minha renda" e você obtivesse as pedras laranja, vermelha e verde nessa ordem mais próxima do branco, a resposta poderia ser lida como: "Foque em seus objetivos, livre-se da culpa e faça o que você ama." Trata-se de uma simplificação, claro, porque na realidade você provavelmente reuniria muito mais ideias em torno de cada pedra.

Ou, em vez de pedir conselhos ou um plano, pergunte: "O que está impedindo que eu alcance meu objetivo?" Lance as pedras e leia a resposta do mais próximo ao branco, só que desta vez leia no sentido oposto:

Vermelho = estresse mental ou físico

Laranja = falta de foco

Amarelo = procrastinação

Verde = raiva

Azul = medo ou dúvida

Violeta = pensamento rígido

Interpretação de figuras

Esse é um dos maiores segredos da adivinhação xamânica que existe. Imagine um antropólogo em uma ilha tropical observando o xamã da aldeia lançar conchas, ossos e pedras e depois fazer uma longa leitura.

Sucessivamente, o cientista observa o xamã fazer o jogo sem conseguir, porém, descobrir o significado dos objetos ou a estrutura do padrão. E ele não acredita quando o xamã lhe diz que não há nenhum, a menos que ele finalmente descarte o xamã como uma fraude.

O que o xamã está fazendo? Ele está examinando as figuras. Na minha opinião, esta é a forma mais elevada da arte de adivinhação porque estimula a intuição mais profunda através de símbolos e associações.

Para usá-lo com suas pedras, relaxe e peça uma imagem para representar o estado atual ou futuro de uma pessoa, lugar, coisa, situação ou condição. Em seguida, jogue todas as sete pedras, sem levar em conta qual é *kumu* e qual é *eo*. Quando as pedras forem lançadas, olhe para as pedras sem qualquer esforço. Com que se parece o padrão? O que ele lhe lembra? Você pode imaginar que as pedras são como pontos em um livro infantil e tentar conectá-las de diferentes maneiras com linhas imaginárias. Embora a chamemos de figura, às vezes o significado principal vem do sentimento. Você pode apenas olhar para ela e estar ciente de quais associações ou memórias vêm à mente. Se parecer apropriado, você pode levar em conta os significados das pedras que foram dadas na última técnica. Para algumas pessoas, essa técnica será fácil, mas outras terão de praticá-la por um tempo antes que as barreiras para esse tipo de percepção caiam. Se, a despeito do que você tente, o padrão ainda não lhe disser nada, agradeça ao seu aspecto do coração por tentar, diga-lhe para lhe dar uma imagem diferente sobre a mesma coisa e jogue novamente.

Você também pode usar o processo de mudança de padrão fornecido na primeira técnica para esta, se não gostar da imagem. Isso pode até funcionar como um processo de cura à distância se você pedir um quadro da condição de outra pessoa. Neste caso, você melhora ou muda o quadro movendo as pedras à sua volta.

La'a kea – *A luz do amor*

Por causa da teia, da transmissão ou do campo, faça a sua escolha, tudo influencia todo o resto, mas não no mesmo grau. Uma observação válida que podemos fazer: o aspecto do coração é mais influenciado pelo campo mais forte, mais próximo e mais ressonante.

Um campo é uma área de influência (como um campo magnético) ou percepção (como um campo visual). Aqui estamos principalmente preocupados com a influência, e principalmente com o campo de energia humana, também chamado de aura, ou *hoaka* em havaiano. O campo energético humano tem componentes físicos e não físicos, mas, por enquanto, vamos tratá-lo como uma entidade única. Também será útil observar que a própria energia é adequadamente definida como movimento ou atividade influente; isto é, movimento ou atividade que cria mudança. Também pode ser chamado de vibração influente. Outra coisa a notar é que a energia não é uma coisa tangível, mas as coisas tangíveis têm energia. Portanto, uma redução ou diminuição de energia é equivalente a diminuir a taxa de vibração, não tirando nada tangível; e um aumento de energia é equivalente a acelerar a taxa de vibração, não adicionando nada tangível. Aumentar a energia não é como adicionar um copo d'água a uma mistura de bolo. É como aumentar a velocidade do *mixer*.

A ressonância tem dois significados aplicáveis ao campo energético humano. Um, relacionado à eletricidade, é "a condição de ajuste de um circuito que permite o maior fluxo de corrente de uma determinada frequência". Em termos humanos, isso significa que o estado da mente e do corpo determina que tipo de energia mais o influenciará. Simplificando, qualquer medo que você tenha ressoará ou será influenciado por um medo adicional ao seu redor; e qualquer confiança que você tenha será mais ressonante para uma confiança adicional. É por isso que o primeiro passo mais importante em qualquer cura por um xamã urbano é aumentar a confiança de uma pessoa. Claro, por causa do terceiro e sexto princípios, você pode escolher conscientemente mudar sua própria atenção para qualquer confiança que possua e, assim, sintonizar mais com a influência da confiança ao seu redor e diminuir a influência do medo. O outro significado de ressonância, proveniente da física, é "a vibração reforçada de um corpo exposto à vibração, aproximadamente na mesma frequência, de outro corpo". Falando em termos humanos, isso significa que seu medo tenderá a aumentar o medo daqueles ao seu redor e sua confiança tenderá a aumentar a confiança daqueles ao seu redor.

A proximidade e a força dos campos de energia humana estão intimamente relacionadas porque, de um modo geral, quanto mais perto você estiver da fonte do campo, mais forte – mais energizado – ele geralmente é. Sua aura se estende infinitamente, mas sua atenção mental e sensorial geralmente não. Devido ao terceiro princípio, então, seu campo efetivo pode ser bem diferente do seu campo real. Além disso, deixando de lado as considerações de frequência, os seres humanos tendem a ser mais influenciados pelas energias físicas percebidas através dos sentidos físicos (visão, som, toque, etc.) do que pelas energias mentais percebidas através dos sentidos mentais. Portanto, a proximidade é um fator influente importante.

A força de um campo tem a ver com a intensidade energética, que tem a ver com a vibração. A qualidade da vibração tem dois componentes, frequência e amplitude, ou dito de outra forma, volume e intensidade. Usando ondas oceânicas como exemplo, o número de ondas em um trecho de cem metros determinaria a frequência das ondas; o tamanho de cada onda determinaria a amplitude. Obviamente, haveria mais energia em ondas de um metro e oitenta do que em ondas de meio metro da mesma frequência. Da mesma forma, um dó tocado em um piano vibra em uma frequência específica; e o mesmo dó tocado em uma tuba vibra na mesma frequência, mas com um volume muito maior (o equivalente musical da amplitude). Na aura humana, a frequência é determinada pelo foco e a amplitude pela emoção. O foco vem da atenção de *kane, ku* e *lono,* e a emoção vem de respostas intencionais e reações habituais aos seus ambientes interno e externo.

Juntando tudo isso, significa que o aspecto do coração (*ku*) é influenciado pelo campo mais forte, mais próximo e mais ressonante. Se você entrar em uma sala de pessoas em um estado de raiva potencial (o que significa que há coisas em sua vida que o irritam, mas você não está atualmente sentindo essa raiva), e há uma pessoa na sala que está atualmente muito zangada, mas não mostrando isso abertamente, é provável que você comece a se sentir cada vez mais irritado e zangado sem saber por quê. Se a outra pessoa estiver com raiva de algo que também o deixaria com raiva, o efeito sobre você provavelmente será maior. Isso é força de campo, proximidade e ressonância no trabalho. Se você tem o hábito subconsciente de evitar a raiva, então o efeito de campo provavelmente o influenciará a suprimir subconscientemente suas emoções, apertando seus músculos, e quanto mais tempo você ficar na sala, mais doente ou esgotado você se sentirá. É importante perceber que a outra pessoa não o drenou ou o deixou doente, mas suas reações sim. Ninguém pode drenar sua energia porque a energia é infinita e você também. Se você se sentir esgotado na presença de alguém, seu aspecto do coração está apenas reagindo a algo dessa pessoa que não o agrada. Na mesma situação, se você entrasse na sala em um forte estado de felicidade, teria um efeito suavizante e curativo sobre a pessoa irritada.

Não são apenas as pessoas que podem influenciar suas emoções. Os ambientes físicos também podem. Um pouco de estresse levado para um ambiente altamente energético, como um escritório com ar-condicionado ou uma grande pirâmide, pode ser amplificado em uma grande quantidade de estresse acompanhado de raiva ou medo, dependendo de suas reações habituais ao estresse. E as memórias armazenadas no aspecto do coração do lugar podem aumentar ainda mais sua reação. No Egito, uma vez visitei um pequeno templo de Ísis em uma ilha no Nilo, no fim de um dia longo e cansativo. Quando nosso grupo se aproximou do santuário, uma das mulheres, um tipo muito sensível, não dado a expressar livremente suas emoções, desmaiou na entrada. Mais tarde, ela disse que se sentiu sobrecarregada por uma sensação de raiva. Quanto mais perto eu ficava, mais irritado eu começava a me sentir, de modo que, quando cheguei à entrada, me senti indignado e lembranças que não eram minhas estavam surgindo a respeito de profanações no templo. Com grande esforço, entrei na câmara e tentei harmonizá-la, mas não estava mais em condições de fazê-lo. Curiosamente, depois de cuidar da mulher, ninguém mais entrou na câmara. Parecia que eles não estavam interessados nisso, mas provavelmente era uma resposta do aspecto do coração. Pouco antes de retornar ao barco para partir, encontrei um cristal de quartzo de quatro polegadas na areia e percebi que a ilha deveria ter uma abundância deles, o que também aumentava a energia. Mesmo assim, foi preciso muito esforço consciente e reprogramação antes que eu pudesse voltar ao meu estado normal. Se eu tivesse chegado à ilha em um estado feliz e relaxado, minha experiência teria sido ampliada de uma maneira diferente. Ou eu teria explorado ativamente o lugar com interesse crescente, ou poderia ter ficado eufórico e sintonizado com quaisquer memórias felizes que o lugar tivesse.

O conhecimento prático a ser adquirido com essa história é que, embora você crie todas as suas próprias emoções, a intensidade dessas emoções pode ser influenciada por alguém ou algo em seu ambiente. Em vez de perder tempo tentando descobrir por que você está tendo a emoção, o mais inteligente é ir em frente e fazer algo a respeito. Se você gostou da experiência, aproveite. Caso contrário, aqui estão algumas técnicas a serem consideradas.

A luz branca da proteção

Onde o medo reina, o conflito segue. Em um mundo governado por tanto medo, não é de surpreender que surjam até técnicas metafísicas baseadas na defesa e no ataque. Talvez a mais comum encontrada em todo o mundo seja a "Luz Branca da Proteção", como é frequentemente chamada. É um conceito bonito, mas sua aplicação deixa muito a desejar.

Em sua forma mais simples, consiste em imaginar-se cercado por uma luz branca ou clara que o protege de todo mal, seja emanando de seu próprio espírito ou dado a você por um ser espiritual. Fui informado de uma boa aplicação disso por um dos meus alunos. Ele morava em Nova York nos anos 1960, e uma de suas amigas era uma jovem adorável que geralmente usava apenas um fino vestido de algodão e vagava pelas partes mais duras da cidade livre como um pássaro. Ele e outros tentavam avisá-la dos perigos, mas ela apenas sorria e dizia que sua luz a protegeria. Uma vez, ele a seguiu, apenas por precaução, e ficou surpreso ao ver homens endurecidos na rua a tratando invariavelmente com cortesia e bondade. A luz removeu seu medo, e eles respondiam à falta de medo e à presença de amor.

Muitas vezes, no entanto, o uso da Luz Branca reforça o medo e o pior. Quando isso acontece, vem da ênfase na proteção e não na confiança. Nesses casos, ela é usada como uma cerca ou uma barreira que mantém a fonte do medo afastada e separada e, portanto, não chega a se livrar do medo. Na verdade, cada vez que é usada dessa maneira, ela reforça o medo, criando o hábito de temer. Se você colocar uma Luz Branca da Proteção em torno de si mesmo, de sua família e amigos, sua casa e seu carro, e então crer que tudo está resolvido, funcionará bem para você. Mas se você usar a mesma luz com foco no que ela está protegendo, você se desgastará ao tornar a luz cada vez mais forte e começará a atrair aquilo que você teme.

O pior e mais abominável uso da luz às vezes é até ensinado por professores metafísicos bem-intencionados que estão muito mergulhados no medo para saber o que estão fazendo. Nesses casos, a luz é usada não apenas como um escudo de proteção, mas como um refletor ou espelho para enviar a negatividade de volta à sua fonte.

A suposição é que qualquer negatividade que você sinta foi enviada propositalmente a você por um alguém eivado de maldade que merece receber de volta o que enviou. Embora as batalhas psíquicas não sejam impossíveis, elas são extremamente raras: são poucas as pessoas no mundo inteligentes o bastante para saber como de fato se envolver nelas e, ao mesmo tempo, estúpidas o suficiente para fazê-lo (lembre-se de que o aspecto do coração leva tudo para o lado pessoal). A suposição neste sistema é que qualquer negatividade que você sinta é sua reação ao seu ambiente espiritual e físico, independentemente de qualquer pessoa em particular estar com raiva de você ou desejar que você se machuque. Usar a luz para enviar dano a outro, mesmo que você pense que está apenas refletindo o que veio em seu caminho, é se envolver em magia negra.

A Luz Branca da Proteção é mais útil como um escudo mental de primeiros socorros para alguém tão preso no medo que nada mais o fará se sentir mais seguro. Uma vez que um estado mínimo de confiança tenha sido alcançado, no entanto, é hora de passar para algo mais avançado e benéfico.

A luz do amor de La'a kea

La'a kea é uma expressão da língua havaiana que significa "luz sagrada", referindo-se às coisas boas representadas pela luz do dia, como o sol, o conhecimento e a felicidade. Também é usada na prática xamânica para significar uma aura carregada de luz do sol, conhecimento e felicidade. A técnica é semelhante à da luz branca descrita acima, exceto que é usada para cura e harmonia. Para esclarecer a distinção, vamos chamá-la de "Luz do Amor". Com base no poder existente dentro de você, use sua própria mente para se imaginar cercado e cheio da Luz do Amor. Chamemos isso de "Acender a Luz". No entanto, não deixe que a ênfase na luz o incomode. Você pode imaginar cores, sons e sentimentos, se preferir. Minha própria Luz do Amor geralmente é preenchida com cores, símbolos, padrões, música e sensações suaves ou titilantes, a depender do efeito que desejo. Ao acender a luz, você também "Alimenta a Luz", gerando uma emoção positiva. Uma simples apreciação de algo bonito fará isso, ou você pode optar por uma emoção mais forte.

A primeira suposição é que a Luz do Amor existe. A segunda é que ela se projetará para fora ou irradiará em direção a qualquer área do seu foco. A terceira suposição é que ela seguirá suas instruções. Aqui estão algumas sugestões para usá-la:

1. Comece cada dia acendendo a Luz do Amor e estendendo-a por todo o seu ambiente imediato. Fale com a Luz do Amor (tudo está vivo, consciente e sensível) e dê-lhe a instrução, mental ou em voz alta, "Harmonize este lugar".

2. Use a Luz do Amor ao longo do dia com pessoas, lugares e situações diferentes da mesma maneira que acima.

3. Sempre que você sentir sofrimento físico ou emocional, acenda a Luz do Amor e diga: "Harmonize as energias ao meu redor".

4. Se você está vivendo um relacionamento difícil com alguém, estenda a Luz do Amor para incluir essa pessoa, a despeito de onde ela esteja, e diga:

"Harmonize as energias entre nós" ou "Harmonize nossos campos".

5. Se você quiser proteger a família, amigos ou propriedade, imagine-os cercados pela Luz do Amor e diga a ela: "Mantenha-os (pessoa, lugar ou coisa) em paz e harmonia".

6. Caso você quiser se valer da Luz do Amor para cura à distância, cerque-se da luz em diferentes cores (ou símbolos para as cores), com uma instrução diferente para cada uma. Se você já tem um sistema de cores de sua preferência, utilize-o, mas aqui está a que usamos:

Branco/claro – "Ilumine!" (usada na cura para ajudar a aumentar o autoconhecimento e a conexão com o Eu Superior; também quando nenhuma outra cor parece apropriada)

Vermelho/rosa – "Limpe!" (usada para ajudar a remover a tensão e as limitações mentais e físicas; boa para aumentar o relacionamento do grupo)

Laranja/pêssego – "Foco!" (ajuda a concentrar a atenção e a energia)

Amarelo – "Centrar!" (ajuda a aliviar a preocupação, o ressentimento e a culpa; ajuda a acabar com a procrastinação, aumenta a persistência e estimula o prazer do momento presente)

Verde – "Deus o abençoe!" (ajuda a aumentar a autoestima, apreciação, amizade, amor e felicidade)

Azul – "Empoderar!" (ajuda a aumentar a força espiritual e física, a autoconfiança e a autoridade interior)

Violeta – "Ajude!" (ajuda a estabelecer harmonia espiritual e física, sintonia com propósito e prosperidade, alinhamento com os outros para objetivos comuns)

Além disso, se desejar, preto ("Absorva!") pode ser usada para absorver e transformar a negatividade, cinza ("Neutralize!") pode ser usada para neutralizar o excesso de qualquer tipo, e um arco-íris pode ser usado como uma alternativa ao branco. Depois de praticar com as cores em si mesmo e ter a sensação delas, use-as com outras pessoas, lugares e coisas de que você gosta, como no número 5 acima.

7. Para uma forma especialmente intensiva de cura à distância com a Luz do Amor, selecione um pequeno objeto – talvez uma moeda, um cristal ou uma pedra – para representar uma pessoa ou lugar que você deseja ajudar com uma cura. Coloque-o na mão esquerda. Em seguida, pegue uma das pedras xamãs ou outro objeto de uma cor da lista elencada no número 6 acima, e coloque-a na sua mão direita. Em seguida, envolva-se com a Luz do Amor da mesma cor que o objeto em sua mão direita e faça *kahi* em ambas as mãos com respiração profunda enquanto dá as instruções apropriadas. Aqui, seu foco é triplo: em ambas as mãos e na Luz do Amor. Você não precisa se concentrar em uma imagem da pessoa, porque o símbolo da pessoa está na sua mão. Os objetos físicos ajudam a envolver as energias e a atenção do aspecto do coração no processo. Em algum momento, você receberá um sinal para parar. Isso pode vir como um suspiro profundo, como um impulso interno ou uma sensação física, como formigamento ou cansaço. Quando isso ocorre, é como um sinal do aspecto do coração da outra pessoa de que recebeu o suficiente por enquanto. Conclua o processo terminando com uma palavra ou frase como "Está feito", "Obrigado" ou o havaiano "*Amama*", aproximadamente equivalente ao "Que assim seja".

Que você sempre abençoe e seja abençoado pela Luz do Amor.

7
A sexta aventura: mudando o mundo com o sonho do xamã

Aia 'ke ola i Kahiki
Saúde e prosperidade estão em Kahiki,
um lugar no mundo interior

Este capítulo apresentará o poder do sonho xamânico para mudar o mundo. Começará com maneiras de usar os sonhos muito perto do nosso mundo exterior e, em seguida, passará gradualmente para sonhos cada vez mais profundos até que você seja capaz de entender e usar o sonho xamânico final – a busca da visão.

Na cultura havaiana tradicional, o universo é dividido em *Po* e *Ao*. *Po* é o sonho interior, as realidades invisíveis que dão origem a este sonho exterior de *Ao*. Como *Po* se refere ao que é invisível, o reino da experiência que os ocidentais podem chamar de mente ou espírito, a mesma palavra é usada para significar "noite", o tempo das trevas. Para os havaianos poéticos de antigamente, a noite, ou *po*, tornou-se um símbolo do mundo interior, e o dia, *ao*, tornou-se um símbolo da expressão externa do mundo interior, e é por isso que ao também significa "ensinar e aprender". O momento do pôr-do-sol foi o início de um novo dia, e o amanhecer foi o início da manifestação de toda a criatividade que havia ocorrido durante a noite. O próprio oeste tornou-se um símbolo de *Po*, o que confundiu muitos dos primeiros exploradores e continua a confundir os antropólogos. Sempre que os polinésios diziam que vinham do oeste, não se referiam à Ásia, mas sim a *Po*, o reino do espírito. O significado de tudo isso é enfatizar a ideia xamânica de que o que experimentamos como realidade externa é a expressão ou reflexo de uma realidade interna, e que uma das maneiras mais eficazes de mudar a realidade externa, o sonho da vida, é mudar a realidade interna, ou sonho do Espírito.

As três regiões de *Po*

Assim como este mundo exterior tem suas três regiões de terra, mar e céu, o mundo interior também tem suas três regiões, pelo menos no pensamento xamânico havaiano. Estas são *Lanikeha*, *Kahiki* e *Milu*.

Lanikeha é o Mundo Superior no reino invisível. É onde Deus, anjos e santos existem; onde deuses e deusas vivem e brincam; onde grandes heróis, heroínas e mitos abundam. Em seus próprios sonhos noturnos, você pode ter estado lá ocasionalmente, quando experimentou sonhos grandes, importantes ou supra-reais. Os xamãs vão lá principalmente em busca de inspiração, como Maui fez para encontrar os segredos do fogo e do cultivo.

Kahiki, o Mundo Médio, é a região interna que mais se parece com essa realidade externa. A maioria dos seus sonhos noturnos e devaneios acontece em *Kahiki.* Se essa palavra soa muito como "Taiti" (*Tahiti*) é porque são a mesma palavra em dialetos diferentes. Era bastante comum na Polinésia nomear lugares do mundo exterior com nomes de lugares do mundo interior. *Kahiki* em havaiano significa "estrangeiro", bem como "o poder de fazer algo". Em taitiano, a palavra *tahiti* significa "transplantar" e "atravessar". Ademais, esses significados têm a ver com o uso dos sonhos de *Kahiki* para fazer mudanças neste mundo.

A terceira região é *Milu,* o Submundo. Este é o lugar de pesadelos e desafios, e o lugar onde os xamãs muitas vezes vão em uma busca de visão para recuperar o poder perdido.

Começaremos nosso processo trabalhando em *Kahiki* com os sonhos que você tem à noite.

Mo'ike – A arte de interpretar sonhos

Isso vai ser curto, doce e simples. Você é o melhor intérprete dos seus sonhos e, com o método que estou prestes a compartilhar, você pode ignorar livros com listas de interpretação, processos de associação demorados e análises temáticas. Você pode ir direto ao significado real de seus sonhos por causa do corolário do quinto princípio que diz: "Tudo está vivo, consciente e sensível". Tudo inclui todos os personagens e objetos em seus sonhos, bem como os próprios sonhos.

A maneira de interpretar um sonho é relembrá-lo enquanto você está relaxado e acordado e falar diretamente com qualquer um dos personagens e objetos do sonho, perguntando: "O que você está fazendo aqui? O que você representa ou simboliza?" Na maioria dos casos, a pessoa, animal ou objeto responderá a você e fornecerá as informações desejadas. Para falar com o sonho como um todo, imagine-o como uma bola ou globo. Se você tem um pouco de estresse subconsciente a respeito do assunto, pode haver alguma resistência em responder e você pode precisar ser mais agradável e persuasivo, ou altamente assertivo, dependendo de sua própria personalidade. Caso não haja nenhuma resposta, você aplica a técnica de "interpretação inventiva". Isso significa que você faz a pergunta e, em seguida, inventa conscientemente a resposta como se estivesse falando pelo personagem ou objeto. Parece estranho, eu sei, mas funciona porque *você não pode inventar uma resposta naquele momento que não seja válida,* em razão do segundo corolário do princípio, "Tudo está conectado". Depois de algumas aplicações de interpretação inventiva, você encontrará respostas espontâneas mais fáceis.

Como nota de interesse, as memórias de experiências do mundo exterior podem ser tratadas igualmente como sonhos para interpretação. Uma vez, em Malibu, estava almoçando com um amigo, falando sobre nosso trabalho transformador. Um homem na mesa ao lado nos ouviu e nos convidou para uma apresentação que ele disse que seria de grande interesse para nós dois. Meu amigo não pôde, mas eu fui e logo me perguntei que diabos eu estava fazendo ali. Era tão esquisito que saí mais cedo, embora estivesse ali outro amigo que não via há muito tempo. A apresentação foi sobre um projeto para criar um centro que custaria US$ 22 milhões! Parte do dinheiro era para que uma imensa cúpula fosse parcialmente afundada na terra por algum motivo obscuro. Outra parte era financiar um sistema de computador inteligente, contando com tecnologia que ainda não havia sido inventada. E ainda outra parte se destinava a apoiar invenções como um instrumento que se encaixava em torno de seu nariz e soprava automaticamente rajadas de ar alternadas pelas narinas para simular uma prática de yoga. E essas foram as melhores partes. Depois de ter saído, fiquei confuso e chateado porque confio em minha intuição e orientação para me levar a situações que servem aos meus propósitos, e essa experiência não pareceu se encaixar. Minha escolha era começar a duvidar de mim mesmo ou confiar mais. Então eu confiei mais e tratei a experiência como um sonho, pedindo interpretações aos participantes. Como se viu, parte da razão de eu estar lá era estimular o outro amigo de uma maneira positiva, e parte disso era me conscientizar – por meio do exagero – de minhas preocupações com a possível aparência extravagante dos meus próprios projetos à época. Como toda vida é um sonho, todas as memórias podem ser tratadas como sonhos.

Mudança do sonho

Uma das maneiras mais poderosas e eficazes de usar sonhos noturnos é mudá-los com sua imaginação.

Os sonhos são experiências reais em outra dimensão, mas, como todas as experiências reais, são efeitos de estruturas de crenças ou padrões de hábitos. Dessa forma, eles são como linguagens, que se baseiam em estruturas e padrões. Mesmo com a estrutura gramatical mais flexível e vocabulário abundante, uma língua só pode expressar o que a mente que a produz tem a dizer. Assim, também, os ambientes de sonho interno e externo só podem expressar o que a mente que os produz pensa. E assim como mudar a linguagem dizendo algo de uma maneira diferente pode mudar a mente e, assim, a experiência de alguém, mudar o ambiente do sonho pode mudar todas as experiências do sonho produzidas por uma mente particular. Em termos práticos, isso significa que, se você mudar um sonho, também reestruturará os padrões que deram origem a ele e mudará automaticamente quaisquer outros sonhos que surgiram dos mesmos padrões. Você pode curar o mundo exterior curando o mundo interior.

Embora seja possível, com motivação suficiente, aprender a acordar dentro de um sonho em andamento, isso não é necessário para obter os benefícios da mudança de sonho. Isso ocorre porque as memórias mantêm os mesmos padrões do sonho original, modificados por quaisquer mudanças de mente que você possa ter tido desde que teve o sonho. Portanto, para fins de cura, mudar a memória do sonho é tão bom quanto mudar um sonho em andamento.

Há três maneiras de mudar um sonho, ou a memória de um sonho: mudar sua reação no sonho; permitir que o sonho continue; ou mudar os eventos do sonho. Cada um deles é mais benéfico para sonhos recorrentes ou únicos de medo, raiva, lesão ou frustração. Essas mudanças são feitas no âmbito do *Kahiki*.

Mudar sua reação significa escolher conscientemente responder de forma diferente ao que está acontecendo. Em uma das minhas oficinas, uma mulher se lembrou de um sonho recorrente em que estava sendo perseguida por um dragão cuspidor de fogo. No sonho original, ela corria como se estivesse em câmera lenta, e o dragão estava sempre prestes a dar o bote quando ela acordava. Na aula, ela colocou sua atenção no momento um pouco anterior ao ponto do despertar habitual e se imaginou parando, virando-se e gritando: "Por que você está me perseguindo?" Para sua surpresa, o dragão parou, pareceu confuso e disse: "Não estou perseguindo você, estou seguindo você!" O resultado em sua vida foi uma redução do medo e um aumento na autoconfiança.

Permitir que o sonho continue significa recordar o sonho e manter sua atenção consciente focada nele além do ponto de despertar habitual. Alguns sonhos são mais adequados para isso do que outros, mas sempre haverá uma resolução positiva se essa técnica de mudança for seguida por tempo suficiente. Em uma antiga oficina, um aluno se lembrou de um sonho recorrente em que ele dirigia um carro para uma garagem onde outro carro estava à sua espera (conduzido por sua mãe, como ele descobriu através do processo interpretativo). Então os dois carros subiam as rampas em espiral da garagem até o último andar, onde o carro de sua mãe parava e o dele disparava para o espaço. Este era o ponto em que ele sempre costumava acordar com medo. Na aula, ele re-experimentou todo o sonho (com sentimentos de medo, disse ele mais tarde) até que seu carro voou da rampa superior. Então ele permaneceu no sonho e o deixou continuar por si. Seu carro continuou voando por sobre a cidade e pousou suavemente em uma rodovia do outro lado. Quando o carro partiu, ele pôde ver a placa, que dizia: "A vida continua." Seu efeito foi uma melhora em seu relacionamento com a mãe e uma diminuição de seu medo da morte.

Mudar os eventos de um sonho é uma forma de intervenção direta e criativa que tende a incutir um forte senso de autoconfiança e autoestima. Se estes forem bastante baixos para começar, esse processo pode ter de ser repetido com diferentes partes de um sonho ao longo de um período de tempo. Uma mulher que foi muito ajudada por essa técnica trabalhou no mesmo sonho por cerca de seis meses. Normalmente, porém, uma intervenção única é tudo o que é necessário. Para dar um exemplo de como a intervenção criativa também pode levar a mudanças espontâneas, vou relatar meu sonho de helicóptero. Quando ele começou, eu aparecia como passageiro em um helicóptero (já incomum para mim) que decolou, mas não podia ir muito alto porque havia cabos de energia no caminho (não preciso de nenhuma interpretação para isso, obrigado). O resto do sonho foi uma viagem frustrante de saltos ineficazes até eu acordar. Logo depois de acordar, voltava para o sonho no começo, onde eu parava o piloto antes de o helicóptero decolar, dava a volta e me sentava, eu mesmo, no assento do piloto. Tomando os controles, levantava voo com o helicóptero, encontrava um espaço entre duas linhas de energia e me alçava prontamente. Era maravilhoso. Então eu me via, sem querer, sobrevoando os Estados Unidos, com todos os estados bem delimitados. Em seguida, para minha alegria e espanto, o céu era subitamente preenchido com helicópteros pilotados por todos os outros xamãs que eu havia treinado, e eles começaram a despejar cópias do meu pequeno livro, *O espírito aloha*, em todo o país. A isso sucedeu-se, no sonho externo da vida, um rápido aumento no número de pessoas que eu estava alcançando.

Quase invariavelmente, depois de eu ensinar como fazer a mudança de sonho, há quem expresse preocupação com a mudança do sonho antes de compreender o que ele significa ou qual é a "lição", e às vezes se preocupa que tal mudança seja equivalente a suprimir o que o sonho pretende transmitir. A qualquer um de vocês que alimentem esses medos, digo o seguinte: o mundo interior não é muito diferente do mundo exterior. Se você quebrar o braço no mundo exterior, você não se senta lá e agoniza sobre o significado do evento, ou deixa o braço quebrado para que você tenha certeza de se lembrar da lição envolvida. Você o conserta o mais rápido possível. A primeira mensagem é muito clara. É "Ei! Seu braço está quebrado!" E a segunda mensagem, dada pela dor e pelo desconforto, é igualmente clara. É "Resolva isso agora!" Claro, você também pode procurar outros significados ou examinar que tipo de pensamento o levou à lesão, caso lhe pareça importante (pode ser, se for essa a terceira vez que você quebrou o braço no ano passado), mas o tempo de fazê-lo é depois de tomar medidas para curá-lo. O mesmo se aplica aos sonhos internos de medo e raiva, dor e mágoa. Cure-os primeiro. Quanto à supressão, sempre recomendo o reconhecimento consciente do sonho como ele é antes de você mudá-lo. Então você pode curar-se por amor com envolvimento sensorial pleno e consciente. Se você tentar mudar rapidamente qualquer coisa de que não goste sem realmente prestar atenção a ela, provavelmente está agindo por medo, e os resultados não serão tão bons.

Sonhando para acabar com preocupações

É um fato pouco sabido ou examinado que sonhamos sonhos interiores vinte e quatro horas por dia. Não é apenas à noite que os sonhos interiores acontecem. Os sonhos acontecem o tempo todo, e nós apenas os sintonizamos de vez em quando. Na nossa sociedade crianças e adultos são bastante desencorajados a sintonizar-se com os sonhos – embora seja tolerado (e mal) entre poetas, romancistas e pessoas de férias, desde que não exagerem. Aqueles que se entregam a devaneios passivos e permitem que suas mentes se desviem para o que quer que surja são considerados ociosos; já aqueles que ativamente cultivam os devaneios e fantasiam criativamente são considerados escapistas, a menos que sejam pagos por isso. Quero ensinar-lhe a usar o devaneio passivo e o ativo para curar a si mesmo e aos outros. O processo que usaremos ocorre em *Kahiki* e é uma extensão lógica de todos os sete princípios xamânicos.

Partimos do pressuposto de que tudo sonha, não apenas as pessoas. Assim, damos por certo que podemos sintonizar esses sonhos (pelo menos nossa versão traduzida deles) concentrando nossa atenção em um objeto específico com a intenção de conhecer seu sonho. Em seguida, entendemos que o que quer que venha à nossa mente a partir desse momento até pararmos de nos concentrar é o sonho do que estamos focando.

Finalmente, assumimos que, ao mudar esse sonho da mesma forma que mudamos os sonhos noturnos, podemos obter o mesmo tipo de resultados de cura, às vezes imediatamente. Nas minhas oficinas, as pessoas tiveram muitas curas imediatas, desde o desaparecimento dos sintomas da gripe até o alívio da dor e a redução do tamanho de tumores. Curas completas nem sempre são imediatas, mas quase sempre há alguns benefícios imediatos.

Darei alguns exemplos que vão deixar o processo mais claro. Em um caso, eu estava em um restaurante tomando café. A garçonete estava de mau humor, não falava com ninguém, não completava as xícaras e derramava comida quando servia. Sintonizei-me com seu sonho presente, que imaginei estar ocorrendo bem acima de sua cabeça. O que eu vi foi uma paisagem sombria com nuvens cinzentas acima dela. Então, na fantasia criativa, fiz com que as nuvens se transformassem em chuva e depois me afastei para deixar o sol passar, fiz com que as flores brotassem e fiz com que pássaros, abelhas e borboletas entrassem em cena. Eu estava me divertindo muito quando ela de repente saiu e foi para a cozinha, onde ficou por cinco minutos inteiros. Quando ela voltou, estava completamente mudada. Ela sorria para todos e enchia as xícaras com cuidado, disse olá para um novo cliente e em geral parecia mais feliz. O que eu fiz não causou a mudança, apenas serviu de auxílio para que ela ocorresse. Mudar seu sonho tal como o percebia era como enviar a ela uma nova ideia por intuição, e a nova ideia era tão boa que seu aspecto do coração decidiu usá-la para realizar uma mudança por conta própria. Observe também que não houve invasão de sua mente ou privacidade. Apenas peguei o que ela estava transmitindo, traduzi para uma forma que eu pudesse entender e enviei de volta uma mensagem de cura para ela usar ou não usar.

Podemos fazer isso por outras pessoas e também por nós mesmos. Usando as suposições dadas, tente dizer que cada parte do seu corpo está agora tendo seu próprio sonho, além de quaisquer sonhos que você como um todo possa estar tendo. Você pode fazer uso prático dessa técnica sintonizando (dirigindo sua atenção) uma parte do seu corpo que pode estar doente, fraca ou não funcionando tão bem quanto você gostaria. A maioria das pessoas acha que ajuda fechar os olhos, mas você pode fazê-lo com os olhos abertos, se preferir. A parte do corpo pode ser qualquer coisa que você possa nomear como uma parte do corpo, como seu coração, mão ou ombro. Primeiro, seja passivo e deixe o sonho se formar por conta própria. Pode ser expresso como visão, som, sentimentos ou qualquer combinação, e pode ser absurdo e fantástico ou muito mundano e comum. Mesmo que a única coisa que venha à mente seja o trabalho doméstico ou o trabalho no escritório que você ainda precisa fazer, trate isso como o sonho. Uma vez que o sonho tenha se formado, entre conscientemente e mude-o de alguma forma. Se o sonho for assustador e desagradável, não será difícil pensar em algo para fazer, mas mesmo que o sonho pareça perfeito em todos os sentidos, *mude-o para melhor*. Se a parte do corpo não é tão saudável quanto você gostaria que fosse, a perfeição pode ser uma máscara e qualquer mudança iniciará uma cura. Ao fazer suas alterações, você obterá os melhores resultados se usar todos os seus sentidos. Continue o tempo que quiser, ou até sentir uma resposta física em seu corpo.

Como tudo é sonhar, você pode sintonizar e mudar o sonho de uma árvore, casa, máquina, grupo, nação ou planeta, se desejar. A chave para o sucesso é sonhar um novo sonho tão prazeroso para o aspecto do coração do objeto de sua atenção que ele vai querer mudar. É aí que entra o desenvolvimento de sua habilidade de sonhar como xamã urbano.

Haipule – Trazendo um novo sonho à vida

Uma maneira de mudar o sonho do mundo exterior é criar um novo sonho em *Kahiki* para substituí-lo. Nesse sentido, *Haipule* é um processo muito antigo e comprovado. Ele pode assumir muitas formas, e a forma dada aqui foi projetada para o propósito deste livro. Um breve exame desta palavra muito importante pode nos dar uma maior compreensão do processo.

Hai é um radical que significa "desejo ou necessidade", "apresentar uma oferta", "declarar" e "buscar". *Pule* traduz-se geralmente como "oração, bênção, feitiço mágico". Seus radicais relacionados são *pua*, "aparecer"; *pu'u*, "desejar"; *lele*, "irromper"; e *le'a*, "ter sucesso". Cada sílaba também tem um significado para o processo: *ha* significa "energizar respirando profundamente e lembrando"; *i* significa "afirmar o que você quer"; *pu* significa "imaginar o que você quer"; e *le* significa "realizar uma ação". *Haipule* é, portanto, um processo de uso de afirmação, imaginação e ação com vistas à criação de um novo sonho. Quando o novo sonho tem energia suficiente, ele se torna realidade (isto é, em termos de xamã, ele substitui o sonho atual).

Em primeiro lugar, como sempre, você decide o que é que você quer sonhar de forma a trazer à existência. É uma melhor saúde? Um novo relacionamento ou a melhora de um antigo? Mais dinheiro? Um carro novo ou uma casa nova? Golfinhos protegidos e respeitados por todas as nações? Paz na terra! Lembre-se apenas de que, quanto mais pessoas estiverem envolvidas na experiência do seu novo sonho, mais energia será necessária para manifestá-lo. Fazer com que os outros realizem o mesmo *haipule* o tornará mais eficaz. Decidir o que você quer é o que você faz antes de realizar o *haipule*.

O processo em si é dividido aqui em *haipule* curto e *haipule* longo. *Haipule* curto é o que você faz o dia todo todos os dias até que o sonho seja real o suficiente para se manifestar. Ele é o que realmente cria o sonho. O *haipule* longo é como uma prática meditativa que serve para reforçar o *haipule* curto. Aqui está a prática do *haipule* curto:

Ha – Lembre-se do seu sonho com frequência enquanto respira profundamente e cria emoções positivas sobre ele.

I – Fale palavras positivas e afirmações sobre o seu sonho o tempo todo, mentalmente e em voz alta. Não force as pessoas a ouvir a seu respeito, nem discuta sobre ele, mas também não tente mantê-lo em segredo. Se sua motivação é tão fraca que o ceticismo de alguém é capaz de destruir sua confiança, é melhor você trabalhar primeiro na motivação e na confiança. As palavras exatas que você usa não importam, mas usar o tempo presente (*eu sou, isso é,* etc.) sobre o seu sonho é útil. Tenha em mente que suas afirmações não estão descrevendo o mundo exterior como ele é; elas estão descrevendo o novo sonho que você está trazendo à existência.

Pu – Imagine com cada um dos sentidos todos os prazeres, benefícios e mudanças que o novo sonho trará, como se estivessem acontecendo agora. Com um pouco de prática, você poderá fazer isso com frequência por alguns segundos de cada vez. Cem imaginações de dez segundos ao longo do dia são melhores do que uma única sessão de vinte minutos de manhã ou à noite.

Le – Faça algo físico sempre que puder para reforçar o sonho. Essa pode ser uma ação diretamente relacionada à manifestação do seu sonho, como elaborar planos ou se encontrar com pessoas pertinentes, ou pode ser simbólica, como fazer um gesto especial ou tocar um símbolo do sonho (uma moeda da sorte, por exemplo, um amuleto que simboliza o resultado ou uma imagem que representa a realização). *Toque,* não olhe apenas.

Pensamentos negativos, memórias e reações de si mesmo e das pessoas ao seu redor definitivamente precisam ser tratados imediatamente para que você possa manter seu novo sonho vivo e bem. A solução é uma variação ancestral de *haipule* curto que chamo de "O Triplo Feitiço". Consiste em aplicar instantaneamente palavras, imagens e postura positivas em resposta a qualquer expressão de negatividade em relação ao seu novo sonho. Se você pensa, fala ou ouve palavras negativas sobre seu sonho, imediatamente, assim que puder estar ciente disso, diga o oposto positivo em voz alta ou silenciosamente. O que você diz pode não ser verdade sobre o sonho atual, o que não importa. As palavras são sobre o novo sonho. Então, se o pensamento negativo for "Isso não pode acontecer", responda imediatamente com "Isso pode acontecer"; se você pensar "Como isso vai funcionar?" volte com "Eu não sei, mas vai funcionar". Uma expressão bastante utilizada por xamãs em resposta à dúvida é "tudo em ordem!" (ademais, é um lembrete para transferir os problemas difíceis ao Eu Superior). Imagens opostas positivas serão úteis com a imaginação de seus próprios medos e dúvidas com base em experiências passadas e projeções futuras (ambas são apenas sonhos de qualquer maneira). Se você se imagina sendo rejeitado, imagine-se imediatamente sendo aceito; se você se imagina fracassando, imagine-se imediatamente tendo sucesso. Isso pode parecer muito estranho às vezes, porque você estará mudando os padrões de energia dos sonhos antigos. Por fim, use uma postura positiva sempre que surgirem emoções negativas, como medo, raiva e depressão. Toda emoção está associada a uma postura corporal específica que reforça essa emoção. Em poucas palavras: o medo é tenso e puxado para trás; a raiva é tensa e empurrada para frente; e a depressão é tensa e puxada para dentro. Então, para o medo, assuma uma postura relaxada de coragem e confiança; para a raiva, use a felicidade e diversão; e para a depressão, valha-se da expectativa entusiasmada. À medida que você muda sua postura, os sentimentos também mudam. Observe outras pessoas, especialmente atores, se você precisar de um modelo para a postura emocional que deseja. Claro, você pode não "sentir" vontade de fazer a mudança, mas então se pergunte o quão importante é o novo sonho.

O *haipule* longo é quando você pode gastar mais tempo esclarecendo, fortalecendo e reforçando seu novo sonho. Você passa pelo mesmo processo de energização, afirmação, imaginação e postura em um lugar confortável, talvez com os olhos fechados, pelo tempo que quiser. É bom terminar sua longa sessão com um encerramento definitivo. Uma boa maneira é fazer um gesto físico de conclusão (um punho cerrado, uma mão sobre o coração) e pontuar o fim com uma expressão, como o *amama* havaiano.

Sonho estruturado

Quanto mais profundamente você entra em *Po*, mais difícil é manter seu foco. Frequentemente, o resultado é que você se afasta do propósito pretendido ou perde a atenção consciente. Uma das soluções xamânicas mais antigas para essa dificuldade é o sonho estruturado. Em um sonho estruturado, certos elementos básicos do mundo interior são pré-programados, por assim dizer. Assim, no Livro dos Mortos egípcio há um rio para atravessar, um certo ser para encontrar e uma pesagem da alma em uma balança; e em muitas culturas xamânicas há buracos para entrar e árvores para escalar. Dentro da estrutura há livre escolha, embora as diretrizes sejam frequentemente dadas, de modo que cada experiência no mundo interior pode ser bastante diferente, ainda que a estrutura se torne familiar. É como ir ao Havaí para passar as férias. A geografia básica permanecerá a mesma, e as revistas turísticas darão suas orientações sobre o que fazer e ver, mas toda vez que você for, a experiência será diferente. Um nome polinésio para tais estruturas internas é *tiki*. Normalmente, pensamos em um *tiki* como uma estátua de madeira, mas a palavra realmente se refere à ideia por trás da forma.

O jardim tiki

Em meu livro *Mastering your hidden self*, dou uma descrição detalhada da natureza e do uso de um tipo de *tiki* chamado "o Jardim", então não serei tão detalhista aqui. Mas vou dar uma introdução e alguns outros usos para ele.

O Jardim fica em *Kahiki*, apenas mais longe do que o tipo de sonho com o qual lidamos até agora. É essencialmente um lugar privado que você cria com sua imaginação a partir da memória ou desejo e para o qual você vai em seu corpo dos sonhos com vários propósitos, como descanso, cura, achados intelectuais e espirituais e aventura. Como parte de sua estrutura, o Jardim tem Ajudantes que trabalham sob sua direção (aspectos de si mesmo na forma de servos, elfos, fadas ou qualquer outra entidade), um Mestre Jardineiro que dá assistência com conselhos e ferramentas e uma fonte d'água. Claro que haverá plantas, e talvez árvores, passarelas e outras coisas. Por ser uma criação sua, tudo nele é reflexo de suas crenças, atitudes e expectativas conscientes e subconscientes a qualquer momento. A exemplo do que se passa com outros sonhos, mudar o Jardim muda você, o que, por sua vez, muda sua experiência de vida.

Uma boa maneira de usar o Jardim é ir lá e pedir que o símbolo de algum desafio presente em sua vida apareça, falar com ele para interpretação, se desejar, e depois direcionar seus Ajudantes para melhorá-lo, transformá-lo ou substituí-lo. Você também pode usá-lo para reuniões internas com pessoas com quem deseja conversar, mas que não consegue alcançar ou abordar fisicamente. No entanto, nossa ênfase aqui será a de tornar o Jardim um lugar de estabilidade no mundo interior, um local familiar a partir do qual você pode explorar áreas mais distantes de *Po*.

Sugiro que você comece com a criação de um corpo onírico, que é simplesmente imaginar que você tem outro corpo que pode deixar seu corpo físico quando quiser e que pode mudar da forma que você desejar. Isso acontece automaticamente sempre que você sonha, mas a intenção e a atenção conscientes darão ao seu corpo dos sonhos mais poder e flexibilidade. E quanto mais consciência sensorial você puder dar ao corpo dos seus sonhos, mais foco consciente você terá em *Po*. Então, com os olhos abertos ou fechados, segundo sua preferência, imagine que você entra em uma caverna que leva a outro lugar, a seu Jardim. Quando estiver ali, aumente seu foco examinando os detalhes de um objeto como uma folha ou uma flor; ouvindo a clareza de um som como o canto de um pássaro, a brisa ou a água corrente; e sentindo a textura de um objeto como uma rocha ou a casca de uma árvore. Aprenda a disposição e o conteúdo do seu Jardim ou preencha os detalhes se você já planejou como o Jardim será. Você pode até mesmo colocar um barracão, cabana ou casa lá, se quiser, um lugar ideal para a solidão ou receber convidados. Algumas pessoas gostam de desenhar mapas ou imagens de seu Jardim para fixá-lo em sua memória e torná-lo mais fácil de se concentrar quando vão lá. Faça o que fizer, permita o crescimento, a mudança e novas descobertas no seu Jardim. Cada vez que o visitar, você ampliará sua "realidade" como parte de sua experiência.

Uma viagem de xamã a um lugar especial

Em todo o mundo, as lendas de muitas culturas incluem histórias sobre uma aldeia, cidade ou local de encontro mágico de algum tipo. As lendas geralmente falam sobre esses lugares em termos tão realistas que exploradores e aventureiros frequentemente os procuram no mundo físico. Às vezes, as lendas acabam por tratar de localizações geográficas reais, como Lhasa,

Troia e Cusco. Nosso interesse, no entanto, concentra-se agora naqueles lugares que não são físicos, mas nem por isso menos reais, como Agarta, Sambala e Cíbola. Estou me referindo ao conceito de que há um lugar em *Po* que é tão real para aqueles que lá vivem e o visitam quanto nossa Terra física é para nós. Estando em *Po*, no entanto, onde as leis da natureza são diferentes, a aparência desse lugar interior pode diferir de acordo com as crenças, atitudes e expectativas do visitante. Místicos e xamãs o conhecem muito bem e têm nomes diferentes para ele segundo suas culturas. Você pode ter estado lá em seus sonhos noturnos e o experimentado como uma cidade movimentada, uma universidade, um palácio com muitos cômodos, um templo ou uma feira. Em sonhos espontâneos, muitas vezes me aparece como um shopping center. Na tradição havaiana, este lugar é chamado de *Pali Uli*, "penhascos verde-escuros", mas eu prefiro o nome samoano mais conhecido, *Bali Hai*. Embora possa assumir muitas formas, o modelo que uso em minhas oficinas é o de uma aldeia em uma ilha vulcânica tropical cercada por uma lagoa, muito parecida com Bora Bora. É um lugar em que se produz o aprendizado, a cura e a descoberta. Em sua primeira viagem, costumo fazer com que meus alunos aprendam algo com outro xamã, ajudem alguém necessitado e deem e recebam um presente. Você começa a jornada entrando em seu Jardim, conforme explicado acima. A seguir apresento a experiência de um de meus estudantes, que é típica do processo.

"Fechei os olhos, entrei no corpo dos meus sonhos e atravessei a caverna de cristal até o meu Jardim, como de costume. Verifiquei minha pequena cachoeira e os lírios na piscina, e tirei algumas folhas mortas dos meus crisântemos, depois encontrei o caminho saindo do Jardim e descendo para a praia. Como Serge disse, havia um veleiro parado na praia e uma tripulação de dois havaianos bonitos esperando por mim. Serge disse que seria uma canoa à vela, mas para mim mais parecia um catamarã à vela. Os havaianos e eu empurramos o barco para o oceano e subimos a bordo. Cuidei da bujarrona enquanto um cara segurava o leme e o outro a vela principal. Navegávamos muito rápido sobre o oceano até que avistamos uma nuvem no horizonte e rumamos em direção a ela. Logo pudemos ver a ilha de Bali Hai, com seu vulcão verde-esmeralda e um anel branco de ondas ao seu redor. Nesse momento, um pássaro branco voou, deu voltas em torno de nosso barco e nos guiou por um canal pelo recife. Logo à frente estava a aldeia, que me parecia uma cidadezinha que vi no Maine quando era criança. Atracamos o barco, e eu deixei a tripulação para tratar da aldeia.

"Esperando por mim no final do píer estava a Mestre Xamã que iria me ajudar. Ela usava um colar de flores em volta da cabeça e um longo vestido branco, e tinha o sorriso mais deslumbrante. Fui até ela e nos abraçamos e pedi que ela me ajudasse com meus ataques de ansiedade. Ela me ensinou a tecer uma bola de luz com os dedos e soprar amor nela, e então meio que a parafusar no meu peito, onde poderia brilhar e aliviar os ataques (eu fiz isso desde então e realmente funciona). Então olhei em volta para a pessoa que eu deveria ajudar e encontrei um menino sentado em uma pedra; ele parecia muito triste. Perguntei por que ele estava triste, e ele disse que era porque tinha morrido e não sabia para onde ir. Lembrei-me de que Serge havia dito que um xamã às vezes ajuda as pessoas em sua travessia pós-morte, mas no começo eu não conseguia imaginar uma maneira de ajudá-lo. Por fim, desejei muito que ele encontrasse seu caminho, e um anjo desceu do céu e disse: 'Obrigado, estive procurando por todo o lado por esse menino', e o levou embora.

"Fui além para além da aldeia para procurar o lugar sagrado onde Serge disse que os xamãs deixavam presentes para outros xamãs. Encontrei um bosque de árvores com todos os tipos de coisas penduradas nos galhos. Deixei uma flor de cristal para aumentar o amor e peguei uma flauta de bambu que tocava canções de felicidade. Então voltei para o barco, naveguei de volta para a praia, agradeci à tripulação, voltei para o meu Jardim, onde guardei a flauta e voltei para cá. Estou ansioso para ir novamente e conhecer outro xamã que me levará a uma jornada além de Bali Hai."

Lanikeha *e os animais de poder*

O Mundo Superior é um lugar para obter inspiração e assistência divina do *akua*, aquelas forças personificadas de transformação que podem assumir muitas formas e desempenhar muitos papéis. Ele é acessado quando se entra no Jardim e se procura um buraco no céu, que você alcança subindo em uma árvore, uma escada ou uma corda; saltando; ou voando. Então você pega as bordas do buraco e se levanta e olha em volta para um lugar bonito e maravilhoso. A primeira razão que dou aos meus alunos para visitar *Lanikeha* é conhecer seus Animais de Poder.

Um Animal de Poder é um *akua* em forma animal, um ser espiritual que pode ensiná-lo e ajudá-lo em suas jornadas através de vários sonhos. Da maneira que meu tio havaiano me ensinou, recebi dois conjuntos de sete Animais de Poder, um para o mar e outro para a terra. Cada um deles tinha o nome e o poder de um dos princípios, conforme indicado abaixo:

Nome	Mar	Terra
Ike	Golfinho	Pássaro de terra
Kala	Lula	Ave oceânica
Makia	Tubarão	Lagarto
Manawa	Tartaruga	Rato
Aloha	Peixe	Porco
Mana	Baleia	Morcego
Pono	Enguia	Cão

Não surpreende que a maioria dos meus alunos, ocidentais do continente, achou bastante difícil estabelecer amizades fortes com alguns desses animais, então modifiquei a lista para se adequar à cultura dos xamãs urbanos modernos da seguinte forma:

Nome	Poder	Animal
Ike	Consciência/atenção	Golfinho
Kala	Liberdade	Passarinho
Makia	Foco	Gato (qualquer tipo)
Manawa	Persistência	Boi (ou Búfalo)
Aloha	Amor	Cavalo
Mana	Confiança	Urso
Pono	Sabedoria	Lobo (ou raposa/ coiote/cão)

Os animais podem ser acrescidos ou trocados para se adequarem aos gostos pessoais, é claro.

Uma vez no Mundo Superior, um bom lugar para se conhecer os Animais de Poder é em um prado (com uma piscina para o golfinho) ou em uma ilha. Nesse sistema, você ganha a mesma forma do Animal de Poder e faz amizade com ele. Você sempre termina retornando ao seu Jardim através do buraco no céu e recobrando, então, a consciência do mundo físico. A única razão de se fazer isso – e é uma boa razão – é estabelecer um padrão de hábito para o seu aspecto do coração que facilite as viagens futuras e continue aumentando a estabilidade do seu Jardim. Se por algum motivo você voltar à consciência física sem fazer isso, não se preocupe; não é grande coisa. Basta fazê-lo pela rota regular da próxima vez, se puder.

A busca da visão em Milu

Há alguma confusão hoje sobre o que é uma busca da visão e como realizá-la. Parte da confusão vem do fato de que existem dois tipos de busca da visão. Há uma busca por uma visão que, nas culturas que a usaram, geralmente é feita por todos os jovens de uma tribo em certa idade a fim de descobrir seu propósito divino; e há o uso da visão (visão interior) para uma busca geralmente feita por um xamã ou equivalente. Outra parte da confusão vem das técnicas tradicionais usadas para essas missões, que foram limitadas pela tecnologia.

Nas culturas tradicionais, eram principalmente os rapazes que saíam em busca de uma visão, não porque uma mulher não pudesse fazê-lo, mas porque não fazia parte de seu papel. Uma vez que ter visões, mesmo pelos homens, não era parte normal da vida, e as regras culturais eram muitas vezes muito fixas, medidas excepcionais eram necessárias para ajudar os homens a romper os limites do pensamento comum para receber uma revelação especial dos deuses ou do Grande Espírito. Entre as medidas utilizadas estavam a privação extrema (ser enviado para espaço inabitado, distante do convívio, com pouca comida e por um longo período), o isolamento extremo (ser amarrado em um cobertor e preso em um buraco profundo por três dias) e drogas (como o peiote e outras). Como qualquer psiquiatra pode dizer, cada uma dessas práticas tende a produzir alucinações, que são as visões que essas pessoas buscavam. As próprias visões, embora extraordinárias, ainda se baseavam em elementos culturais na memória dos homens.

A busca da visão pelo xamã, por outro lado, tornava-se cada vez mais fácil à medida que ele acumulava experiência no mundo espiritual, até que pudesse entrar nele à vontade, sem extrema privação, isolamento ou drogas. Mesmo que em algumas culturas se tenha tornado tradicional que o xamã jejuasse, permanecesse em uma caverna ou tomasse uma droga para uma busca de visão, ainda não se exigiam as medidas extremas usadas para uma visão inicial. E o uso que o xamã dela fazia era diferente. Em vez de buscar uma visão fora de si mesmo, ele usava sua própria visão interior para buscar o poder de cura. Às vezes ele fazia isso por conta própria, para ganhar o poder de curar uma doença ou uma condição específica, e às vezes ele fazia isso em nome de outro, buscando um poder que a pessoa havia perdido ou, em termos metafóricos, que dela havia sido roubado por um espírito. Muitas vezes, o poder assumia a forma de um objeto mágico, que o xamã ou trazia consigo em seu retorno e transferia simbolicamente a um objeto físico equivalente, mantendo-o à mão, ou entregava à pessoa que dele necessitasse.

Apesar do que muitas pessoas pensam, o xamã usava a busca da visão com moderação. Ele primeiro tentava os meios mais simples de cura, como intuição, psicologia prática e placebos. A seguir, ele passava ao uso das mãos ou ao ritual e, por fim, se nada mais funcionasse, ele entraria na busca da visão xamânica.

Os xamãs urbanos que fazem uma busca da visão xamânica hoje não exigem muita preparação ou condições especiais, porque fazemos parte de uma sociedade única que já, embora sem saber, nos preparou bem. O espaço inabitado não é um aspecto essencial da busca da visão, e o mesmo vale para um alto grau de isolamento. A busca da visão não depende de condições externas: ela ocorre em sua mente, e nossas mentes tiveram muito treinamento. Em uma oficina em Nova York, tinha comigo vinte pessoas fazendo uma busca de visão em um prédio no Garment's District. Era verão, e as janelas estavam abertas. Durante a busca, o ar era cortado pelo som das sirenes da polícia e dos bombeiros passando na rua do lado de fora da janela, *e ninguém as ouvia*.

Desde suas primeiras leituras infantis, você já se encontrava em treinamento para ser um xamã. Rádio, televisão e filmes ajudaram a reforçar sua habilidade. O desenvolvimento da visão interior intencional levou muito tempo nas sociedades tradicionais, porque não era reforçado por toda a sociedade. Pessoas excepcionais como poetas, contadores de histórias e xamãs pareciam estar usando magia quando evocavam visões despertas nas mentes dos ouvintes de seus contos, lendas e experiências internas. Sem essa imagem guiada, a maioria das pessoas mantinha sua atenção no mundo exterior com sua semelhança relativa de dia para dia e de ano para ano. Mesmo aprendizes de poetas, contadores de histórias e xamãs que passavam muito tempo ouvindo e lembrando eram limitados às memórias de seus professores. Você tem hoje a habilidade de ler, uma habilidade rara na história da humanidade, que o treina para concentrar sua atenção e evocar a experiência interna por conta própria segundo sua vontade. E você tem acesso através de livros e revistas à maioria dos grandes contadores de histórias da humanidade. Além disso, você armazenou em sua memória um tesouro incrivelmente rico de experiência humana e imaginação a partir de rádio, TV e filmes. Não dê pouca importância a tudo isso. Como digo aos meus alunos, é por causa desse conhecimento que você pode começar imediatamente a aplicar as habilidades de xamã que ensino. Você já fez a maior parte do trabalho.

No xamanismo havaiano, *Milu,* o Submundo, é um lugar de desafio onde obstáculos ou dificuldades, sob a forma de monstros, magia e elementos naturais, colocam-se entre você e o que você procura. A missão consiste em passar por eles, alcançar seu objetivo (geralmente um Objeto de Poder de algum tipo) e trazer o objeto de volta. A missão em *Milu* não é feita para a compreensão. Você pode obter compreensão no Jardim. Ele é feito para mudar as estruturas fundamentais da ideia que estão no caminho de uma cura, representada pelos desafios. À medida que cada desafio é vencido na experiência sensorial completa, sua estrutura como fator inibidor é alterada. Eu enfatizo os termos "experiência sensorial completa". Somente quando a experiência interior for o mais "real" possível ela será totalmente eficaz.

Em algumas tradições de xamãs guerreiros, diz-se que, se você estiver no Submundo e encontrar um animal que mostra os dentes para você, recue e tente novamente em outro momento. Na tradição dos aventureiros, não fazemos isso. Se você encontrar um animal que mostra os dentes, sorria de volta. Se isso não funcionar e nada mais funcionar, deixe que ele o coma, seja transformado, saia do outro lado e prossiga. Até mesmo o mundo interior é o seu sonho, e você é o tecelão dos sonhos. Não deixe que nada surja como obstáculo em sua missão.

Minha tradição ensina que existem sete desafios básicos em *Milu*, qualquer um dos quais pode ou não estar presente em uma missão específica. Cada desafio é o oposto de um poder positivo equivalente de um princípio. Eles são *pouli* (ignorância), *haiki* (limitação), *hokai* (confusão), *napa* (procrastinação), *inaina* (raiva), *weli* (medo) e *kanalu a* (dúvida). Chega-se a *Milu* por um buraco no chão, e o xamã geralmente é acompanhado por um Animal de Poder. Tal como acontece com Bali

Hai, acho que a experiência fica mais bem apresentada sob a forma da busca real de um estudante. O processo é o mesmo usado para o Jardim e Bali Hai.

"Fechei os olhos e respirei fundo várias vezes para me carregar de energia para a missão. Então fui ao meu Jardim e procurei o buraco no chão que seria a entrada para *Milu*. Eu sabia que poderia ser um redemoinho, um buraco de marmota, uma caverna ou um buraco na base de uma árvore e foi o que procurei a princípio, mas o que finalmente encontrei foi um buraco de quinze centímetros demarcado com pedras, como um poço em miniatura. Chamei um Animal de Poder para vir comigo e meu falcão apareceu de repente à minha direita. Nós nos tornamos menores e depois pulamos no buraco. Depois de muito tempo caindo, de repente saímos voando do buraco e pousamos em um caminho que levava a um tipo estranho de floresta, como uma daquelas florestas encantadas nos filmes da Disney. Eu sabia que o caminho levaria ao Objeto de Poder que eu procurava, então me pus a caminhar com meu falcão empoleirado em meu braço direito. A floresta ficou cada vez mais escura; logo estava escura como breu, e eu não conseguia ver nada. Antes que eu pudesse pensar em qualquer coisa, meu falcão gritou, e a luz saiu de sua boca. Então eu gritei também, e entre nós dois fez-se luz de novo. Então continuamos por um tempo, e de repente toda uma massa de árvores e galhos caiu na nossa frente, bloqueando completamente o caminho. Tudo era tão cerrado que não podíamos contorná-la ou passar por cima dela, então nos tornamos muito, muito pequenos e deslizamos pelas rachaduras e fendas, depois nos tornamos grandes novamente do outro lado. Em seguida, chegamos a um lugar onde o caminho se bifurcava em toda a sorte de direções, e eu não sabia para onde ir. Mesmo o falcão não sabia. Tentei jogar uma vara e fazer com que ela dissesse qual caminho seguir, mas ela girou sem parar. Finalmente, a ideia me veio como uma voz falando que qualquer um dos caminhos funcionaria, então escolhi o mais próximo do meio e continuei.

"O próximo obstáculo, ou desafio, era uma ponte passando por uma grande ravina, mas ela só ia até a metade, como se os construtores tivessem saído para almoçar e não tivessem voltado. Havia até ferramentas largadas pelo lugar. Fiz um pedaço de corda com fibra de casca e segurei uma ponta enquanto o falcão a carregava para o outro lado e a amarrava a uma grande árvore (não sei como ele fez isso). Então eu fiz um pouco mais de corda, e com alguns galhos terminamos a ponte, e eu atravessei. Mais tarde, pensei que o falcão poderia ter me atravessado, mas isso não me ocorreu na hora. Continuando pela floresta, chegamos a uma clareira onde fomos atacados por selvagens furiosos com lanças. O falcão voou para longe do alcance, e minha primeira reação foi assumir uma postura de karatê e me preparar para a luta, mas então me lembrei que deveria agir como um aventureiro, se possível, então imaginei que tinha um saco de pó de riso e o joguei no ar. Em um instante, todos os selvagens haviam deixado cair suas lanças e estavam deitados no chão rindo como loucos, e foi assim que seguimos. Enquanto atravessava outra clareira, um enorme urso pardo avançou em minha direção, então fiquei lá, esperando que ele parasse ou se transformasse em outra coisa, mas em vez disso ele chegou até mim e me balançou com suas garras. O que me surpreendeu foi que eu podia ver os cortes e o sangue e sentir a dor no meu braço quando ele me atingiu. Ei, eu pensei, isso não deveria acontecer. Ele me atingiu novamente no peito e caí para trás no chão. Eu estava com muito medo. O urso estava em cima de mim e rugia, e eu podia sentir seu hálito e sentir a saliva pingando no meu rosto. Assim que comecei a entrar em pânico, e o urso estava abaixando a cabeça para me morder, meu falcão voou e jogou algo na boca do urso com suas garras. Imediatamente o urso fechou a boca, sorriu e tombou. Enquanto eu estava enfaixando minhas feridas, o falcão me disse que havia jogado um Valium na boca do urso. Depois que a missão acabou, entendi que o medo era algo em que eu teria que trabalhar mais. O último desafio foi uma pequena mesa, quase como um altar, montada ao lado de um penhasco onde o caminho terminava. Sobre a mesa havia dois ovos lindamente entalhados e pintados, como os que os russos costumavam fazer como obras de arte. Havia também uma placa que dizia: 'Pegue apenas um, mas pegue o direito'. Sorri porque parecia tão óbvio e estendi a mão para o da direita. Mas então me perguntei se era tão óbvio porque era um truque. O correto podia ser o esquerdo. Perguntei ao falcão; ele ficou em silêncio, assim como os ovos quando perguntei a eles. Fiquei travado até perguntar ao altar, e tudo o que ele dizia era: 'Quem sonha o sonho?' Por fim, entendi e rasguei a placa ao meio e peguei os dois ovos. Em um havia uma lua, que representava o Amor, e no outro havia um sol, que representava o Poder. Eu os trouxe de volta para o meu Jardim, guardei-os e agradeci ao meu falcão e o mandei de volta para *Lanikeha*. Finalmente, voltei à minha consciência normal e coloquei simbolicamente uma forma espiritual dos ovos em cada metade do meu cérebro para me lembrar de usar o Amor e o Poder juntos."

8
A sétima aventura: mudança de forma e serviço comunitário

Kino lau
Corpo dado a muitos, dito de alguém
que é capaz de assumir outras formas

A mudança de forma, às vezes chamada de metamorfose, é uma das coisas mais naturais e estranhas que os humanos podem fazer. Esses nomes se referem ao desenvolvimento extremo de um talento que todos os seres humanos compartilham, o talento de *kulike*, que significa "ser como o aspecto do coração (*ku*)". Em outras palavras, assumir as características ou o padrão de outro aspecto do coração, seja humano ou não. O desenvolvimento mínimo desse talento é a capacidade de imitação.

Muitos animais também têm essa habilidade, o que implica mudar o padrão de aparência ou comportamento, em vez de apenas usar o que você já tem. Um tigre se mistura com o ambiente em razão de sua coloração natural, mas um camaleão muda de cor para se misturar com o ambiente. Isso é mimetismo ativo. Há insetos que agem como paus, peixes que agem como pedras, pássaros saudáveis que agem como se tivessem asas quebradas e chimpanzés que agem como pessoas. Há também pessoas que agem como animais, pássaros, peixes e insetos. Li uma resenha certa vez sobre uma peça em que Zero Mostel deveria se transformar em um rinoceronte e atravessar o palco sem recorrer à fantasia. O resenhista disse que não se tratava de Zero Mostel atuando como um rinoceronte avançando pelo palco, mas de *um rinoceronte avançando pelo palco*. No cinema, um ator assumiu o papel de um pássaro em *Birdy!*, e Don Knotts até interpretou o papel de um peixe em dada ocasião. Em uma peça chamada *A Metamorfose*, Mikhail Baryshnikov fez um excelente trabalho ao retratar um besouro. Não há quase nada no universo conhecido que os humanos não tenham tentado imitar.

As pessoas podem imitar qualquer coisa, com maior ou menor habilidade. É provavelmente o segredo da nossa incrível capacidade de aprendizagem, e é tão natural que muitas pessoas nem percebem que estão fazendo isso. Eu tenho um amigo de Nova Jersey que vive no Novo México há vários anos. No Novo México, ele ainda parece ser de Nova Jersey, mas quando volta para casa, sua família diz que ele parece pertencer ao sudoeste. Há alguns anos, fiz uma viagem de ônibus e compartilhei por várias horas um assento com uma senhora do Canadá. Depois de uma hora e meia de conversa, ela disse, com um sotaque canadense de tipo britânico, que eu falava mais claramente do que qualquer outro americano que ela conhecera. No mesmo sotaque, agradeci a ela, só então observando que havia começado a copiar seu estilo de fala. Uma mulher loira, de olhos azuis e muito bonita, amiga minha, namorou um homem negro durante um período de sua vida, e ela passou muito tempo em sua vizinhança com seus amigos. Um dia eles estavam sentados em um restaurante em um bairro negro e algumas pessoas brancas entraram. Quando uma amiga negra dessa mulher a cutucou e apontou como os brancos pareciam engraçados, ela percebeu que inconscientemente havia assumido os padrões de fala e comportamento dos negros a tal ponto que seus amigos negros nem pensavam mais nela como branca.

Uma coisa é imitar inconscientemente, ou com o propósito de aprender a fazer algo que outra pessoa pode fazer, ou com o propósito de se misturar com seu ambiente social ou físico – e um passo adiante é fazê-lo com o propósito de influenciar os outros e ganhar poderes. Essa foi a inovação xamânica, e a primeira etapa dela é chamada de atuação. Toda a nossa indústria de atuação vem de uma tradição xamânica. Maquiagem, figurinos, encenação, partituras musicais projetadas para a performance e até efeitos especiais foram inventados por xamãs. Todas essas coisas foram, e ainda são, utilizadas para influenciar um público, mas a ideia xamânica vai mais além. Em muitas sociedades tradicionais, os xamãs representavam os papeis de deuses, demônios, heróis, vilões e animais não apenas com objetivos pedagógicos ou de entretenimento, mas para influência mágica.

Nas tribos tradicionais de nativos da América do Norte, um xamã do árido sudoeste podia vestir a fantasia de um Pássaro do Trovão e realizar uma dança especial com o intuito de trazer chuva a sua gente; ou um xamã da Planície poderia vestir os chifres e a pele de um búfalo e realizar um ritual para encontrar ou atrair as manadas para seu povo. Na África, testemunhei xamãs atuando em papéis arquetípicos de deuses e animais para remover espíritos malignos e trazer a cura.

Nosso condicionamento moderno nos faz desprezar a ideia de que o comportamento de uma pessoa, fantasiada ou não, imbuída ou não de crença, pode em verdade influenciar o ambiente. E configura postura válida se você aceita as ideias de primeiro nível de que a realidade é exterior a nós, tudo se encontra separado, e a energia atua segundo suas próprias leis. No entanto, se você aceitar as ideias xamânicas de segundo nível de que o mundo é o que você pensa que ele é, que tudo está conectado, e que a energia flui quando a atenção a acompanha, então é claro que o comportamento de uma pessoa pode influenciar o ambiente. O único fator a criar obstáculos, portanto, é o grau de crença, de conexão e energia. Os xamãs se especializaram em maneiras de aumentar as quantidades de cada uma delas. Neste capítulo, estaremos preocupados sobretudo com o aumento do grau de conexão.

Antes de mais nada, porém, vamos falar um pouco sobre o *kulike*, a arte extrema de mudar de uma forma para outra. Essa é uma ideia ancestral que nunca deixou de fascinar os seres humanos. Espera-se que os deuses, evidentemente, sejam capazes de fazê-lo. Zeus assumiu as formas de um touro para cortejar Europa,

Odin se transformou em serpente e águia para ganhar o hidromel da inspiração, e Pele se tornou uma bela mulher para seduzir o Chefe Lohiau. Nossa própria literatura moderna dá esse poder a certos seres humanos, seja como uma maldição ou uma bênção. Temos, então, Conde Drácula, que se transforma em um morcego vampiro, Dr. Jekyll, que se transforma em Mr. Hyde, um cientista que se transforma no Hulk, ou Billy Batson, que se transforma no Capitão Marvel, para ficarmos em alguns exemplos. Espera-se que os xamãs contem igualmente com esse poder. Abundam histórias de xamãs que se transformam em vários animais para diferentes fins, e no Havaí a habilidade deveria incluir a transformação em pedras e cordas. O presidente de um país africano em que vivi tinha a fama de ser um xamã que visitava as áreas do norte na forma de um antílope.

Sem dúvida, muitos desses contos são de experiências em *Po* (o mundo interior) e não em *Ao* (o mundo exterior), mas não necessariamente todos eles. Pense um pouco. Se tudo estivesse transmitindo seu próprio padrão *e* se você pudesse combinar e retransmitir o mesmo padrão, então você assumiria a aparência e as qualidades da coisa a que você estava se equiparando. É teoricamente possível dentro do sistema que estamos estudando, e muitos xamãs acreditam que isso pode ser feito. Se isso fosse uma extensão do talento em discussão que poderia ser de fato desenvolvido, seria muito dependente da habilidade de concentração. Não é, em verdade, diferente da intenção de certos místicos que meditam em Deus para que se possam fazer um só com Deus. Eu deixo que vocês partam daí.

Grokar

De maior interesse para nós agora é usar *kulike* para fins práticos de cura. Podemos definir quatro estágios diferentes do *kulike*:

1. Copiar – adotar inconscientemente padrões de seu ambiente
2. Imitar – adotar conscientemente padrões de seu ambiente para segurança e desenvolvimento pessoal
3. Interpretação de papéis – adoção consciente de padrões de seu ambiente ou de sua mente para influenciar outras pessoas
4. Tornar-se – adotar conscientemente padrões de seu ambiente ou de sua mente para mudar o que você é (como um místico pode fazer)

Para nossos propósitos, queremos encontrar e usar uma posição em algum lugar entre 3 e 4. Ou seja, queremos adotar o padrão de uma coisa tão bem que possamos pensar em nós mesmos sendo essa coisa e ter tal ressonância com ela que mudar nosso comportamento mudará o comportamento dela, mas ao mesmo tempo queremos lembrar nosso padrão original para que possamos retornar a ele à vontade. O nome que escolhi para representar essa posição delicada é *grokar*. Trata-se de um termo de um livro de Robert Heinlein, *Um estranho numa terra estranha*,[2] no qual o herói tem a capacidade de se fundir com

2. *Grokking*, no original. O tradutor adotou a solução presente na versão brasileira do romance (trad. Edmo Suassuna. São Paulo: Aleph, 2017) [N. T.]

o padrão de algo, conhecê-lo por dentro e transformá-lo a partir de dentro mediante intenção dirigida.

Grokar implica a capacidade de lembrar seu padrão original e seu propósito de realização do grokar. Também me refiro a ela como "manter o 1% xamã". Isso significa reter pelo menos 1% (uma metáfora arbitrária) de sua própria autoconsciência, não importa o quão profundamente você se grokar. O propósito de grokar, segundo o compreendemos, é trazer cura e harmonia. Se você grokasse integralmente uma árvore doente, simplesmente se sentiria como se fosse a árvore e se esqueceria de realizar qualquer cura. Você não se transformaria em uma árvore, porém. Na maioria das vezes, você simplesmente recobraria a autoconsciência original sem qualquer realização, ou adormeceria e acordaria mais tarde. Uma mudança completa de padrão requer habilidade conscientemente aplicada de um nível que a maioria dos humanos nunca alcançará.

O processo de grokar é muito simples.

1. Feche os olhos.
2. Energize-se
3. Entre em um corpo espiritual.
4. Misture-se ao elemento grokado.
5. Verifique a adequação da ação.
6. Mude seu comportamento.
7. Desgroke-se, emergindo com seu corpo espiritual e retornando ao seu corpo físico.

Sugeri aqui o fechamento dos olhos com o intuito de diminuir as distrações do seu ambiente imediato, mas você pode aprender a grokar com os olhos abertos. A energização pode ser feita mediante o uso da Luz do Amor referido na quinta aventura, juntamente com a respiração profunda. Entrar em um corpo espiritual é como entrar em um corpo onírico, mas o corpo espiritual é mais como uma bola sem fronteiras de pura luz ou energia que se cria com a própria imaginação. Para entrar, é necessário apenas imaginar ter um corpo de energia sem forma, em vez de um corpo físico. Como de costume, sentir é mais importante do que ver. Usar o corpo espiritual torna mais fácil e fluido entrar e sair do grok. A fusão se dá a partir do momento em que se imagina o corpo espiritual em processo de integração com o padrão espiritual, mental, emocional e/ou físico do elemento grokado, com o sentimento mais uma vez elevando-se como sensação mais importante, pois você quer imaginar como é ser aquilo que você está grokando. Essa é a parte mais importante, já que seu sucesso depende de uma espécie de amor incondicional. O grau de fusão é limitado por quaisquer atitudes negativas que se possa ter em relação àquilo em que você possa grokar. Quanto mais medo, raiva ou crítica você tiver em relação a isso, mais separação e menos grokar. Isso também se traduz em menos influência. Durante a fusão, você verifica a adequação da ação, sentindo se é correto ir em frente e realizar uma mudança. Isso nada tem a ver com o medo de que possa estar errado. Quando o grok é bom, é simples saber se é certo ou não realizar alguma coisa. Quando você se fundiu ao maior grau possível, mantendo um pouco de autoconsciência, você muda seu comportamento ao do elemento grokado conforme sua intenção de cura. Na maioria das vezes isso estaria na sua imaginação, mas algumas pessoas são capazes de implicar o corpo físico na mudança sem perder a sensação de ser o grokado. Finalmente, separe-se do grokado imaginando-se de volta ao seu corpo espiritual e, em seguida, de volta ao seu corpo físico.

As seções a seguir tratarão da busca pela cura e por seu desenvolvimento pessoal como xamã urbano. Abordaremos o assunto trabalhando com sete elementos da terra: água, pedra, fogo, vento, plantas, animais e humanos.

Grokar a água

Os xamãs grokam a água principalmente para a chuva, mas ela também pode ser grokada por muitos outros motivos. Uma vez eu estava no continente e recebi um telefonema de Kauai solicitando que nossos xamãs ajudassem com um tsunami que se dirigia às ilhas havaianas vindo do Alasca. Os satélites rastreavam a onda gigante e sabia-se precisamente o momento em que seriam atingidas. Os procedimentos de evacuação estavam em curso em Kauai, e os sistemas de emergência a postos. Alguns de nós grokamos o tsunami e, como a onda, decidimos desencapelá-la e, desse modo, dispersar nossa energia para o lado. Pessoas daquele tipo curioso que gostam de estar presentes à ocorrência de um desastre encontravam-se na praia no momento em que o tsunami supostamente atingiria a costa, e relataram que o mar recuou, como é comum em tais eventos, mas depois retornou suavemente, como se nada incomum estivesse ocorrendo. No dia seguinte, as manchetes anunciavam: "O tsunami que não ocorreu".

Este é um bom momento para esclarecer mais algumas questões sobre o grokar e a prática do xamanismo. Aqueles de nós que trabalharam na onda não exercemos controle algum sobre a Natureza. O grokar não era a única estratégia em uso. E, por fim, não neutralizamos a onda sozinhos.

A natureza só pode ser influenciada de forma a produzir o que seria capaz de produzir; ela não pode ser controlada. Isso está em conformidade com o sexto princípio. Em qualquer atividade da natureza, existem cursos de ação contínuos, cursos de ação potenciais e cursos de ação improváveis. Os xamãs trabalham com cursos de ação contínuos e potenciais, deixando os cursos de ação improváveis ao largo, pois estes exigem mais energia do que o viável. No exemplo da onda de um maremoto, dissipar a energia da onda lateralmente era um potencial inerente à água, e àquela onda em particular, bem como formar outra onda, vinda de direção distinta, para anular alguns de seus efeitos. Parar a onda por completo ou fazê-la retroceder, porém, era tão improvável em termos de comportamento da água e requisitos de energia que tais hipóteses sequer foram levadas em conta.

No que diz respeito à segunda consideração, o grokar é apenas uma técnica no repertório dos xamãs. Nem todos os xamãs usam ou desenvolvem grande habilidade nesse campo. Assim, ao lidar com o tsunami, alguns xamãs estavam usando a intuição para falar com o maremoto, e outros trabalhavam com seu sonho. Os xamãs usarão quaisquer técnicas que considerem eficazes em qualquer situação, o que nos lembra do sétimo princípio.

Com relação à terceira consideração, um xamã seria muito tolo em assumir todo o crédito por transformar qualquer evento ou condição, não apenas por causa do poder inato a tudo, mas em razão da influência de pensamentos de outras pessoas, xamãs ou não. Na experiência de Kauai, por exemplo, havia pessoas suficientes orando, esperando e desejando que a onda não causasse dano, de maneira que tudo o que os xamãs tinham a fazer era ajudar a concentrar toda aquela energia positiva. Por outro lado, se pessoas suficientes quisessem, esperassem ou temessem aquela onda por algum motivo, os xamãs, por mais poderosos que fossem, teriam pouco efeito sobre ela.

Nos últimos anos, o estado do Texas e regiões adjacentes sofreram uma seca severa por longo período. Recebemos uma série de pedidos de ajuda, mas nada do que realizamos fez qualquer diferença por um longo tempo, pois os potenciais para a seca eram muito maiores do que os potenciais para acabar com a seca. Finalmente, uma de nossas xamãs no sul do Texas parou de tentar trabalhar em todo o estado e se concentrou em seu pequeno vale. Ela trabalhou intensamente uma noite com o marido (que dispunha de força o bastante para acompanhá-la) e no dia seguinte assistiu ao primeiro de três dias de precipitação abundante sobre seu vale, mas não sobre o resto do estado.

Por mais louco que pareça, os seres humanos podem influenciar a chuva. Não apenas trazê-la, como mantê-la longe. Tampouco é necessário para tanto que se recorra ao trabalho do xamã. Pasadena, Califórnia, abrigou por quase cem anos consecutivos, em 1º de janeiro, um desfile do Rose Bowl e uma partida de futebol americano. O dia caia no meio da estação chuvosa na região, pelo que sei só houve duas ocorrências de chuva no dia do Rose Bowl. Eu mesmo testemunhei a queda de um pé d'água na véspera de Ano Novo, e um dia de sol e céu claro em 1º de janeiro, ao qual se sucedeu um 2 de janeiro de chuva forte. Penso que isso se dê graças a uma convergência das energias de fabricantes de carros alegóricos, visitantes, espectadores e a câmara de comércio.

Quando as energias potenciais estão certas, o xamã pode realizar o que parecem ser milagres, mas que, em verdade, são apenas um uso sábio dos recursos disponíveis e dos padrões naturais. A chuva pode ser levada para áreas atingidas pela seca ou afastada de áreas inundadas, os padrões de ondas podem ser alterados, as manchas de óleo podem ser dissipadas e a poluição pode ser neutralizada ou concentrada. As possibilidades estão abertas, mas algumas mudanças exigirão muitos xamãs atuando em conjunto.

Prática – Grokar a água

> Seguindo o processo já dado, submeta a água ao grokar tornando-se o espírito da água e, em seguida, a água específica que deseja influenciar. Para uma seca, o que funciona bem é se tornar o espí-

rito da água na área seca e chamar a água para si, tornando-se essa água à medida que esta se acumula até que você esteja carregado e denso o bastante para chover.

Você também pode produzir o grokar com o objetivo de aprender o que a água tem a ensinar sobre fluxo e adaptação.

Grokar a pedra

Muitos dos meus alunos têm dificuldade com o grokar da pedra porque ela parece muito sólida. Penso que, em suas mentes, eles se empenham na fusão de seus corpos físicos, não de seus espíritos, com ela – e isso, evidentemente, parece sufocante e rígido, se não impossível. Lembro a eles que a pedra está viva, e sua forma é apenas um padrão de energia. A intenção não é conduzir seus corpos à forma da pedra, mas fazer com que seu corpo energético assuma o padrão de energia da pedra. Isso parece funcionar muito melhor.

Tudo está relacionado. Os fenômenos naturais da Terra não têm funcionamento independente da humanidade. A natureza faz o que lhe cabe, quer os humanos estejam por perto ou não, mas quando os humanos estão por perto, eles estão sempre integrados às ações da natureza. O intercâmbio vem da energia das emoções humanas. As emoções humanas, positivas ou negativas, não causam fenômenos naturais, mas podem desencadeá-los ou atrasá-los, amplificá-los ou reduzi-los, atraí-los ou repeli-los. Se um ser humano é afetado, um ser humano está envolvido. Por causa dessa relação, quando um xamã trabalha na mudança de um evento natural, ele trabalha também na mudança das emoções humanas envolvidas no evento. Esse tipo de cura indireta é muitas vezes mais fácil de fazer e mais eficaz do que tentar trabalhar com os próprios seres humanos, especialmente em um agrupamento como uma aldeia, cidade ou região.

Os terremotos são um objeto de estudo interessante. Em áreas habitadas por seres humanos, eles estão diretamente relacionados às pressões sociais. Quando há pressão social suficiente em uma área propensa a terremotos, qualquer mudança repentina na sociedade ou no meio ambiente pode desencadear um terremoto, mesmo que a mudança seja positiva. No verão anterior à morte de Mao Tsé-Tung, segundo uma antiga tradição que predizia a morte de um imperador, a China foi atormentada por terremotos devastadores. Quando o xá do Irã foi deposto, colocando um ponto final em um regime muito opressivo, o Irã foi atormentado por terremotos devastadores. Na noite em que a rainha Liliuokalani do Havaí foi deposta, Honolulu foi abalada por um terremoto incomum. Um terrível terremoto na Armênia ocorreu no momento em que o primeiro-ministro soviético fazia um pronunciamento na ONU abordando a questão da mudança social. E em 1987, após um verão de seca severa, um outono de incêndios florestais severos e um início de inverno marcado por tiroteios em rodovias, a cidade de Los Angeles foi abalada por um forte terremoto. No futuro, talvez, os engenheiros sociais sejam capazes de prever terremotos com mais precisão do que qualquer outro grupo.

Como xamãs, podemos trabalhar para aliviar a pressão em áreas instáveis antes de um terremoto, e podemos aliviar a pressão após um terremoto para diminuir os efeitos dos tremores secundários. Para fazer isso com o grokar, entramos no espírito da pedra, fundimo-nos com a rocha sob um local específico e relaxamos *suavemente*, alongamo-nos e nos acalmamos.

As erupções vulcânicas podem ser trabalhadas de maneira semelhante. Ao se fundir com a lava derretida, é possível mudar a direção de seu fluxo ou desacelerá-lo, esfriá-lo e solidificá-lo. A propósito, se não temos trabalhado com a erupção relativamente pacífica do Kilauea, localizado na ilha que dá nome ao arquipélago do Havaí, é porque, a despeito de destruir e ameaçar algumas estradas, casas e edifícios construídos em um conhecido local de fluxo de lava e causar um pouco de *vog* (ou *smog* vulcânico), o único outro efeito decorrente da atividade do vulcão é o aumento do tamanho da ilha.

Enquanto elemento, "pedra" inclui qualquer material que consideramos sólido e inanimado – como metal, plástico, madeira cortada e vidro – mesmo quando montado como uma máquina. Ao grokar e transformar o padrão em outro de aspecto harmonioso, obtive muitos bons resultados de cura com motores e computadores.

Prática – Grokar a pedra

Mimetize algumas das áreas fisicamente instáveis do mundo, como Pequim, Tóquio, Los Angeles, São Francisco, Cidade do México, Cairo e Teerã, e alivie a pressão sob elas.

Submeta ao grokar um objeto (talvez uma escultura), uma ferramenta ou máquina e cure-o ou aprenda com ele.

A pedra grokada também pode ensinar ao seu aspecto do coração a natureza da força e estabilidade e ajudá-lo a aprender mais sobre geologia e cristais.

Grokar o incêndio

A natureza tem seus próprios interesses nos incêndios. Eles podem servir ao reabastecimento do solo com nutrientes presentes nas cinzas, à germinação de sementes que necessitam do calor do fogo para que brotem, ou à diminuição do volume de vegetação antiga, permitindo que plantas novas vicejem. Também pode ser usado para a diminuição de populações animais e alimentação de espécies necessitadas. Na África, vi aves de rapina e outros animais se reunirem às margens do foco de incêndio para capturar animais menores em fuga.

Incêndios que ocorrem nas imediações de espaços habitados por humanos, porém, mesmo aqueles de origem natural, são expressões de emoção humana, qualquer que seja o outro propósito a que possam servir. Em geral, trata-se da raiva, mas nem sempre é o caso. O fogo que serve a um propósito na Natureza também serve a um propósito nas vidas humanas. Assim como podemos dizer que toda doença é uma tentativa do aspecto do coração de resolver um problema não abordado pelo aspecto da mente, também podemos dizer que todo desastre é uma tentativa de resolver um problema que permaneceu ao largo do aspecto da mente. Em Malibu, um viveiro de plantas na costa que estava em operação havia trinta anos foi completamente destruído durante um incêndio florestal que deixou os vizinhos de ambos os lados intocados. Todos sentiram muita pena do proprietário até que ele deu uma entrevista no jornal local. Ele disse que planejava há muito tempo vender o lugar e se mudar para o exterior, mas nunca havia sido capaz de tomar a decisão de fazê-lo. Naquele momento, a decisão havia sido tomada por ele e, com o dinheiro do seguro, ele seguiria seu sonho.

Na história acima, mencionei que os vizinhos haviam permanecido intocados. Uma coisa curiosa sobre incêndios em áreas habitadas por humanos é que eles costumam pular ou contornar edificações e encontrar o caminho para lugares que julgam seguros. Uma explicação xamânica é que as emoções das pessoas envolvidas repelem ou atraem o fogo. Novamente em Malibu, meu filho mais velho morava em um trailer em uma colina no meio das montanhas, um lugar chamado Decker Canyon. Quando um incêndio varreu a área, recebi chamadas de condolências pela perda de meu filho, que não poderia ter sobrevivido a tal incêndio. Eu o sintonizei, no entanto, e sabia que meu filho estava bem. Assim que as estradas foram abertas, viajei até lá e descobri que o fogo havia varrido a colina a menos de quinze metros de seu trailer, contornou-o e desceu a colina do outro lado, preservando ele e sua propriedade.

Os incêndios são muito sensíveis ao pensamento e à emoção humana, o que significa que a tranquilização de um incêndio pode se estender aos pensamentos e emoções que o alimentam. O grokar é uma forma poderosa de fazer isso. Na Índia, entre os faquires, um grupo de pessoas que ganha a vida especializando-se em certas práticas de yoga, não era incomum colocar uma criança de sete anos diante do fogo com a instrução de que fizesse amizade com seu espírito. Dia após dia, a criança era posta diante do fogo pelo tempo necessário até que a criança – talvez a essa altura um jovem – tivesse alcançado tal estado de destemor e unidade com o fogo que pudesse tocá-lo, caminhar e rolar sobre ele sem dano. Felizmente, a maioria de nós não está disposta a ganhar a vida com isso, então não temos que grokar o fogo a esse ponto, mas podemos ter de desenvolver essa prática até superarmos qualquer medo dele.

Algumas pessoas apresentam um bom relacionamento com o fogo já na primeira tentativa de groká-lo. Em geral, elas sentem excitação, formigamento e uma forte energia. Quando um grupo dessas pessoas está trabalhando em conjunto, a temperatura da sala de fato aumentará. O desafio desses "xamãs do fogo" naturais é manter um distanciamento bastante para que possam realizar algum trabalho de cura. Muitas vezes eles gostam tanto da experiência de ser o fogo que não querem se acalmar. Ao guiar as pessoas através de seu primeiro grokar do fogo, geralmente sugiro que, como fogo, elas fiquem paradas, se acalmem, fiquem cada vez menores e se tornem brasas e depois calor. Normalmente, isso funciona bem, mas de vez em quando alguém "humaniza" demais o fogo e pensa que esse processo mata o fogo ou segue contra a sua vontade. Tenho de lembrá-los de que o fogo não é humano e permanece em si mesmo, não importa seu tamanho ou forma. O fogo é feliz tão somente por ser e não se sente diminuído pela mudança. Talvez você se pergunte como eu sei disso: é porque eu já grokei muitas vezes o fogo.

As pessoas que têm mais dificuldade são aquelas que tiveram experiências desagradáveis com fogo no passado. No momento em que começam a grokar do fogo, o processo estimula as memórias dessas experiências, o que pode produzir medo e raiva suficientes para sua própria interrupção. Uma saída é mudar a reação a essas experiências; outra é distinguir fortemente o fogo presente de qualquer outro fogo; e ainda outra é a prática constante até que medo e raiva não irrompam mais.

Prática – Grokar o fogo

> Apague um incêndio que você vê ou ouve nos noticiários. Sinta que está tudo bem em mudá-lo. Como o fogo, decida interromper seu progresso, decida se acalmar, ficar cada vez menor, tornar-se brasa, tornar-se calor e sentir-se bem como calor. Abençoe o espírito do fogo e saia do grokar.
>
> Aplique-se ao grokar de qualquer fogo e sinta sua energia, movimento, luz e calor. Com o seu 1% de autoconsciência, diga ao seu aspecto do coração para se lembrar desse padrão e, em seguida, desfaça o processo. Outras vezes, pratique a evocação dessas qualidades quando quiser.

Grokar o vento

O vento às vezes é chamado de "a mãe do clima" por causa de seu papel crítico na formação e experiência do clima. Ele tem tantas conexões importantes com nossas vidas (dentre as quais a não menos importante é o fato de que o respiramos) que grokar o vento é uma habilidade extremamente útil.

Uma das formas mais poderosas de vento é o furacão, que é um padrão de vento circular com velocidades de mais de 120 quilômetros por hora na borda externa do furacão propriamente dito. Eles podem ser vistos por satélite, e seu caminho rastreado, mas são muito imprevisíveis em sua direção. Uma das razões para isso é a sua capacidade de resposta à emoção humana.

Há alguns anos, pediram ao meu grupo de xamãs para ajudar com um furacão no Golfo do México que se dirigia para a costa do Texas. Nós entramos em sintonia com ele, sentimos que era apropriado e o guiamos de volta para o Golfo. Esse afastamento do Texas apareceu no noticiário noturno. Sentimo-nos bastante contentes, até que soubemos no dia seguinte que o furacão havia atingido a Louisiana! Mas como? Nunca nos havia passado pela cabeça que ele pudesse fazer isso. Então voltamos com carga máxima ao trabalho e procuramos puxá-lo de volta. Foi interessante assistir ao noticiário nos dias que se sucederam, enquanto o cabo de guerra tinha lugar. O furacão ia para o interior, depois retornava ao mar, em seguida tocava a terra para, então, retornar novamente às águas. Por fim, percebemos que não havíamos prestado atenção à adequação do que fazíamos. Ao sintonizar esse aspecto, sentimos que havia um propósito maior para o furacão estar em Louisiana, então abandonamos o furacão, e no noticiário seguinte vimos que ele havia adentrado o estado causando grande quantidade de danos à propriedade, mas sem perda de vidas. Por fim, ele se dissipou no extremo norte do estado. Toda a área foi declarada área de desastre federal. A atenção nacional estava em um lugar que havia sido ignorado e não conhecia desenvolvimento. Dinheiro e pessoas chegaram, vidas foram transformadas e novas conexões construídas. Por mais destrutivo que fosse, o furacão tinha um propósito muito positivo naquele lugar naquela época. Na Louisiana, foi uma experiência de cura, pois o estado foi atraído por um desejo de mudança. O mesmo não teria ocorrido no Texas, pois o que atraía o furacão ali eram o medo e a raiva.

Quando me refiro à atração, penso em seu sentido literal. Ao grokar um furacão, você pode sentir uma espécie de atração magnética em direção a um centro populacional humano e, às vezes, é preciso um enorme esforço da vontade para se afastar dele. Você não precisa se preocupar em interferir no destino, porém. Se houver um propósito positivo para o furacão – ou para qualquer evento – ele ocorrerá independentemente do que você fizer. Você pode atrasá-lo, mas não o impedirá, a menos que seu trabalho de xamã envolva uma solução ainda melhor para realizar o propósito do evento. Na maioria dos casos, você simplesmente não estará ciente, senão depois do fato, de que havia algo para elaborar. Se uma pessoa não quer sua ajuda, você nem pensará em ajudá-la.

Tornados são muito parecidos com furacões. Cheios de grande potencial destrutivo, eles ocorrem naturalmente em certas áreas em certas épocas do ano, mas também são altamente sensíveis ao pensamento e à emoção humana. Como os incêndios, os tornados têm um talento especial para evitar alguns lugares e, aparentemente, procurar outros que se presumiam seguros. A experiência de grokar um tornado pode ser emocionante, mas a excitação decorrente da destruição pode parecer divertida a ponto de ser difícil lembrar que o objetivo do que se faz é guiar o tornado para longe de um lugar.

O grokar pode ser usado para aumentar ou diminuir a força de um vento, bem como de mudar sua direção. Também pode ser usado para que um vento afete outro elemento. Retornando à boa e velha Malibu, certa vez tivemos um incêndio muito ruim que destruiu quarenta casas em nossa vizinhança. Toda a região estava em perigo, e eu quase não consegui retornar a minha casa a tempo de ajudar minha família a umedecer nosso telhado e os dos outros e apagar alguns focos de incêndio que ameaçavam casas cujos proprietários estavam ausentes. Um dos grandes problemas era que morávamos em um desfiladeiro onde o fogo gerava um vento que, por sua vez, alimentava as chamas, e a fumaça era tão espessa que os bombeiros não conseguiam atravessá-la para trabalhar no fogo. Assim que nossa situação imediata foi resolvida, subi no telhado com meu filho mais velho, que havia sido treinado nas práticas xamânicas por mim por algum tempo. Juntos, grokamos o vento para acalmá-lo. O impulso do padrão dificultou o processo, mas depois de vinte minutos de concentração contínua, o vento se acalmou, a fumaça se dissipou, e o anel de fogo viu seu progresso se desfazer. Os bombeiros puderam, enfim, realizar seu trabalho. Devo salientar que não havia razão de primeiro nível para o vento parar nessa situação.

Prática – Grokar o vento

Comece a prática na região em que você mora, mimetizando o vento para sentir como ele se move e mudar seu movimento e direção. Preste atenção às notícias e inicie o grokar do vento em busca de cura e harmonia no contexto de situações que o parecem demandar. Lembre-se de verificar a adequação.

Leve a cabo o grokar do vento para conhecer-lhe a leveza, a liberdade e a ludicidade, bem como a sensação de influenciar o movimento de outros seres.

Grokar as plantas

Eu tenho uma amiga que groka plantas. Seu objetivo é ser capaz de induzir plantas a florescer e frutificar em um dia, como alguns mestres podem fazer na Índia. Não sei se ela alcançará esse objetivo, mas ela já tem um polegar verde-esmeralda. Eu a vi plantar sementes de abóbora frescas e, dois dias depois, os brotos chegaram a quatro centímetros de altura com folhas grandes.

Grokar é um modo de trabalhar com as plantas, de forma a conhecer seu estado, condição ou necessidades, e então se desgrokar e cuidar delas. Se você grokar uma planta e descobrir que ela está com sede, você pode então se desgrokar e dar-lhe um pouco de água. Ou você pode, como a planta, estender suas raízes para encontrar água ou pedir que o espírito da chuva venha ajudá-lo. Para outras necessidades, você pode espalhar suas folhas para obter mais sol, mover sua seiva para dar mais vida a diferentes partes do corpo da planta e produzir novos brotos para expandi-la. Aqueles que trabalham em viveiros sabem que as plantas podem ficar estressadas tanto por muita mudança quanto por falta de mudança no ambiente, bem como por venenos e toxinas, e que esse estresse as leva ao desenvolvimento de doenças e à atração de insetos e fungos. Ao procurar uma planta, então, a melhor coisa às vezes é apenas ajudá-la a relaxar. Se você quiser que ela cresça mais, porém, supondo que, antes de tudo, não seja um método estressante, a melhor coisa é despertar-lhe emoção. A excitação estimula a energia, que estimula a atividade, que estimula a operação de padrões naturais ou aprendidos – algo bom de se ter em vista ao trabalhar com qualquer um dos sete elementos.

Uma grande quantidade de pesquisas documentou o fato de que as plantas são influenciadas por pensamentos e emoções humanas. Da maneira mais simples, as plantas crescerão melhor se você as elogiar, e seu crescimento será retardado se você as criticar. De uma forma mais complexa, com o tipo certo de sintonização, elas realizarão milagres para você e lhe revelarão segredos incríveis. Dois homens que tinham esse tipo de sintonização eram Luther Burbank e George Washington Carver.

Burbank trabalhou com a natureza para criar mais de mil plantas que nunca existiram antes, incluindo margaridas gigantes, batatas melhores, nectarinas, cactos sem espinhos e madeiras de lei de rápido crescimento. O terremoto de 1906 que devastou São Francisco e arrasou sua cidade natal, Santa Rosa, deixou intacta sua enorme estufa, e o próprio Burbank atribuiu isso à sua conexão harmoniosa com a natureza. Embora ele admitisse conversar com suas plantas com amor e persuadi-las a fazer o que queria, seu relacionamento era muito mais profundo do que um contato intuitivo. Não há dúvida de que ele grokava à sua própria maneira quando andava por canteiros de milhares de plantas – mudas ou maduras – e sem diminuir o ritmo, escolhia as que teriam sucesso e as que não teriam. Um ajudante da fazenda que o acompanhava dizia que ele não conseguia notar qualquer diferença, mas Burbank parecia ter tal instinto que lhe bastava olhar para elas. O mais próximo que chegou de explicar o que fazia se deu durante uma palestra intitulada "Como Produzir Frutas e Flores Novas".

> Ouça pacientemente, em silêncio e com reverência os ensinamentos, um a um, que a Mãe Natureza tem para ensinar, lançando luz sobre o que era antes um mistério, para que todos os que quiserem e possam ver e conhecer. Ela transmite suas verdades apenas para aqueles que são passivos e receptivos.

George Washington Carver era outro homem que fazia coisas incríveis com plantas, principalmente o amendoim e a batata-doce. Ele derivou centenas de produtos separados e economicamente importantes das plantas com as quais trabalhou, não por estudo científico, análise ou experimentação, mas por comunicação profunda. Quando perguntado como ele realizava seus milagres, dizia que todas as plantas e seres vivos conversavam com ele e que "eu aprendo o que sei observando e amando tudo". Grande parte de seu trabalho era feito em um laboratório privado no qual livros não eram permitidos, onde ele passava horas em comunhão com as plantas para aprender o que elas tinham a ensinar. Não muito antes de sua morte, ele disse ao tocar uma flor: "Estou tocando o infinito. Através da flor falo com o Infinito. É aquela vozinha mansa que chama as fadas."

Prática – Grokar as plantas

Submeta as plantas ao redor de sua casa ao grokar para saber como elas pensam, sentem e experimentam a vida. Se você quiser ir mais longe, plante algumas sementes ou mudas e corte-as à medida que crescem, adicionando sua própria intenção de que elas cresçam mais rápido ou maiores. Plantas que você conhece que podem precisar de ajuda, como árvores que sofrem com pragas ou as das florestas tropicais brasileiras.

As plantas também devem aprender sobre os ciclos de vida e morte, luz e escuridão, crescimento e reprodução, estações lunares e solares, uso de energia e transformação. Procure grokar ervas e usar remédios à base de plantas por suas qualidades curativas, em vez de levá-las ao seu corpo, apenas como um experimento.

Grokar os animais

Em todas as culturas xamânicas que conheço, os animais são tratados, pelo menos em parte, como professores e guias de como viver em harmonia com o espírito e a natureza. A reação ocidental normal a isso é que, é claro, podemos aprender muito sobre a natureza observando o comportamento dos animais. Não é isso que quero dizer, como você provavelmente pode imaginar. Para aprender o máximo que pudermos, devemos aprender a nos comunicar com os animais e até mesmo ir mais longe e groká-los. Então estaremos a caminho de aprender mais do que jamais soubemos sobre a natureza.

Todas as culturas xamânicas mais antigas falam de uma época em que humanos e animais podiam conversar livremente uns com os outros; algumas delas preservam histórias de como isso acabou. Em nossa própria cultura encontramos muitos relatos de relacionamento intuitivo entre humanos e animais, principalmente com cães e cavalos; assim, esse talento não se acabou. A maior parte desse relacionamento, porém, tem a ver com amor, amizade e assistência mútua, e talvez aprender, da parte do animal, com o humano. O melhor relato moderno que conheço sobre o aprendizado com um animal foi dado por J. Allen Boone quando ele contou sobre seu relacionamento com Strongheart, um pastor alemão que foi estrela de cinema. Assumindo o posto de cuidador do cão, Boone trabalhou inicialmente com o princípio comum "humanos-são-superiores", mas isso mudou drasticamente à medida que ele aprendeu a se envolver em conversas silenciosas e ser receptivo.

> Quando eu me coloquei disposto e pronto a receber os ensinamentos de um cão, Strongheart compartilhou uma sabedoria preciosa comigo, segredos maravilhosos que tinham a ver com a grande arte canina de viver com plenitude e felicidade no tempo presente, independentemente das circunstâncias.

Embora não usasse a palavra, o que ele havia aprendido a fazer era grokar, pois o estado que Strongheart o ensinou a alcançar era aquele em que cada um, "sem sacrificar a singularidade de sua própria individualidade, harmoniza-se com o outro para que eles pareçam funcionar como uma única unidade".

Para grokar os animais e aprender com eles é preciso estar ciente de seu comportamento e imitá-lo de maneira aberta, igualitária e receptiva. Estar ciente significa mais do que apenas olhar para eles; inclui o uso de todos os seus sentidos internos e externos. E imitar seu comportamento significa mais do que apenas copiar seus movimentos. Também significa praticar seus sons, humores, posturas e características. Uma coisa fascinante que Boone fez foi carregar um dicionário e um livro de sinônimos e observar as características que Strongheart exibia, como se ele fosse um ser universal que por acaso assumira a forma de um cachorro. Então, além de cheirar, correr e latir, havia coragem, confiança, compaixão e uma série de outras qualidades.

Tudo o que um animal faz tem um propósito, e todo propósito tem a ver com o momento presente. Não pense demais sobre o passado ou o futuro. Se um cão executa uma tarefa que lhe foi ensinada no passado, é sempre em resposta a um estímulo no presente. Quando um esquilo armazena nozes, não está planejando o futuro, está respondendo adequadamente aos sinais no ambiente atual que indicam que é hora de armazenar nozes. Sem que você tenha grokado suficientemente os animais de maneira a compartilhar sua experiência de vida, você realmente não sabe o que é o momento presente. Não estou dizendo que refletir sobre o passado ou planejar o futuro é ruim. Estou dizendo que experimentar o presente é bom. Muito bom.

Prática – Grokar animais

Groke um animal apenas em nome da experiência, valendo-se de um animal de estimação, animais no zoológico ou em torno de sua casa, ou os Animais de Poder como padrões. Faça o mesmo com um animal doente ou estressado e use as técnicas de xamã que você conhece para aliviar a dor sentida e curar o animal e a si mesmo.

Groke um animal para aprender mais sobre a vida e o viver, ou pelas características especiais que o animal tem.

Grokar humanos

Mimetizar um humano talvez seja a tarefa mais difícil, porque eles são muito parecidos conosco. Pode-se pensar que seria mais fácil, mas o complicado é não carregar nossos próprios padrões para a mimetização. Tal como acontece com os animais e tudo mais, você precisa estar aberto, receptivo e incondicional. Quanto mais fechados, esquivos e impositivos formos conosco, mais difícil será grokar outros humanos. Grokar humanos também pode levar a pensamentos reveladores. Certa vez, ensinei uma mulher a grokar o marido para melhorar o relacionamento. Ela começou a falar, andar e pensar como ele e, ao fazê-lo, ele começou a se abrir e desenvolver uma atitude cada vez mais amigável em relação a ela. No entanto, ao mesmo tempo, ela começou a perceber que não o amava.

Grokar humanos para fins de cura é mais fácil do que outros elementos e mais difícil. É mais fácil porque estamos mais familiarizados com o corpo humano; no entanto, é mais difícil por causa do medo da doença. Quando você está tateando um humano doente, você tem de ser capaz de sentir o que esse humano está sentindo sem se identificar (aquele 1%) com ele. Se você se identificar, poderá imitar um pouco do mesmo padrão quando o desgrokar e senti-lo em seu próprio corpo como seu próprio sentimento. Você pode mudar isso dizendo firmemente ao seu aspecto do coração: "Pare com isso neste instante! Isso não me pertence. Volte ao normal agora!" E depois relaxe. Se por algum motivo isso não funcionar, use uma de suas habilidades de cura em si mesmo. Voltemos, porém, ao grokar. Você também pode usar as habilidades de cura em si mesmo, *agindo como a pessoa que você está grokando*. Então você pode falar com seu aspecto do coração, usar o *kahi* em si mesmo, sonhar e mudar o sonho do seu corpo, ou fazer qualquer outra coisa que você tenha aprendido. Um amigo meu, ao receber um pedido de cura, groka a pessoa completamente e, em seguida, age como essa pessoa, sai e se diverte muito festejando. Por causa da relação e ressonância estabelecidas durante o grokar, o indivíduo grokado recebe o benefício no âmbito do aspecto do coração.

Uma das melhores coisas sobre o grokar de um humano é que o grokado não precisa estar vivo. Ou mesmo ser humano. Quando você groka, você está se fundindo com um padrão de energia, não com o ser físico. Bem, os padrões de energia dos humanos que não estão mais vivos, aqueles de homens e mulheres talentosos e mestres espirituais do passado, ainda existem para que você os groke e aprenda com eles. Tudo o que você precisa fazer é colocar sua atenção consciente neles e deixar seu aspecto do coração fazer a mimetização. Por "nem mesmo ser humano", quero dizer que os padrões de energia dos personagens fictícios também existem para que você os groke. Super-homem e Mulher Maravilha estão aí à sua espera.

Prática – Grokar humanos

> Procure um amigo que esteja doente, tenha uma noção dos fatores e use o que você sabe para curar "a si mesmo".
>
> Grokar alguém que esteja bem e que expresse alguma qualidade ou característica que você gostaria de ter, e em mimetização profunda diga ao seu aspecto do coração para se lembrar do padrão.
>
> Com sua mente, crie uma forma espiritual de um Mestre Xamã ideal que tenha amor abundante, poder abundante e habilidade abundante e, em seguida, procure esse ser para aprender esse padrão.

Como palavra final, quanto mais você groka, mais habilidoso se torna, e quanto mais vezes você grokar um padrão que deseja aprender, melhor você o aprenderá.

9
A oitava aventura: aumentando sua energia criativa

'Ike no i ka la o ka 'ike; mana no i ka la o ka mana

Há um tempo para o conhecimento; e um tempo para o poder

Tudo é energia. E energia, como vimos, é movimento ou atividade influente, atividade que gera mudança. Para gerar mudanças, deve haver algo a ser mudado. Ou seja, deve haver algo sobre o qual a energia agirá, algo em alguma medida distinto da energia atuante. Se energia térmica for colocada em contato com o gelo, o gelo muda de forma ou padrão e se torna água. Se a ela não se adicionar mais calor, a energia térmica original é incorporada à água e se torna energia hídrica. Isso soa um pouco estranho porque geralmente só pensamos na água como energia se ela estiver se movendo para criar pressão. A água que jaz no maior imobilismo possível, porém, ainda está em rápido movimento em nível molecular e atômico, e esse movimento energético em um padrão particular é necessário para evitar que a água se torne qualquer coisa, menos água. Se mais energia térmica for aplicada à água, mais do que seu próprio potencial de calor (isto é, de uma temperatura mais alta do que aquela em que já se encontra), então a água começa a vibrar mais rapidamente e começa a mudar seu padrão (forma). Em um nível moderado de energia térmica adicional, a isso dá-se o nome de evaporação. Se muito mais energia térmica for usada, a água se transforma em vapor, que se move muito rápido em comparação com a água e extremamente rápido em comparação com o gelo. O que fizemos aqui foi aumentar a energia da água de uma maneira particular, fazendo com que ela assuma cada vez mais as qualidades de outro padrão de energia. Observe que em verdade não adicionamos nada à água. Trouxemos uma fonte de calor em contato com a água, e a água começou a se comunicar com o calor, tornando-se o mais parecida possível com ele. Ao fazê-lo, mudou de forma ou padrão, tentando se tornar cada vez mais parecida com o padrão de calor. O metal também ressoa com o calor, mas pode fazê-lo mantendo seu próprio padrão primário por muito mais tempo do que a água, à medida que o calor aumenta. Também muda, mas não tão visivelmente até uma intensidade de energia muito maior. O gás propano, por outro lado, já vibrando a uma frequência muito alta, não precisa de muito calor extra para ressoar antes de explodir em uma mudança muito dramática de forma.

Meu intuito aqui é fazer com que você, como xamã urbano, pense em energia de maneira diferente da que você costuma fazer. Como tudo é energia, há obviamente muitos padrões de energia diferentes dentro e ao nosso redor, todos influenciando uns aos outros em vários graus. De acordo com nossa filosofia, tudo tem um aspecto do coração, e o aspecto do coração é mais influenciado pelo campo mais forte, mais próximo e ressonante, o campo ou padrão de energia que mais se parece com ele (ou parte dele). A água, por exemplo, já tem algum calor mesmo em sua forma de gelo, ou não poderia ressoar com o calor. Toda a energia, porém, é potencialmente influente, não apenas o calor. A água, como tudo o mais, pode ser mudada – seu padrão alterado – por uma ampla gama de diferentes tipos de energias, incluindo as energias do pensamento.

A energia flui para onde a atenção aponta; portanto, as influências do pensamento mudam sempre que o pensamento corresponde harmoniosamente ao foco da atenção. Como vimos com o calor, no entanto, se o nível de energia pode ser aumentado, então a influência é maior. A energia térmica maior do que o padrão de energia térmica já em uma determinada quantidade de gelo pode induzir o gelo a se transformar em água. Uma quantidade ou amplitude ainda maior de energia térmica pode induzir a água a se transformar em vapor. Da mesma forma, se pudermos aumentar a amplitude da energia do pensamento de alguma forma, nossos pensamentos serão mais eficazes na criação de mudanças.

Toda mudança ocorre por indução, por influenciar um padrão já inerente à coisa a ser mudada com outra coisa que tenha um padrão semelhante. E não estamos necessariamente falando sobre o padrão completo de uma coisa, porque qualquer padrão principal tem dentro dele muitos padrões menores. Você é único como indivíduo. O padrão que *você* é não é como o de qualquer outra pessoa, ainda que você tenha um gêmeo idêntico. No entanto, dentro de seu corpo, mente e espírito únicos, há uma miríade de padrões diferentes em operação a qualquer momento. Existem os diferentes padrões dos componentes químicos e estruturas físicas do seu corpo, os padrões de seus órgãos, os padrões de suas memórias e os padrões de seus potenciais, só para citar alguns. Energias de diferentes tipos podem afetar padrões particulares dentro do todo, mudando assim o todo ao mudar uma parte. Mudar o padrão de uma dor de cabeça por si só pode fazer você se sentir bem.

O poder do *kimana*

Por muitos anos, fiz uma extensa pesquisa e escrevi vários livros e artigos sobre energias incomuns e sua aplicação. Como uma série de outros pesquisadores, encontrei evidências abundantes de um tipo de energia penetrante que pode ser experimentada, amplificada, direcionada, gerada e convertida de modo a influenciar e mudar a mente e a matéria, mas que até agora desafiou todas as tentativas de medição instrumental independente. Não há dúvida de que ela existe, mas até agora só pôde ser demonstrada mediante a experimentação de seus efeitos por muitos meios diferentes. Também pode ser que os efeitos venham de uma infinidade de energias diferentes. No entanto, uma vez que os efeitos são os mesmos, não importa como a energia seja trazida à consciência, vamos simplificar as coisas assumindo que a energia é real e singular. Seguindo uma longa tradição de todos darem um nome diferente, vou chamá-lo de *kimana*, que se traduz, *grosso modo*, como "poder intenso".

Temos algumas razões muito práticas para trabalhar com essa energia. Como você descobrirá por si mesmo se usar o que é dado aqui, o *kimana* amplificará a energia espiritual e a inspiração que você obtém do aspecto espiritual (*kane*), intensificará o foco e a imaginação do aspecto da mente (*lono*) e aumentará o aprendizado, a memória e a energia física do aspecto do coração (*ku*). O objetivo como xamã é usar as ferramentas apresentadas abaixo, bem como outras, para aumentar sua capacidade normal de energia. Em outras palavras, você quer desenvolver o hábito aprendido de operar em um nível mais alto de energia o tempo todo. O *kimana* pode ser usado para ajudá-lo a mudar o mundo e também pode ser usado para ajudá-lo a mudar a si mesmo. Usar a energia externa dessa maneira é como praticar uma habilidade com a ajuda de um livro até que você a memorize tão bem que não precise mais do livro, mesmo que possa voltar e refrescar sua memória de vez em quando. À medida que seu aspecto do coração se acostuma a operar em um nível de energia amplificado, ele tenderá a continuar fazendo isso, porque você e as ferramentas estão usando energia da mesma fonte. Lembre-se de que as ferramentas não estão lhe dando energia, elas estão estimulando sua própria energia.

Nas seções a seguir, apresentarei algumas das maneiras mais simples e úteis pelas quais você pode tirar proveito do *kimana* para enriquecer sua vida, capacitar seus pensamentos e aumentar sua capacidade de energia.

Kimana *linear*

Todas as frequências são padrões de energia e, como já aprendemos, frequências de uma taxa tenderão a induzir uma ressonância – terão uma influência energética – em frequências de uma taxa semelhante. Uma maneira de obter esse efeito é usar uma medição linear do comprimento de onda. Um amigo meu familiarizado com rádios me disse que, para captar uma frequência de rádio com um comprimento de onda de vinte e sete pés, ele precisava de uma antena de vinte e sete pés de comprimento. A antena poderia ser enrolada, mas tinha que ter o comprimento certo.

O *kimana*, aparentemente, pode ser sintonizado por antenas que também têm o comprimento certo.

Há alguns anos, fui apresentado a algo chamado "varinha de côvado". Essa era uma vara de madeira de sessenta centímetros de comprimento. Não é necessário discutir aqui por que esse comprimento foi originalmente escolhido. O importante é que esse comprimento específico produziu os mesmos efeitos de energia que eu havia alcançado por meios muito diferentes (alguns dos quais serão discutidos abaixo). Para ser breve, quando você segura esse bastão, dependendo da sua sensibilidade, você tende a ficar mais relaxado se estiver tenso e mais energizado se estiver relaxado. À medida que você continua a segurá-lo, pode sentir formigamento nas mãos ou no corpo, e sua mente ficará mais clara e sua imaginação mais nítida. Se você se testasse, também veria sua força física e resistência aumentadas. Usar uma varinha de côvado ao caminhar ou fazer uma longa oficina me ajuda a ficar relaxado e cheio de energia. Em outro nível, sua aura se intensificará e, portanto, o poder de seus pensamentos e seu carisma também aumentarão. Pode haver uma pista aqui sobre a influência de varinhas mágicas e bastões militares.

Um comprimento de sessenta e três centímetros (vinte e cinco polegadas) funciona, mas nem sessenta e um (vinte e quatro polegadas) nem sessenta e seis centímetros (vinte e seis polegadas) resultam no mesmo efeito. Também fiz varinhas de madeira, plástico, cobre, barbante e corda. O material não parece importar, mas devo dizer que obtive melhores efeitos de cordões e corda quando estavam esticados do que quando estavam soltos.

Sempre curioso, experimentei para descobrir o quão fundamental era esse comprimento de sessenta e três centímetros. Primeiramente, eu o dobrei para fazer um cajado de 1,27 metro (cinquenta polegadas). Na primeira vez em que o experimentei, na trilha Kalalau, no norte de Kauai, foi preciso outra pessoa para me fazer perceber o quão eficaz era. Eu estava caminhando com minha esposa e um amigo, e antes que eu percebesse, eu estava muito à frente, caminhando no que eu pensava ser um ritmo normal. A certa altura, alguns trilheiros que vinham da direção contrária olharam para mim e disseram "Aí está um jeito de fazer trilha!" No começo, pensei que eles se referiam ao cajado, mas de repente percebi que estava subindo uma ladeira como se fosse um terreno plano. Consegui que minha esposa e amigo, nenhum dos quais gostava de caminhar com um cajado, o experimentassem e ambos tiveram a mesma experiência, ficando muito à frente dos outras sem esforço. Cajados de 1,27 metro são agora uma parte regular do nosso equipamento de caminhada.

Ainda curioso, experimentei mais e descobri que o número fundamental não era sessenta e três e meio (25 polegadas). Dobrar de sessenta e três e meio para 1,27 funcionou, mas reduzir pela metade para 31,75 (doze e meio) não. O número fundamental acabou se revelando 12,7 centímetros (cinco polegadas). Não sei a razão, porque ainda não sei com o que uma varinha de 12,7 centímetros está ressoando, mas uma varinha de 12,7 centímetros (5 polegadas), 25,4 centímetros (10 polegadas), 38,1 centímetros (15 polegadas) ou 50,8 centímetros (20 polegadas) funciona quase tão bem quanto uma de 63,5 cm (25 polegadas). Digo quase tão bem porque os melhores efeitos ainda são com 63,5 cm (25 polegadas) e 1,25 m (50 polegadas), até onde posso dizer. Eu não trabalhei com comprimentos além dos 1,25m. E ainda não trabalhei com tamanhos suficientes para apresentar qualquer conclusão sobre comprimentos métricos.

Uma haste de madeira, plástico ou metal de 12,7 cm é útil para carregar e colocar em um bolso ou bolsa, e boa para segurar de forma a empoderar seus pensamentos e sua presença quando se está pensando e falando. Por causa do terceiro princípio, manter um pouco da sua atenção na vara aumenta seu efeito energizante. Para meditação ou *haipule* longo, segurar uma varinha de 63,5 cm com as duas mãos energizará toda a experiência e o manterá energizado por um tempo depois.

E você pode ficar bem carregado com o *kimana* deitando-se entre dois bastões de 1,27m colocados no chão. É como se as varas tivessem campos radiantes e cruzados que se amplificam mutuamente. Deitar entre dois cajados dá um efeito maior do que deitar ao lado de um único cajado.

Kimana *rotacional*

No início da década de 1970, um homem chamado Charles Sherburne exibiu algo realmente radical em vários lugares de Los Angeles. Era um objeto em forma de caiaque feito de madeira ou plástico. Por causa de sua forma e polimento, era bonito de olhar e agradável de manusear. A parte radical tinha a ver com seu comportamento. Quando colocado em uma superfície plana e lisa e movimentado no sentido horário, girava suavemente pelo que parecia ser mais tempo do que deveria. Quando movimentado no sentido anti-horário, ele girava por um tempo, depois começava a oscilar para cima e para baixo, finalmente parava seu movimento para frente e, na verdade, girava para trás por um tempo. Parecia que estava realmente resistindo ao movimento no sentido anti-horário. Muita atenção foi dada ao fato aparente de que pelo menos uma das leis do movimento de Newton estava sendo gravemente violada por esse objeto inocente ("um objeto em movimento tende a permanecer em movimento, a menos que seja acionado por uma força externa"). A fricção e a gravidade como forças externas poderiam desacelerar e parar uma rotação, mas o que em nome do céu estava causando a oscilação, a parada da rotação antes que a fricção e a gravidade pudessem desempenhar seu papel e o movimento inverso? Três fenômenos extras sem nada para explicá-los. Sherburne deixou muitas pessoas animadas e deixou muitas outras infelizes. Parte dessa reação foi causada pelo comportamento do objeto, e parte por ele ter dito obter as dimensões proporcionais da descrição da Arca de Noé, conforme indicado em Gênesis (300 côvados de comprimento por 50 côvados de largura por 30 côvados de altura). Na verdade, ele chamou seu objeto de Arca.

Usei o modelo que comprei dele por um longo tempo para demonstrar a existência de mais aspectos desconhecidos do universo do que os já descobertos e também para assustar físicos e outros tipos científicos. Eu até tinha uma teoria interessante sobre energias espirais para explicar por que o efeito anti-horário ocorria. Para mostrar que não tinha nada a ver com a força de Coriolis (o efeito da rotação da Terra que faz com que os ciclones no Hemisfério Norte girem no sentido anti-horário e os ciclones no Hemisfério Sul girem no sentido horário), levei minha Arca para o Taiti e demonstrei que ela operava da mesma maneira ao sul do equador e ao norte. Minha teoria precisa foi descoberta, no entanto, por um dos meus alunos que me enviou dois modelos da Arca que ele havia esculpido do mesmo galho de uma nogueira-pecã. Um funcionava da mesma forma que a minha Arca; o outro fazia exatamente o oposto. Quando girado no sentido anti-horário, ele funcionava suavemente e, quando girado no sentido horário, balançava, parava e invertia o movimento. Eu, que tinha assustado os outros, estava assustado.

Então, no final dos anos setenta, um artigo apareceu na *Scientific American* lidando com objetos que exibiam os mesmos fenômenos da Arca de Sherburne. Objetos feitos de pedra que mostravam as mesmas características de rotação foram encontrados em antigas tumbas irlandesas e foram chamados de "celtas" por arqueólogos ou de "*rattlebacks*" por físicos. Ninguém tem qualquer ideia do propósito a que serviram. Alguns arqueólogos pensavam que eram usados por chefes ou xamãs para impressionar os nativos, mas a menos que relampejasse ou mudasse o clima, não acho que as pessoas sem um vínculo emocional com as leis de Newton ficariam muito impressionadas. Alguns estudos científicos mostraram que o efeito basicamente tinha a ver com a forma e a relação entre os eixos superior e inferior, e muitos modelos funcionaram, mas sem que explicassem o fenômeno ou o relacionassem às leis de Newton. Agora você pode obter modelos baratos no Emporium em São Francisco que giram para um lado ou para o outro, dependendo de sua construção. Mas e daí?

Como eu disse, a exemplo de muitos outros, tratei isso apenas como uma curiosidade para divertir meus alunos e ampliar seu pensamento. Então, durante uma pausa em uma oficina que eu estava dando no Texas, descobri algo novo sobre o *rattleback*. Enquanto conversava com um aluno, de repente senti uma onda de energia fluir por trás do meu corpo. Eu me virei e não vi nada, exceto outro aluno brincando com o *rattleback*, então me virei. Mais uma vez senti a energia e me virei a tempo de ver o *rattleback* ainda girando. Isso desencadeou uma cadeia de ideias e uma série de experimentos que, por fim, mostraram que o *rattleback* girando estava gerando uma forte onda de *kimana* que tinha a duração do giro e pouco tempo depois. Em um experimento, usamos uma garrafa de vinho barato e giramos um *rattleback* ao lado dele por cinco segundos. Nesse curto espaço de tempo, a garrafa inteira foi alterada, e o vinho ganhou um sabor envelhecido e mais suave. Ainda mais prático (embora o experimento do vinho não tenha sido ruim), foi a descoberta de que manter sua atenção em um *rattleback* girando dava à sua aura uma carga saudável, juntamente com os outros efeitos de energia mencionados acima. Desde então, obtivemos os mesmos efeitos de um giroscópio.

É até possível antever. Quando isso for descoberto, haverá cursos em todo o país ensinando você a "Girar seu caminho para o sucesso".

Kimana *geométrica*

Tudo é energia vibrando em um padrão. O padrão, ou combinação de padrões, determina como a energia se manifesta, seja como vento, pássaro ou humano. Parece lógico, então, que os padrões mais básicos estariam ressoando com as energias mais básicas.

Uma maneira de descrever nosso universo físico é como uma combinação de linhas curvas e retas. Não são as próprias linhas que criam padrões, mas a junção delas. O padrão mais básico de uma linha curva que podemos fazer é um círculo, e o padrão mais básico de uma linha reta que podemos fazer é um triângulo. Ótimo, você diria – e mais do que ótimo, é muito útil, em verdade. Isso significa que podemos usar círculos e triângulos simples para relaxar nossos músculos, estimular nossos sentidos, capacitar nossos corpos e mentes e aumentar nossa capacidade de energia. Como? Olhando para eles, sentando neles e pendurando-os ao redor da casa. Muitos povos antigos usaram padrões como mandalas para contemplar ou tapetes de oração para se sentar ou tapeçarias e pinturas para energizar o ambiente. Muitas vezes, eles modificaram o design básico em formas mais complicadas, mas círculos e triângulos ainda são a base.

Os círculos geram uma energia que tende a ser mais relaxante e mais propícia ao pensamento e à meditação. Você pode usar círculos feitos de qualquer material, mesmo impressos ou pintados em uma superfície. Acredite ou não, um bambolê é um ótimo dispositivo de meditação. Sentar-se dentro dele é muito relaxante e benéfico, especialmente como pausa da atividade intensa. Um pedaço de cordão ou corda pode ser usado, mas nem sempre é fácil formar um círculo com um. Ter um círculo por perto para olhar também é muito útil para contrabalançar a alta atividade e o foco. Eu uso um porta-copos redondo na mesa do meu computador, mas um bambolê como o que você encontra em uma loja de brinquedos também pode ser usado, seja deitado ou pendurado. Você pode tentar pendurar um círculo maior em uma janela para poder olhar através dela. Isso muda toda a experiência de olhar pela janela. Para um verdadeiro deleite, desenhe ou imprima um círculo preto de pelo menos quinze centímetros de diâmetro em papel branco e olhe para ele por um tempo. Depois de relaxar o suficiente, você começará a sentir um nível de energia mais alto e verá muitos efeitos visuais incomuns.

O triângulo tende a induzir um efeito energético mais estimulante, bom para meditações ativas e mais atividade mental e física extrovertida. Um bom centro de energização portátil pode ser feito de três bastões de 1,27m ao instalá-los em forma de triângulo no chão ou na terra. Você pode ficar de pé ou sentar-se nele como quiser. Ter um triângulo para se apoiar ou olhar quando você se levanta o ajudará a acordar mais rápido, e ter alguns triângulos ao redor de sua área de trabalho aguçará sua mente e aumentará sua resistência. Mas certifique-se de ter alguns círculos para recorrer antes de ficar muito estressado. Além disso, um ponto a ser lembrado: apenas ter objetos ou desenhos circulares ou triangulares ao redor não é o bastante para o efeito completo. É preciso que você dirija sua atenção a eles para obter o máximo benefício.

Kimana *trigonométrica*

O início dos anos 1970 assistiu ao início de uma moda que varreu os Estados Unidos como um incêndio incontrolável por alguns anos. Imagino que existam armários, sótãos e porões em todo o país em que pirâmides não utilizadas ocupem algum espaço. Tendo vivido o calor disso e escrito um livro a esse respeito, me surpreende que tão poucos dos meus alunos hoje em dia estejam familiarizados com a energia da pirâmide.

Para ficarmos no básico, uma forma de pirâmide, especialmente uma forma baseada no modelo da Grande Pirâmide no Egito, ou uma feita de lados com comprimentos e ângulos iguais, tem propriedades de energia que podem ser chamadas de peculiares, exceto que as mesmas propriedades incomuns são mostradas por tantas outras coisas. Afinal, o que é uma pirâmide senão um monte de triângulos juntos? Ainda assim, entre as propriedades incomuns documentadas da pirâmide estão o aparente afiar de lâminas de barbear, a preservação de alimentos e a estimulação da energia psíquica e física. Na minha opinião, a pirâmide age como um capacitador ou condensador, intensificando a energia local. Independentemente da explicação, ela tem efeitos energéticos. As duas melhores maneiras de usar uma pirâmide para propósitos de aprimoramento de nossas habilidades e aumento de nossas próprias capacidades são 1) pendurar uma sobre um local de trabalho, lazer, descanso ou sono e/ou 2) sentar-se dentro de uma regularmente.

Se você não tem acesso a um dos poucos fornecedores restantes de pirâmides para uso pessoal, você pode construir uma sozinho com bastante facilidade. Para uma pirâmide suspensa, corte quatro triângulos de lados iguais de cartolina ou qualquer outra coisa com um pouco de rigidez. Sugiro usar uma base de 25 a 30 centímetros. Em seguida, coloque-os lado a lado com a parte externa para baixo e cole as bordas tocantes. Você vai ter que montá-la para juntar as duas últimas arestas. Costure um botão em algum fio, passe o fio pelo topo da pirâmide por baixo, e ela estará pronta para ser pendurada. Como a pirâmide funciona melhor – sua intensidade energética é maior – quando um lado está voltado para o norte magnético, você pode querer adicionar outro fio a um canto para mantê-la no lugar. Enquanto não houver brisa, muitas vezes você verá que a pirâmide apontará por si mesma nessa direção. Para uma pirâmide dentro da qual você possa se sentar, obtenha oito pedaços iguais de cano ou cavilha de madeira com cerca de 1,5cm de diâmetro. Você precisará fazer um quadrado para formar a base no chão, prendendo as extremidades da maneira que quiser e, em seguida, pegue as quatro peças restantes e prenda-as aos cantos do quadrado e umas às outras no meio. Para uma pirâmide que tem 1,2 metro de altura, as peças terão que ter 1,8 metro cada. Mais uma vez: funciona melhor quando um lado aponta ao norte magnético. Como você já deve ter adivinhado, uma estrutura de pirâmide é tão boa para a energia quanto uma pirâmide de painel sólido.

Minha variação favorita na pirâmide é um tetraedro. Às vezes chamada de pirâmide de três lados, é realmente feita de quatro triângulos quando você conta a parte inferior. É mais barata e rápida de fazer porque requer apenas três painéis triangulares para um pequeno dispositivo de suspensão e seis pedaços de cano ou cavilha para um modelo maior. E por causa dos poucos lados a base pode ser menor para obter a mesma altura. Portanto, usando cavilhas de 10cm a 15cm de comprimento (pré-cortadas na maioria das lojas de materiais de construção) e usando o mesmo método básico acima, você pode construir uma bela cabana de meditação com cerca de 1,2m de altura. A vantagem final é que um tetraedro não precisa ser orientado para o norte. Ele fica bem em qualquer direção. Algumas pessoas, inclusive eu, acham que é ainda mais energizante do que a pirâmide.

Pirâmides e tetraedros são expressões tridimensionais do triângulo. Os equivalentes do círculo são o cilindro, a cúpula e o cone. Os cones podem ser feitos cortando um círculo de algum material flexível, cortando-o da borda ao centro e, em seguida, sobrepondo as extremidades até obter a forma exata desejada. Experimentos indicam que os maiores efeitos de energia vêm de um cone cujo pico é o canto de um ângulo reto. Em vez de suspender o cone, ele pode ser usado como um boné, desde que você não se importe com as conotações. Na verdade, o chapéu de burro pode ter sido originalmente projetado para tornar seu usuário mais inteligente. A pirâmide também pode ser usada, mas o cone é mais confortável e não precisa ser dirigido a qualquer ponto. Experimente e você terá algumas sensações energéticas interessantes. As cúpulas são mais caras, mas é bom morar e brincar dentro de uma. (Acho fascinante que as cúpulas possam ser feitas de triângulos, como as cúpulas geodésicas. Essa é uma ótima área para pesquisa de energia.) Os cilindros canalizam uma energia considerável. Descobri que um grupo de cilindros de 10cm de diâmetro faz um bom trabalho de energização, desde que você não se importe de ter o que parecem canhões apontados para você. Pode ser interessante ter os cilindros de 63,5cm (25 polegadas) de comprimento.

Kimana *de cristal*

Os cristais sempre foram objetos de fascínio para a raça humana. Em grande parte, isso se deve certamente à sua durabilidade e cor. Muitos animais, incluindo alguns pássaros, parecem ter um desejo instintivo de coletar objetos duros e brilhantes, mesmo quando parecem não servir a nenhum propósito útil. Há em parte, ademais, uma atração pela beleza e mistério de sua estrutura, o que desperta nossa imaginação e curiosidade humanas. Mais sutilmente, há frequentemente um reconhecimento de que, de alguma forma, os cristais parecem irradiar uma força ou energia misteriosa.

Segundo fonte autorizada, a definição de um cristal é "um sólido composto de átomos dispostos em uma matriz repetitiva ordenada". Sete matrizes ou arranjos geométricos são reconhecidos pelos cristalógrafos: triclínico, monoclínico, ortorrômbico, tetragonal, trigonal, hexagonal e cúbico. A organização dos átomos determina a forma que um cristal inteiramente formado terá. Os átomos de cloreto de sódio têm organização cúbica; com uma lente de aumento, pode-se ver que os cristais de sal parecem cubinhos.

Outra propriedade dos cristais é que o ângulo das faces dos cristais é sempre o mesmo para o mesmo tipo de cristal. Como exemplo, o ângulo da face superior de um cristal de quartzo é sempre de cerca de cinquenta e dois graus, o mesmo ângulo, a propósito, que o formado pela base e pelos lados da Grande Pirâmide do Egito.

Os cristais não são todos formados da mesma maneira. Alguns, como os diamantes, têm sua formação derivada de intenso calor e pressão. Outros, como o quartzo, são o resultado de lenta lixiviação e endurecimento de materiais em solução. Por causa do acúmulo de material, este último pode chegar a tamanhos muito grandes, mas ninguém ainda sabe quais forças fazem com que eles cresçam em direções diferentes. Um grupo de cristais de quartzo que crescem a partir de uma matriz (a rocha de origem) tem a aparência de uma explosão congelada.

Um dos aspectos mais atraentes dos cristais é a sua cor, e as possíveis variações são infinitas. A cor nos cristais é causada por pequenas quantidades de "impurezas", substâncias diferentes daquela da qual o cristal é fundamentalmente composto. Cromo, óxido de titânio, óxido de níquel, ferro e manganês são algumas das impurezas que conferem colorido aos cristais. É importante notar que a cor que damos a um cristal é aquela que é refletida a partir dele. As cores que não vemos foram absorvidas pelo cristal, aparentemente como resultado das impurezas. Tenha isso em mente. Como as impurezas produzem cor, muitas vezes damos nomes diferentes aos cristais que são feitos da mesma substância. Por exemplo, rubi, safira e topázio são todos feitos de óxido de alumínio, e opala, ágata, ametista, citrino e quartzo transparente são todos feitos de dióxido de silício.

Uma propriedade interessante e importante de alguns cristais é que, sob certas condições, eles podem de fato gerar sua própria luz. Para alguns, isso acontece quando são estimulados pela luz ultravioleta e a propriedade é chamada de "fluorescência". Também ocorre quando esses cristais são expostos à luz do dia, que também contém raios ultravioletas, mas a luz estimulada é tão fraca em comparação com a luz refletida que geralmente não pode ser vista. No escuro, quando expostos a raios ultravioletas gerados artificialmente, os cristais que podem parecer cinzentos e opacos à luz do dia podem se transformar em vermelhos brilhantes, verdes, azuis, etc., e os cristais que têm uma cor brilhante à luz do dia podem mudar drasticamente sob a luz ultravioleta. Essas cores são causadas por pequenas quantidades de impurezas chamadas "ativadores". Alguns dos ativadores mais comuns são o cromo, o cobre, o ouro, o chumbo, o manganês, a prata, o estrôncio e o zinco. As cores brilhantes vistas não são causadas por reflexo da luz ultravioleta, invisível aos nossos olhos. A luz ultravioleta, porém, estimula os ativadores para que estes emitam sua própria luz. Com a maioria dos cristais fluorescentes, essa emissão estimulada de luz ocorre apenas enquanto os ativadores são bombardeados por raios ultravioletas. Quando o bombardeio é interrompido, o mesmo acontece com a fluorescência. Alguns cristais, contudo, têm uma propriedade chamada "fosforescência" que significa que eles continuam a emitir sua própria luz por um curto período mesmo depois da fonte ultravioleta ter sido removida.

Entre eles estão os diamantes, os rubis e a gipsita. Um diamante estimulado com luz ultravioleta e depois colocado em um pedaço de filme fotográfico produzirá uma imagem do campo de energia radiante que o rodeia como resultado do estímulo.

Enquanto objetos sólidos muito densos e estruturados, os cristais podem ser carregados em grau considerável de energia térmica, que eles podem irradiar por um tempo bastante longo. É por isso que as pedras aquecidas são usadas desde os tempos antigos para o conforto, a cura e a culinária. Um tradicional banquete havaiano de carne e legumes ainda é cozido dessa maneira. A energia luminosa também pode ser transformada em energia térmica por cristais escuros e pedras que absorvem a luz e a irradiam como calor.

Alguns cristais têm propriedades elétricas. Quartzo e turmalina, por exemplo, têm o que é chamado de efeito piezoelétrico. Quando são espremidos e torcidos de forma específica, eles emitem corrente elétrica. A energia derivada da pressão se transforma em energia elétrica. No quartzo, a energia de pressão também pode ser transformada em luz e fogo. Esfregue alguns cristais de quartzo claros rapidamente no escuro e eles se encherão e brilharão com luz.

Eles provavelmente também emitirão faíscas, o que não é surpreendente, já que o sílex das pederneiras também é uma forma de quartzo. Além disso, o quartzo, dióxido de silício, é frequentemente usado em folhas finas para células solares, onde a luz é transformada diretamente em eletricidade. Alguns cristais metálicos, como cobre, prata e ouro, são particularmente bons em transferir ou "refletir" energia elétrica, parte da qual é convertida em calor e magnetismo.

Pedra-imã ou magnetita, que tem o desenho de um octoedro (pirâmide dupla) em forma de cristal, é um material à base de ferro que irradia incessantemente uma misteriosa energia magnética. Outras formas de ferro, como a hematita, não possuem essa propriedade, mas podem ser magnetizadas – isto é, carregadas de energia magnética por vários períodos de tempo. O cobre irradia magnetismo apenas enquanto há energia elétrica passando por ele, e nisso se assemelha aos materiais fluorescentes estimulados pela luz ultravioleta.

Portanto, não deixe ninguém lhe dizer que os cristais não têm energia. Eles podem absorvê-la, refleti-la, gerá-la, irradiá-la e convertê-la em outras formas de energia. O *kimana*, que parece estar presente quando qualquer outra energia está presente, também faz parte do complexo de energia dos cristais.

Seguem algumas informações práticas sobre o uso de cristais no trabalho xamânico (use o tipo de cristal que quiser):

1. Os cristais têm sua própria energia e podem ser carregados com sua energia. Uma maneira potente de carregar um cristal é fazer *kahi* com ele. Sugiro colocar uma mão (a esquerda seria bom, mas não necessário) em sua coroa ou umbigo e segurar o cristal na outra mão, e depois focar em ambas as mãos por um tempo. Você pode conservar sua mente concentrada em determinada qualidade ou ca-

racterística simultaneamente para "programar" o cristal. O tempo de duração de uma carga depende de muitos fatores para dar uma resposta definida (seu grau de foco, o tipo de cristal e sua origem, o ambiente, etc.). Você pode energizar dois cristais ao mesmo tempo segurando um em cada mão. O bom de energizar um cristal dessa maneira é que você também é energizado.

2. Várias outras boas maneiras de se energizar com um cristal são: basta olhar para um cristal como se fosse uma chama; prenda um cristal na testa enquanto dorme, medita ou trabalha (se você não se importar com os olhares ou se trabalha sozinho); descanse ou medite em um triângulo ou círculo (oito cristais fazem um bom círculo) de cristais; segure um cristal com consciência de sua sensação. Usar um cristal não o energizará muito, a menos que você preste atenção nele.

3. Esteja ciente de que você pode ficar sobrecarregado com energia cristalina. Os sintomas são os de qualquer condição de alto estresse ou tensão. Certa vez, em uma conferência, uma amiga minha tinha uma tenda de cristal e veio me ver bastante estressada. Eu fiz *kahi* e a relaxei, mas ela voltou em pouco tempo, mais uma vez muito tensa. Desta vez, fui até sua tenda e descobri que ela havia alinhado todos os seus cristais para encará-la na cabine. Junto com todas as outras energias da conferência, era demais para ela. Espalhei os cristais em direções aleatórias e seus sintomas desapareceram. Se você receber "nervosismo de cristal", experimente uma massagem,

um banho, um chuveiro ou um gerador de íons negativos. Quando você se torna mais habilidoso como xamã, pode simplesmente mudar o padrão.

4. Seu *kahi* ou outro trabalho de cura pode ser aprimorado segurando cristais em suas mãos enquanto você se concentra, ou tendo cristais visivelmente ao seu redor enquanto você faz sua cura.

5. Não se preocupe em "limpar" ou "lavar" os cristais após a cura ou se outra pessoa os manipular, a menos que você simplesmente goste de fazê-lo. Qualquer ritual de limpeza é feito para seu próprio benefício, não porque a aura "impura" de outra pessoa tenha entrado em contato com ela. Por causa do segundo princípio, todos no universo estão tocando seu cristal agora, incluindo alguns seres estranhos em Arcturo, quer você goste ou não e não importa o que você faça. Para um ritual simples para fazer seu aspecto do coração se sentir melhor, abençoe um pouco de água, mergulhe seu cristal nela e seque-o.

Kimana *"Orgônio"*

"Orgônio" é o nome dado por Wilhelm Reich à energia fundamental que estamos discutindo. Reich tinha sido colega de Freud até que eles tiveram uma briga, e ele fez a maior parte de sua pesquisa de energia vital nos anos 1940 e 1950.

Quando voltei para os Estados Unidos em 1971, após minha longa estadia na África Ocidental, deparei-me com as informações mais recentes sobre a energia da pirâmide e comecei um extenso projeto de pesquisa.

Em 1972, como parte de um projeto completamente diferente, eu estava estudando as obras de Wilhelm Reich. Logo ficou claro que a energia do orgônio de Reich tinha muito em comum com a energia da pirâmide, e que ambas tinham muito em comum com o *kimana*. Uma das primeiras coisas que atraíram minha atenção foi o relatório de Reich sobre o efeito de desidratação do orgônio, porque eu estava conseguindo o mesmo efeito com as pirâmides. O primeiro experimento real, porém, tinha a ver com lâminas de barbear.

O fato de que as pirâmides eram capazes de induzir um efeito de afiação nas lâminas de barbear era bem conhecido e facilmente demonstrado naquela época, então raciocinei que, se a energia do orgônio era a mesma que a energia da pirâmide, um dispositivo orgônico também deveria ser capaz de afiá-las. Foi exatamente isso que aconteceu quando fiz meu primeiro dispositivo de orgônio – uma saboneteira de plástico forrada com papel alumínio na qual eu mantinha uma navalha. Depois, com uma infinidade de dispositivos, demonstrei que a energia da pirâmide e a energia do orgônio eram idênticas, na medida em que os dispositivos que usavam os princípios de cada um poderiam produzir efeitos idênticos. A partir de então, foi apenas um caso de refinamento e aprendizado de como aumentar os efeitos.

O primeiro dispositivo de orgônio de Reich – também chamado de acumulador ou "oraccu" – era uma simples caixa de metal. Mais tarde, ele descobriu que a intensidade da energia poderia ser aumentada revestindo o exterior da caixa com algum material orgânico, como o celotex. A partir disso, ele derivou a teoria de que o orgônio era lentamente absorvido pelo material orgânico, depois rapidamente absorvido e expelido pelo metal. Ainda mais tarde, ele descobriu que a energia poderia ser intensificada ainda mais adicionando camadas de material orgânico e inorgânico. Seu dispositivo mais poderoso era uma caixa com vinte camadas em todos os seis lados, mas para a maioria dos propósitos ele usava apenas três camadas. Seu metal preferido era o aço, na forma de chapas ou lã de aço, mas ele fez experimentos com cobre e alumínio. Como material orgânico, ele preferia celotex ou lã, mas, estranhamente, também descobriu que o vidro funcionaria. E em um de seus livros ele mencionou a possibilidade de que o plástico também podia ser bom.

Decidi usar plástico como material orgânico porque era barato e disponível em grande variedade. Seguindo a teoria de Reich, comecei a usar caixas de plástico forradas com alumínio ou cobre, e elas foram bastante bem-sucedidas. Através da experimentação, descobri que a energia atravessava uma tampa de plástico e, assim, nasceu o meu primeiro dispositivo comercial, The Amazing Manabox, uma pequena caixa de plástico acrílico forrada em cinco lados com cobre. Ela tinha vantagens de transporte e tinha a vantagem de permitir que se colocassem objetos contêineres para serem energizados em cima dele. Naquela época eu ainda achava que a energia tinha de ser absorvida pelo plástico e expelida para fora pelo metal. No entanto, um dia meu filho mais novo observou que sentia mais energia vinda do fundo da caixa, onde o plástico estava forrado com cobre. Quando confirmei seu achado, tive uma revelação. Tendo alguma experiência em eletrônica, percebi então que o que tínhamos era uma forma de capacitor, e estávamos lidando com efeitos elétricos e dielétricos, não orgânicos e inorgânicos.

A consideração mais importante para os materiais eram suas qualidades condutoras e isolantes, não sua origem. É por isso que o vidro funcionou tão bem quanto os materiais orgânicos que Reich usava. Com essa ideia embarcamos em uma nova série de experimentos que resultaram no Manaplate, formato ainda mais conveniente que o Manabox.

O Manaplate original consistia em um sanduíche de uma folha de cobre entre duas folhas de acrílico ou estireno. Alguns modelos consistiam em até quatro camadas ou sanduíches. Verificou-se que este dispositivo irradiava energia de ambos os lados e era do tamanho de uma ficha catalográfica de biblioteca. Descobrimos que o efeito de energia aparecia sempre que um condutor e um isolante eram colocados juntos, e quanto melhor eles conduziam ou isolavam, melhor o efeito. Além disso, diferentemente dos capacitores em rádios e coisas do gênero, não importava se o metal estava do lado de fora ou dentro do sanduíche.

Por fim, descobrimos que uma camada extremamente fina de metal combinada com um bom isolante proporcionaria um excelente efeito energético. O modelo seguinte de Manaplate foi uma folha de estireno revestida com uma película muito fina de alumínio puro instalada por um processo de nebulização industrial. O dispositivo resultante era leve, fino e emitia um campo de energia muito forte; além disso, podia ser feito em uma variedade de tamanhos. Infelizmente, o processo resultava muito caro, então procuramos um isolante melhor.

Ele surgiu na forma de resina plástica e, assim, nasceu o primeiro Manabloc. Esta era uma pequena caixa de comprimidos de plástico com cerca de $5cm^2$, cheia de resina na qual embutimos uma pequena folha de cobre ou alumínio. O efeito de energia era muito bom e tinha um tamanho conveniente, embora mais pesado do que o Manaplate anterior.

Duas descobertas mais importantes levaram a melhorias adicionais. Para decorar o topo do Manabloc, usamos um pedaço de rede de difração, também conhecida como "papel laser". Este é uma folha muito fina de alumínio "desgastado", ou marcada com dez mil linhas por polegada quadrada ou mais, e depois coberta com uma folha muito fina de plástico, transparente ou colorida. Longe de ser uma decoração, descobrimos que tinha um efeito energético próprio quando colocada sobre o estireno. Nessa época, também estávamos experimentando o efeito energético de padrões bidimensionais, como variações de círculo e triângulo. Primeiro, usamos um símbolo concêntrico na base da resina Manabloc e isso aumentou muito a produção de energia. Em seguida, descobrimos que o símbolo funcionava mesmo encoberto.

Desde então, produzimos muitas variações com base no modelo de capacitor que agora é chamado de Amazing Managizers, independentemente da forma ou tamanho. Embora eles tenham fortes saídas de energia e sejam tão pequenos quanto um cartão de crédito ou um disco fino de 5cm, não pense que você precisa comprar alguma coisa para ter sua própria fonte de energia de *kimana* orgônio. Aqui estão algumas maneiras baratas e simples de fazer seus próprios dispositivos para curar e aumentar sua própria capacidade de energia.

1. Com vistas a um dispositivo de emergência para usar em cortes, contusões, dores latejantes e agudas, coloque uma folha de película plástica de $30cm^2$ sobre uma folha de papel alumínio do mesmo tamanho e junte-as rapidamente em uma bola ou almofada. Você pode até sentir um efeito de calor ao fazer isso. O dispositivo resultante de muitas camadas terá uma saída de energia melhor do que a maioria dos cristais e pode ser convenientemente colocada ou colada em qualquer lugar do corpo.

2. Pegue qualquer recipiente de plástico e encha-o com folha de alumínio ou lã de aço. Os ovos em que as meias vêm são ótimos para isso, assim como os ovos de plástico ocos usados na Páscoa. Como variação ou acréscimo, cubra qualquer recipiente de plástico com papel laser.

3. Recheie o tubo de cobre ou alumínio com pastilhas de isopor usadas para embalagem. O isopor é um isolante tão bom que faz dele um dispositivo muito forte. Qualquer coisa anodizada, como alumínio anodizado, também gerará bem porque a anodização está aplicando uma fina camada de óxido ao metal, e os óxidos são isolantes. Muitos dispositivos comerciais de energia se valem desse expediente.

4. Teoricamente, uma vez que o vidro é um isolante, e a água é um condutor, um copo de água deve ser

um bom dispositivo de energia. A bem da verdade, ele é, e especialmente quando tal capacitor se encontra carregado de energia de outra fonte, como o sol, suas mãos ou outro dispositivo de energia. As plantas também adoram.

Agora você tem o conhecimento e os meios para aumentar seu poder e tornar as informações do próximo capítulo ainda mais valiosas para sua prática do xamanismo urbano.

10
A nona aventura: da paz interior à paz exterior

E waikahi ka pono i manalo

É bom estar unido em pensamento para que todos possam ter paz

Xamãs e místicos usam uma técnica semelhante para treinar e focar a mente, mas para propósitos diferentes. É a meditação, que significa atenção contínua e focada em algo. A técnica básica, independentemente de cultura, filosofia, intenção ou estilo, é usar a mente consciente para manter a atenção em uma gama limitada de experiências até que ocorra uma mudança dentro de si, fora de si ou em ambos. Os seres humanos em todo o planeta inventaram muitas maneiras ou estilos diferentes de meditar com base em sentidos mentais ou físicos, incluindo visualização, respiração, canto, fala, zumbido, movimento, audição, toque, olhar e assim por diante. Todos eles, contudo, têm o propósito de concentrar a atenção até que algo aconteça.

Claro, não há limites rígidos e rápidos, mas, em geral, o objetivo do místico é a iluminação, uma expansão da mente e do espírito que produz um senso de unidade com o universo e aumenta a consciência e a compreensão. Os fenômenos e poderes místicos, intuitivos ou psíquicos, bem como o relaxamento físico e a cura da mente e do corpo, são efeitos colaterais que às vezes são benéficos e às vezes atormentam. Outros benefícios, como melhores relacionamentos, melhor eficácia financeira e uma influência curativa no ambiente também são considerados efeitos colaterais. Se acontecerem, tudo bem; se não acontecerem, tudo bem também. O uso da meditação ou contemplação pelo xamã, por outro lado, é orientado para benefícios práticos para este mundo e, se a iluminação acontecer, é um efeito colateral agradável. A unidade com o universo é muito agradável, mas pode ajudá-lo a ter um corpo mais saudável, ser um amigo melhor, pagar as contas ou aumentar a paz mundial? Se isso acontecer, vá em frente. Se não, aproveite quando acontecer, mas não se preocupe em procurá-lo.

Xamãs e místicos concordariam que alguns fenômenos que surgem da prática da meditação são apenas distrações. É bem conhecida a história contada a respeito do mestre zen Dogen. Quando um de seus alunos relatou que, durante a meditação, teve uma visão de Buda em uma luz branca brilhante, Dogen respondeu: "Isso é bom. Se você se concentrar em sua respiração, ela desaparecerá." Uma resposta do xamã pode ser: "Bem, o que você fez com isso?" Não há virtude particular em obter visões, a menos que você possa usá-las.

Nas seções a seguir, apresentarei a você uma forma especial de meditação xamânica que me foi ensinada, chamada *nalu*. A palavra significa "formar ondas", metáfora para transmitir padrões de pensamento, bem como "meditar". Através de suas raízes, a palavra significa "união pacífica" ou "um estado de unidade", com conotações de um relacionamento cooperativo, em vez da unidade de *kulike*. A palavra *huna*, o nome da filosofia apresentada neste livro, tem a tradução raiz idêntica a *nalu*, o que não é uma coincidência. Prefiro usar a palavra *contemplação* em vez de *meditação* para *nalu*, porque a essência da técnica é um descanso suave e sem esforço de atenção e consciência. Em *nalu* você não faz nada de maneira forçada. Você apenas olha, ouve e/ou sente. Os efeitos benéficos acontecem sozinhos porque a atenção contínua liga seu padrão ao padrão em que você está concentrado. O que torna o *nalu* tão fascinante é a variedade de efeitos que ocorrem dependendo da sua área de foco.

A energia flui para onde a atenção vai, diz o terceiro princípio, e quando a energia flui para um determinado padrão que está sendo focado, o próprio padrão é energizado. Um padrão energizado tem de mudar, assim como o gelo energizado muda para água ou a água energizada se nebuliza ou vaporiza. Ou se expande para uma versão maior de si mesma, ou se transforma em algo completamente diferente. Se a atenção for neutra ou positiva, a mudança será positiva. Um padrão positivo, que é benéfico e aumenta o crescimento, se tornará ainda mais positivo; um padrão negativo, que é prejudicial e nega o crescimento, se transformará em um padrão positivo. Um foco negativo, de atenção medrosa, terá exatamente o efeito oposto.

A maioria das práticas meditativas místicas o ensina a buscar um foco neutro (algumas exceções notáveis podem ser encontradas no cristianismo e no sufismo) como uma maneira de tirar seus desejos pessoais do caminho. A razão de um foco neutro poder ter um benefício positivo, diríamos, porque o universo é basicamente positivo. Energize qualquer parte dele de forma neutra e você aumenta automaticamente a positividade. É preciso mencionar, no entanto, que não há nenhuma meditação mística verdadeiramente neutra porque a intenção positiva da meditação em si influencia o foco.

Com a técnica xamânica de *nalu,* você não tenta ser neutro. Você também não tenta ser emocional. A postura a ter ao fazê-lo é de expectativa calma e positiva, como você teria pouco antes de ouvir uma música favorita prestes a ser tocada por um novo artista cujo talento você respeita. Você espera que seja diferente e espera que seja bom. Esse tipo de atitude aumenta muito os benefícios recebidos da prática de *nalu.*

Esses benefícios surgem de várias maneiras. O relaxamento geralmente ocorre porque a atenção é retirada de memórias e preocupações que tendem a aumentar o estresse e a tensão, e com o relaxamento muitas vezes há cura, mais energia e maior clareza mental. Não importa em que você se concentra para obter esses efeitos. Muitas vezes vêm à tona a inspiração e soluções para problemas que podem não estar relacionados ao objeto de seu foco. Isso é, sobretudo, efeito de relaxamento mais intenção ou desejo anterior. A inspiração e o conhecimento sobre o assunto em foco virão à consciência por causa da ligação dos padrões. Com foco contínuo, guiado por sua expectativa, seu aspecto do coração aprenderá sem esforço as qualidades e características do assunto em foco por causa da habilidade mimética natural de seu aspecto do coração. E, mediante o simples foco, você será capaz de conferir poder a qualquer coisa que escolher – ou destituí-lo. Finalmente, além de sua intenção consciente, a união pacífica que *nalu* gera em você transmitirá e influenciará todos os seus relacionamentos da mesma maneira. Porém, o propósito que se deve ter em mente é que o objetivo dessa prática é mudar a si mesmo ou mudar uma situação para melhor. Depois de uma certa quantidade de prática, o *nalu*, como qualquer tipo de contemplação ou meditação, pode se tornar muito prazeroso como processo em si, e isso é ótimo. No entanto, quando você começa a praticá-lo apenas pelo prazer que ele lhe dá, e se sente chateado ou desconfortável quando não consegue, então você se tornou um viciado, não diferente, em essência, de um alcoólatra ou um viciado em drogas ou um fanático por corrida. Místicos e xamãs concordam que a mente consciente deve permanecer como guia e diretora do processo para que não se perca de vista o propósito. Quando o processo se impõe a você, você se tornou um escravo. Claro, se você vai ser um viciado de qualquer maneira, ao menos a meditação é mais barata do que o álcool ou as drogas, não dói tanto quanto correr e não prejudica mais ninguém.

Algumas pessoas ainda equiparam a meditação a deixar a mente em branco, e na verdade há professores que ainda incentivam esse tipo de bobagem. Sim, é possível treinar-se para ter uma mente em branco, e é possível treinar-se para dormir sobre as unhas. Por que se ocupar disso? A única maneira de tornar sua mente um verdadeiro vazio é ensinar a si mesmo a excluir toda a consciência, o que acaba com todo o propósito da meditação. Acho que houve um mal-entendido sobre a intenção daqueles que primeiro sugeriram o vazio como um estado adequado. A probabilidade é que o estado pretendido seja de receptividade silenciosa, sem tagarelice mental, comentários ou pensamento ativo. Estar ciente de algo sem *pensar* a respeito seria como um vazio para muitas pessoas. Algumas formas de meditação incentivam ou toleram períodos momentâneos de vazio, sugerindo que estes são momentos de alcançar estados mais elevados. Minha própria experiência e minha experiência com os outros sugere que esses pontos em branco são períodos de inconsciência causados por estresse ou falta de foco. Nunca conheci ninguém que tirasse algum benefício prático deles. No *nalu*, é especialmente importante manter a consciência, embora, se você não o fizer, apenas perdoe a si mesmo e pratique mais.

A meditação é geralmente considerada uma disciplina, uma prática com a qual você deve se comprometer se quiser obter algum benefício dela. De certa forma, isso é verdade e, de certa forma, é enganoso. Há dois aspectos na meditação: o propósito e o processo. Se você se comprometer com um processo (como cantar um mantra ou olhar para uma flor), é possível obter os efeitos colaterais benéficos da meditação (relaxamento, etc.) sem necessariamente fazer outras mudanças em sua vida. Ou tais mudanças podem vir somente após um período muito longo de realização do processo, caso em que o processo pode ou não ser um fator crítico na mudança. Afinal, a meditação é apenas um foco de atenção, e um processo é apenas um padrão que pode se tornar um hábito. Se você realizar um hábito por tempo suficiente, ele se torna prazeroso de fazer, mesmo que seja difícil de aprender. Você pode se treinar para meditar em qualquer coisa e obter prazer e se beneficiar disso depois de estabelecer um novo padrão de hábito. Entretanto, como a energia segue a atenção, e a atenção segue o interesse, você achará muito mais fácil meditar em algo que lhe interessa, e todos os benefícios virão mais rápido. É aqui que entra o propósito. A disciplina da meditação, o compromisso com ela, é muito mais fácil e natural se você se comprometer com um propósito e usar o processo como uma ferramenta para atingir o propósito. Sob essa luz, só faz sentido escolher um processo que esteja mais alinhado com seu propósito como xamã urbano.

Mais uma coisa. Enquanto a meditação geralmente é pensada como algo que você faz uma ou duas vezes por dia por um período de tempo especificado, o *nalu* não é tão restrito. Você pode fazer se quiser, mas também pode fazer o dia todo ou em intervalos frequentes. Enquanto escrevia este capítulo, recebi um telefonema de um dos meus amigos xamãs que vem praticando um *nalu* de ideias (a serem descritas abaixo) nos últimos dois meses. Com a prática diária, ele chegou ao ponto de ser capaz de fazer isso trezentas vezes por dia durante dez segundos de cada vez, e relata mais capacidade de estar no momento presente, mais energia, estar mais em sintonia consigo mesmo e com o mundo, e uma capacidade de resolução de problemas muito melhorada.

Os exemplos do *nalu* a seguir são sugestões, que podem ser modificadas, combinadas, adicionadas ou excluídas conforme você desejar.

O *nalu* da visão

Na segunda aventura deste livro, eu lhe dei um exercício para entrar em contato direto com seu aspecto espiritual. Se você se lembra: era para pensar em algo bonito. Na verdade, foi um exercício de *nalu* usando a visão interior. Quando você cria algo bonito em sua mente, já há uma expectativa positiva embutida. À medida que você continua com esse foco, seu corpo relaxa, sua energia flui e seu aspecto do coração se torna mais bonito.

Na técnica de realizar o *nalu* com o sentido da visão, seja interna ou externa, você primeiro estabelece uma estrutura intencional e, em seguida, observa o assunto dentro dessa estrutura, mantendo sua consciência aberta para o que quer que aconteça sem julgamento, mantendo seu foco por qualquer período que você tenha decidido. Quando você observa a beleza de algo, por exemplo, a beleza é a estrutura intencional. Ela funciona como um filtro para ajudar a aprimorar seu foco e definir os efeitos que você experimentará. Ao observar, preste atenção à forma, tamanho, cor, design e ambiente (o cenário ou a relação do assunto com o ambiente). Manter sua consciência aberta significa permitir pensamentos, ideias e sentimentos relacionados ao assunto para se tornarem conscientes e depois fluírem.

Já que você está praticando para ser um xamã urbano e não um místico, sinta-se à vontade para tomar notas se algumas coisas realmente boas aparecerem. Não ter julgamento não é necessariamente fácil, mas significa permitir que ideias negativas surjam e fluam se isso acontecer, ou permitir que nada aconteça, sem ficar bravo, chateado ou desanimado. Aqui é onde isso ajuda a lembrá-lo do seu propósito (se você não tiver certeza sobre isso, comece de novo). Manter o foco é a razão de você usar seu aspecto da mente. Ao começar a se concentrar no *nalu*, você pode descobrir o quão pouco sabe sobre foco. Consciente e intencionalmente, manter sua mente em uma coisa por um período prolongado (para algumas pessoas, dez segundos é um período prolongado) é uma habilidade rara, na qual o *nalu* é designado para treiná-lo. É fácil manter a atenção em algo excitante, interessante, habitual ou importante. É que, para a maioria das pessoas, focar a mente não é excitante, interessante, habitual ou importante. Bem, o *nalu* não será empolgante a menos que você o use para se concentrar em algo que considere empolgante; será interessante se você mantiver a expectativa positiva e a consciência aberta; não será habitual até que você estabeleça o hábito; será importante apenas enquanto o que você estiver usando for importante para você. No caso do *nalu* da visão, você mantém seu foco, mantendo sua atenção no assunto e gentilmente trazendo sua atenção de volta cada vez que ela se desvia. Se você tiver conversas verbais enquanto estiver olhando para algo, tudo bem. Basta usar as palavras para ajudá-lo a manter seu foco. Uma maneira é usar palavras para descrever a aparência ou as qualidades do assunto para si mesmo. Isso manterá sua parte verbal ocupada e útil ao mesmo tempo. Por fim, à medida que você relaxa mais, as palavras desaparecerão e você estará apenas com o assunto, aprendendo mais do que imagina em um nível do aspecto do coração.

Aqui estão algumas sugestões: Para o melhor efeito, faça cada uma, com o mesmo assunto, por pelo menos uma semana de cada vez.

- Faça o *nalu* visual com algo razoavelmente pequeno que você considere bonito, como uma obra de arte, algumas joias, uma flor ou um cristal. Basta olhar para o objeto, mas olhar para ele em detalhes. Mantenha sua consciência do que é bonito nele e esteja aberto a novas descobertas. Mova-o, se desejar, para olhar para diferentes partes dele, mas não o segure. De vez em quando, feche os olhos e veja o mesmo objeto em sua mente, com o máximo de detalhes possível. Você está fazendo isso para treinar sua mente para se concentrar à vontade, para aumentar sua consciência da beleza e para aumentar a beleza e a harmonia em você.
- Faça *nalu* visual com algo que você não considera bonito, apenas procure a beleza. Você pode usar algo muito comum, como um utensílio de cozinha, um

pedaço de louça, uma ferramenta, ou ser realmente ousado e tentar bitucas de cigarro ou lixo. É um *nalu* poderoso, então não o descarte facilmente. Uma das experiências mais maravilhosas de harmonia espiritual que já tive veio de fazer *nalu* visual com dois copos de papel em um shopping center em Santa Monica, Califórnia.

• Em um ambiente muito familiar, faça o *nalu* visual em uma parte desse ambiente, digamos, um canto, uma parede ou uma peça de mobiliário. Abra sua consciência para algum aspecto desse objeto que você nunca observara antes, não importa o quão aparentemente insignificante. Se você acha que não há nada de novo ali de que você possa estar ciente, você pode de fato valer-se desse *nalu*. A suposição da monotonia limita severamente nosso crescimento de muitas maneiras. O sonho do mundo é recriado todos os dias, e nunca mais é o mesmo. Esse é um bom *nalu* para aprender a se conectar profundamente com algo familiar, a fim de estabelecer uma comunicação intuitiva. Eu o usei para encontrar coisas em um escritório bagunçado, para "saber" o que fazer quando meu computador, Jonathan, apronta das suas, para conversar com animais de estimação e para estabelecer um melhor relacionamento com amigos e clientes.

• Faça um *nalu* visual ao ar livre, com a intenção de descobrir algo novo sobre a natureza que você nunca conheceu antes. Esteja ciente dos detalhes visuais em plantas, árvores, solo, água, nuvens, pássaros, animais, etc., mas escolha uma área restrita para se concentrar, como uma única planta ou grupo de plantas, ou as nuvens em uma parte do céu, ou um animal. A coisa nova a se aprender não precisa ser dramática, apenas nova. Isso não apenas amplia sua apreciação da natureza, mas também fornece associações ricas entre a natureza e sua vida, e aumenta sua consciência de padrões, naturais e não naturais, no ambiente. Usei esse *nalu* uma vez para encontrar um par de óculos que alguém havia perdido em uma selva taitiana.

- Faça um *nalu* visual sobre o mundo ao seu redor no âmbito de ser um sonho. Ou seja, olhe para ele como se fosse realmente um sonho, uma projeção de sua própria consciência e não uma coisa separada com objetos sólidos. Este é um dos *nalus* mais perturbadores para muitas pessoas porque, à medida que começa a mudar o padrão de sua relação habitual com o mundo, alguns efeitos muito estranhos podem ocorrer. Apenas lembre-se de que, se você não gostar, pode simplesmente parar. Alguns descobrirão, porém, que ele abre uma aventura incomparável. Eu o usei para descobrir outras dimensões ou sonhos em meio a este, o que me deu uma maior gama de ação em meus empreendimentos.

- Faça *nalu* visual com um círculo preto de cerca de quinze a vinte centímetros de diâmetro desenhado em um fundo branco. Imagine um caminho ou uma estrada no círculo que passa por cima de uma colina ou em torno de uma curva e fora de vista. Entre no círculo com sua consciência e siga o caminho ou estrada, procurando algo (sem definir o quê). Você pode ou não se encontrar em um corpo, e pode ou não sentir vontade de continuar o exercício com os olhos fechados. Você também pode ou não encontrar nada em um determinado período de tempo, mas geralmente encontra. Apenas vá em frente com o que quer que aconteça. Esse *nalu* ajuda a abrir e fortalecer sua imaginação criativa e fornece muitos bons achados.

• Faça o *nalu* visual em um símbolo, imagem ou objeto relacionado a algum objetivo ou projeto. À medida que você mantém o foco no assunto, seus padrões se ligam e mudam. O efeito de costume é que, inicialmente, você começa a ter um fluxo de ideias, antigas e novas, sobre o assunto. Se houver tensão para começar em seu relacionamento com o assunto ou o que ele representa, seu corpo pode expressar essa tensão por um tempo, mas à medida que você continua focado, haverá uma liberação e um novo padrão de relacionamento. É um bom *nalu* para esclarecer relacionamentos com pessoas, lugares, dinheiro, sucesso ou qualquer empreendimento orientado por objetivos, bem como para estimular um fluxo de ideias criativas em relação a ele. Muitas pessoas estão fazendo isso sem perceber ao estudar, planejar ou trabalhar. A terceira coisa que esse *nalu* faz é configurar uma ressonância que começa a atrair o equivalente mais próximo do que você está focando. É por isso que meu amigo ligou para me contar sobre sua meditação enquanto eu trabalhava neste capítulo. É o terceiro princípio em ação novamente.

• Uma variação útil do *nalu* anterior é se concentrar em um símbolo, imagem ou objeto relacionado a um problema em sua vida. Isso pode incomodar muitas pessoas que dizem que não querem dar energia aos seus problemas, concentrando-se neles, mas um foco *nalu* é diferente. Quando você se concentra em um problema com uma atitude calma de expectativa positiva e sem julgamento, o problema muda porque você muda. Você pode obter diferentes percepções ou realizações sobre isso, ou as condições que cercam o problema podem mudar sem o seu conhecimento consciente ou esforço, mas algo vai mudar. Costumamos dizer que é mais fácil resolver um problema se você fizer as pazes com ele primeiro, e é isso que esse *nalu* ajuda você a fazer.

• Faça o *nalu* visual na sua visão periférica. O que você faz é escolher algo em seu ambiente imediato para centrar sua atenção e, em seguida, mudar sua atenção para sua visão periférica, que é visível ao redor das bordas de sua visão, sem mover seus olhos. Deixe sua atenção vagar por toda a borda externa da visão, apenas não mova os olhos se puder evitar. Sugiro não mais do que cinco minutos de cada vez, para começar, e lembre-se de piscar. Além dos benefícios meditativos, o objetivo deste *nalu* é relaxar os globos oculares, mudar alguns hábitos mentais e expandir sua visão.

Na cultura ocidental, muitas pessoas crescem se esforçando demais para ver as coisas com clareza, esforçando-se demais para ver o que os outros lhes disseram que está lá fora, esforçando-se demais para se concentrar com os olhos em vez de sua atenção, ou esforçando-se demais para não ver o que não deveriam e o que temem. O resultado é muitas vezes um padrão de visão rígido que beira a visão em túnel e coloca grande pressão sobre os músculos oculares. Como a memória é armazenada em padrões de movimento e posição muscular, padrões de visão limitados também podem estar ligados à supressão da memória ou obsessão pela memória (quando você não consegue tirar uma memória da cabeça). Como a maioria das pessoas não foi treinada para usar sua mente de forma eficiente, elas tendem a usar seu corpo para coisas que a mente é projetada para fazer (como quando você tenta empurrar uma bola em um buraco ou uma cesta com seu corpo, mesmo depois de ela estar a caminho). Muitas vezes, eles inconscientemente usam os olhos para empurrar e puxar ou segurar no lugar.

Além de ajudar a aliviar a tensão produzida por esses fatores, esse *nalu* abre sua visão de duas maneiras curiosas. Primeiro, você pode começar a ver mais ao seu redor do que parece fisicamente possível. Não é incomum que as pessoas vejam coisas que estão por trás delas enquanto fazem esse *nalu*. Em segundo lugar, você pode começar a ver coisas que as pessoas que olham com a visão comum dirão que não estão ou não podem estar lá, como movimento, ondas de energia, objetos ou figuras. Se você experimentar, é real. Você não precisa descobrir o que significa ou por que está lá, ou se algo está errado com você porque ninguém mais pode vê-lo, assim como não faria se reconhecesse um animal selvagem na floresta que ninguém mais ao seu redor visse. Simplesmente aproveite o fato de que você viu.

- Faça o *nalu* visual em uma forma-pensamento. Isso nos leva a um espectro diferente de conscientização. Em termos comuns, estou sugerindo que você propositalmente crie uma alucinação, mas em termos esotéricos, estou sugerindo que você exteriorize um pensamento. Em termos de xamã, você apenas imagina algo em seu ambiente imediato da forma mais vívida e realista possível e o observa como se fosse tão real quanto qualquer outra coisa ao seu redor. Seu assunto imaginado pode ser algo bonito, útil, que represente um objetivo ou que represente um problema. Você obterá os mesmos efeitos que com os *nalus* anteriores e, além disso, será um ótimo treinamento para sua imaginação. Um benefício adicional é a conveniência. Você pode carregar uma forma-pensamento com você para qualquer lugar.

O *nalu* do som

Há som ao nosso redor o tempo todo, simplesmente porque há ar ou água ao nosso redor o tempo todo. A maior parte desse som não ouvimos, seja porque é muito baixo ou alto para captarmos com os ouvidos, seja porque não estamos nos concentrando nele. O som, é claro, é energia, e a energia nos influencia de acordo com sua natureza e nosso estado, mas o som do qual estamos conscientes nos influencia mais do que o som que está fora do nosso alcance de consciência ou atenção. A exceção, é claro, seria o som que tem uma amplitude de energia tão alta que interrompe as funções do nosso corpo, quer possamos ouvi-lo, quer não. No entanto, estamos mais preocupados aqui com sons como palavras e música que estão mais ou menos em nossa faixa normal de percepção, embora incluamos sons internos ou imaginários como parte do foco auditivo. Antes de dar sugestões para *nalus* auditivos, gostaria de falar sobre gravações, cânticos e música "subliminares".

Eu realmente admiro o senso comercial das pessoas que produzem e comercializam gravações "subliminares". A margem de lucro é tão incrivelmente alta, especialmente nos tipos mais caros, que eu mesmo tenho vontade de entrar no negócio. Minha consciência, porém, exige que eu fale um pouco mais sobre eles primeiro. *Subliminar* significa "abaixo do nível de consciência" ou "muito sutil para ser notado" e, para a maioria das pessoas, traz à mente símbolos e palavras incorporados em filmes e fotografias que tinham a intenção de estimular o subconsciente a reagir de alguma maneira, de preferência comprando um produto específico. Eles ainda são usados em comerciais e em alguns filmes para despertar seus sentidos. Um dia desses, uma transmissão de um filme na TV teve uma falha, e era possível ver as mensagens subliminares quando o filme desacelerou. No entanto, o uso mais conhecido hoje se dá em fitas de áudio projetadas para autodesenvolvimento. Muitas empresas anunciam milhares ou mesmo milhões de afirmações por minuto, dando a impressão de que, ao ouvi-los, sua mente subconsciente será bombardeada com mensagens positivas que mudarão sua personalidade sem esforço enquanto se escutam os sons de ondas ou pássaros ou o que quer que seja. E é verdade que muitas pessoas obtiveram grandes benefícios ao ouvir essas gravações. O que você deve saber, no entanto, é que o benefício vem de sua expectativa, não de qualquer virtude particular das afirmações gravadas. Seu aspecto do coração está subliminarmente ciente agora de todas as declarações positivas e negativas feitas por pessoas, rádios e TVs ao seu redor neste exato momento, sem mencionar as que você está gerando em mente ou fala.

O que torna as afirmações em sua fita de gravação subliminar (que podem estar ocorrendo em uma frequência ultra-alta de qualquer maneira: é a única maneira de obter um milhão por minuto) tão especiais? Apenas sua atenção e expectativa. Ambas são ainda mais importantes do que o que está na fita. Uma das minhas alunas relatou que havia reproduzido uma gravação subliminar para aumentar sua confiança e estava tendo um efeito maravilhoso até que, ao virá-la, ela descobriu que havia reproduzido por engano uma gravação pensada para ajudá-la a perder peso. Um cientista chamado Lozanov, especializado em aprendizagem rápida, disse que obteve melhores resultados com os alunos que apenas pensavam que estavam ouvindo uma gravação de aprendizagem durante o sono do que com aqueles que realmente a ouviam. Não digo essas coisas para desencorajá-lo ou desencorajá-la a usar gravações subliminares, mas antes para ajudá-lo ou ajudá-la a usá-las com sabedoria. Elas funcionarão melhor para reforçar algo que você deseja fazer de qualquer maneira. E embora o preço que você paga por elas possa influenciar o quanto elas o ajudam, qualquer gravação positiva tocada em volume muito baixo lhe dará o mesmo efeito. Uma declaração dita com sentimento pode afetar seu aspecto do coração mais do que um milhão delas todas misturados em alta frequência.

O canto de uma palavra ou frase é um método muito antigo para alcançar o foco, e se os benefícios usuais do foco meditativo são tudo o que você quer – tensão reduzida, melhor saúde, mais energia, uma mente mais clara – então qualquer palavra ou frase servirá. O filósofo indiano Krishnamurti sugeriu "Coca-Cola", o poeta Tennyson usou seu próprio nome, e o Dr. Herbert Benson teve bons resultados com "um". Não há palavras ou frases que tenham sua própria magia à parte do significado e da expectativa que as pessoas lhes dão. No entanto, se você *imbuir* uma palavra ou frase com magia, se você capacitá-la com sua crença e expectativa, ela fará magia para você.

Já a música, por outro lado, tem sua própria magia. Tem poderes subliminares porque pode estimular pensamentos, sentimentos, memórias e comportamento sem a nossa consciência (pense no bater dos pés, na música circense ou nas marchas ou em música em tom menor), e pode aumentar tremendamente a nossa apreciação de palavras e imagens (pense em como alguns filmes famosos podem ser chatos sem a música). Como um elemento para foco meditativo, é um dos mais poderosos que posso recomendar se você usá-lo corretamente. Não surpreendentemente, a música mais rápida é boa para se concentrar quando você quer estimular seu corpo, mente ou atividades, e a música mais lenta é melhor quando você quer acalmar seu corpo, mente ou atividades. Essa música tenderá a afetá-lo sem o seu foco, mas o foco consciente intensifica o efeito em um grau notável. Menos conhecido é que a música altamente estruturada, música com um ritmo constante e melodia repetitiva (ou seja, o "Bolero" de Ravel ou "Greensleeves"), tem um bom efeito de cura em pessoas cujas mentes e vidas são muito desestruturadas, e que a música altamente desestruturada com pouco ou nenhum ritmo ou melodia (ou seja, alguns tipos de jazz e música new age) tem um bom efeito de cura em pessoas cujas mentes e vidas são muito estruturadas. A música que amplifica ou contrabalanceia qualquer estado em que você esteja ou deseje estar pode ser escolhida conscientemente. Mais uma observação: como ajuda para aprender um novo padrão de conhecimento ou comportamento, o aspecto do coração responde mais fortemente a qualquer coisa que se apresente em padrão quaternário. Esse é o padrão presente à música tradicional da maioria das culturas, e é o ritmo que atrela rimas infantis e jingles comerciais a nossas memórias.

Aqui estão algumas sugestões:

- Faça *nalu* auditivo com uma palavra ou frase que represente uma qualidade, característica, talento ou habilidade que você deseja ampliar ou desenvolver em si mesmo. Um canto de quatro batidas impressionará mais o seu aspecto do coração. Você pode expressá-lo como uma afirmação ("Eu-con-si-go") ou apenas usar uma única palavra ("con-fi-an-ça, con-fi-an-ça") ou misturá-las. Uma palavra ou frase que dê ao seu aspecto do coração um padrão de comportamento claro ou uma resposta a seguir é melhor do que uma que seja abstrata, vaga ou implique uma condição fixa. "Estou me sentindo bem" é melhor do que "estou saudável" e "Eu sou um realizador" é melhor do que "Eu sou bem-sucedido". Esse *nalu* oferece todos os benefícios da atenção focada, além de treinar seu aspecto do coração.

• Faça *nalu* auditivo com ideias verbalizadas, mental ou vocalmente. Escolha uma citação ou frase e, ao repeti-la, mantenha sua mente aberta às maneiras pelas quais ela opera ou poderia operar em sua vida. A Bíblia é sempre uma fonte rica para tais ideias, assim como livros de citações famosas. E embora isso possa ser feito em um *nalu* condensado de cinco a vinte minutos, também pode ser feito em um *nalu* estendido que dura o dia todo. O amigo xamã que mencionei acima, que se concentrava trezentas vezes por dia por períodos de dez segundos, estava usando os sete princípios do *huna*. Ele começou repassando-os em inglês, mas gradualmente conseguiu evocar seu significado em havaiano, e é por isso que conseguiu repassá-los todos em um período tão curto. Uma variação dessa técnica que uso é atribuir um dos princípios a cada dia da semana, a partir do domingo. Começo a manhã fazendo o *nalu* com todos os princípios, e depois me concentro no "princípio do dia" o dia todo, usando-o como pano de fundo ou estrutura para tudo o que faço naquele dia. Isso não só me dá todos os benefícios da atenção focada, como também me ajuda a incorporar uma ideia escolhida profundamente em meu padrão de vida, ao mesmo tempo em que me dá novas perspectivas sobre ela.

• Faça *nalu* auditivo com música de uma maneira especial. Coloque a música de sua escolha e comece concentrando-se apenas no som. Em seguida, mude sua atenção para o centro de sua cabeça e ouça a música lá (a energia flui para onde a atenção vai). Mova sua atenção para o peito e ouça a música lá. Depois para o umbigo e depois para a pélvis. Inclua suas mãos e pés, se desejar, e finalmente todo o seu corpo. Mantenha sua atenção em cada local pelo tempo que quiser e esteja ciente das sensações do seu corpo. À medida que você se concentra em cada área, a energia da música parece se intensificar nesse ponto. Este é um bom *nalu* para localizar áreas de tensão oculta e liberá-las, e para energizar qualquer parte de si mesmo da maneira que você escolher.

• Faça *nalu* auditivo com os sons ao seu redor. O vento é um foco muito bom para o *nalu*, assim como o som da água em seus muitos aspectos (chuva, ondas, cachoeiras, riachos, etc.). Mas o mesmo acontece com todos os sons comuns e extraordinários do campo ou da cidade. Ao fazer isso, o *nalu* deixa cada som existir como um som puro, sem julgamento de sua natureza ou origem. Esse simples *nalu* pode levá-lo a um estado muito profundo e revigorante.

- Faça o *nalu* auditivo com sons imaginários de canto, de música ou natureza. Além de tudo, fazer isso o colocará em companhia de muitos grandes compositores.
- Faça o *nalu* auditivo com seu próprio zunido. Além de criar seu próprio foco auditivo, você descobrirá que o zunido realmente amplifica e intensifica seu campo de energia pessoal. Isso é facilmente demonstrado pelo zunido enquanto você lentamente junta as palmas das mãos. Zunir enquanto faz *kahi*, por exemplo (veja a quarta aventura), aumentará os efeitos. Você pode experimentar diferentes tons enquanto coloca sua atenção em diferentes partes do corpo para descobrir quais estimulam e quais relaxam. E você pode descobrir tons de zunido que o ajudarão a ressoar com a Natureza e com as pessoas.

O *nalu* do toque

O sentido do toque inclui sensações sinestésicas ou corporais de pressão, movimento, posição, textura, prazer, dor, presença e – apenas para manter as coisas simples – gosto e cheiro. Sua própria criatividade pode pensar em muitos *nalus* com base em qualquer um desses elementos, então vou dar apenas algumas sugestões.

- Faça *nalu* sinestésico com movimento. Em um dos meus cursos de xamã, ensino aos alunos um *nalu* de movimento chamado *kalana hula,* baseado em uma combinação de arte marcial havaiana e dança. Esse *nalu* não pode ser ensinado em livro, mas você pode obter benefícios semelhantes com mais facilidade.

Muitas culturas têm tradições de usar o movimento para alcançar estados profundos de meditação. A chave é manter sua atenção consciente na sensação do próprio movimento. Uma maneira simples de começar é fazer um *nalu* caminhando ou correndo. É uma experiência completamente diferente com um foco *nalu*. Se você estiver fazendo isso em um lugar público, você deverá manter um pouco mais de sua consciência aberta ao entorno. A dança é outra maneira de fazer esse *nalu*, com a dança rítmica produzindo o maior efeito. Escolha ritmos rápidos ou lentos de acordo com sua própria preferência; não importa, desde que o foco esteja certo. Um processo menos vigoroso usado em algumas culturas com grande efeito é apenas sentar e balançar para frente e para trás, novamente com foco no movimento. Esse *nalu* ajudará a aumentar a consciência e a apreciação do seu corpo e do momento presente, além dos efeitos de foco.

• Faça um *nalu* sinestésico com prazer. Isso ajuda a desenvolver uma consciência incrível do seu corpo e uma sensação inacreditável de vivacidade. O processo essencial é, antes de tudo, aumentar a consciência do seu corpo e, em seguida, fazer mudanças e ajustes possíveis de pensamento e músculo que amplificarão o prazer. Caso você encontre dor, em vez de lutar ou resistir a ela, experimente diferentes mudanças e ajustes que a aliviarão em direção ao prazer. E quaisquer que sejam as sensações que surjam em sua consciência, continue convertendo-as em mais prazer. Esse *nalu* pode aumentar a apreciação de todos os seus sentidos, bem como fazer você se sentir bem. Lembrando que o aspecto do coração se move naturalmente em direção ao prazer, você também pode fazer esse *nalu* com os prazeres potenciais ou imaginários de coisas que deseja fazer, ser ou ter e, assim, construir em seus planos um motivador automático.

- Faça o *nalu* sinestésico com a respiração. Obviamente, a respiração existe há muito tempo, por isso é um dos assuntos de foco mais antigos e amplamente difundidos que existe. Como em muitas outras culturas, os havaianos associavam a respiração não apenas à vida, mas também ao espírito, à bênção e ao poder. A respiração mais simples *nalu* destina-se apenas a estar mais ciente de sua respiração com a postura *nalu*. Um pouco mais envolvido e muito bom para relaxar e energizar o corpo é concentrar a respiração. É semelhante ao *nalu* auditivo com música; todavia, você está ciente de sua respiração enquanto concentra sua atenção em diferentes partes do seu corpo. Um pouco mais empenhada é a "respiração dos golfinhos", um *nalu* de respiração consciente onde você faz de cada inspirar e expirar um ato consciente, como os golfinhos têm de fazer.

O *nalu* da consciência multissensorial

Alguns dos *nalus* anteriores incluíram elementos deste, mas agora estamos trazendo o processo à plena consciência.

- Faça um *nalu* multissensorial em uma atividade física. Se você fizer isso caminhando, por exemplo, esteja ciente de todas as sensações do seu corpo, incluindo sua respiração; de todos os aspectos visuais e auditivos do que está ao seu redor; e de todos os pensamentos que vêm à sua cabeça enquanto você anda. Se você fizer isso comendo (é uma viagem real), coma devagar e concentre-se em todas as impressões sensoriais da experiência, incluindo visão, som, movimento, sabor e cheiro. Esse *nalu* ajuda a expandir e integrar sua consciência sensorial e sua conexão com o ambiente.

• Faça um *nalu* multissensorial com a escrita. A escrita, seja à mão ou em uma máquina de escrever ou computador, por sua própria natureza foca e integra a consciência visual, verbal e sinestésica interna e externa. Para fazer isso como um *nalu*, escreva sobre algo que você quer fazer, ser, ter ou saber. Não me refiro apenas a escrever uma lista de objetivos, que é uma técnica diferente. Quero dizer, concentre-se mais intensamente e descreva ou explique ou questione o que você quer fazer, ser, ter ou saber. Esse tipo de *nalu* ajudará a esclarecer suas intenções, desenvolver e atrair o que você quer e abri-lo para inspiração e conexões intuitivas relacionadas.

• Faça *nalu* multissensorial com respiração consciente. Isso envolve o que pode ser descrito como "respirar vida" em toda a sua experiência. Outra maneira de pensar nisso é que você está energizando sua experiência com sua respiração. Tudo o que você realmente está fazendo é respirar conscientemente durante qualquer experiência, com a atitude de que você está energizando-a ou respirando-a para uma existência contínua ou aumentada. Isso pode ser feito em conjunto com qualquer um dos *nalus* anteriores ou com qualquer outra técnica ou experiência em sua vida. Durante um *nalu* visual, respire "através" de seus olhos para energizar ou criar o que você está olhando; em um *nalu* de som, imagine que o som que você ouve é o som de sua respiração; em um *nalu* de toque, deixe sua respiração dar energia a tudo o que você está tocando ou deixe que seja uma manifestação de sua respiração. Ao se envolver em qualquer tipo de atividade, imagine que seu entorno existe por causa de sua respiração. Os efeitos disso podem surpreendê-lo.

• Faça um *nalu* multissensorial com o ser. Com visão interna e externa, som e toque, medite em ser o que você quer ser. Isso é quase como tagarelar, mas não exatamente, porque você está desempenhando o papel de ser você ao máximo. Isso ajuda a centralizar o *nalu* em um conceito que você deseja expressar em si mesmo e em sua vida, como paz, amor ou poder. Vamos dar um exemplo. Nesse *nalu*, você meditaria sobre a experiência de amar incondicionalmente a si mesmo, seu ambiente, outras pessoas e o universo; e de ser amado por tudo no mundo ao seu redor. Você meditaria em pensar, sentir, agir e receber como amante e amado. Você usaria palavras, imagens, movimento e toque para orientar e reforçar a experiência. Esse *nalu* é potencialmente o mais poderoso de todos.

11
A décima aventura: o poder curativo dos símbolos

Kukulu ka 'ike i ka 'opua

Revelações são encontradas nas nuvens

O provérbio havaiano acima tem um *kaona*, um significado oculto. No antigo Havaí, as nuvens eram frequentemente interpretadas como presságios ou símbolos de eventos, mas as nuvens também simbolizavam pensamentos. Portanto, o provérbio acima também pode ser traduzido como "a experiência é construída pelo pensamento". Isso pode significar que tudo em nossa experiência é um símbolo de um pensamento, que é o conceito de sonho xamânico. Uma vez que símbolo é algo que representa outra coisa, um pensamento também pode ser símbolo de experiência. E rodamos, rodamos e rodamos, parando onde quisermos.

Neste capítulo, examinaremos diferentes tipos de símbolos verbais, visuais e tangíveis e como eles podem ser usados para curar e transformar.

Símbolos de crença

Em um dos meus cursos, começo a aula mostrando o que parece ser um simples lápis de madeira e, em seguida, peço a todos que me digam o que acham que é e para que serve. A maioria das pessoas naturalmente diz que é um lápis de madeira e é usado para escrever. Alguns têm certeza de que estou tramando algo e, portanto, dirão algo como: "É um objeto amarelo feito de madeira, grafite, metal e borracha", e alguns poucos se farão de espirituosos e dirão, talvez: "É algo duro que poderia ser usado para sustentar uma janela." Em seguida eu o dobro.

É, em verdade, um pedaço de plástico cuja forma e colorido fazem com que pareça um lápis e, portanto, poderia ser chamado de símbolo de um lápis. Mais importante, é um símbolo de suposições, as crenças que temos *sobre* a realidade. Definindo a realidade como experiência, também podemos chamá-las de nossas suposições sobre a experiência. É natural e necessário fazer suposições. Não poderíamos operar sem elas porque elas não apenas definem a experiência, elas a criam canalizando nossa atenção e consciência. De vez em quando, encontro alguém que diz que quer ir além de todas as crenças e suposições. Mas não há nada além disso. Se você não assume nada, você não experimenta nada. Dado que as suposições são naturais e necessárias (assim o suponho, é claro), parece razoável supor que quanto mais eficazes forem suas suposições, mais eficaz será sua experiência.

Para facilitar o reconhecimento e a mudança de suposições ineficazes, prefiro chamá-las de *kanawai,* que significa "regras e regulamentos". Seus *kanawai* são as regras que lhe foram dadas ou que você inventou sobre a vida, sobre o que as coisas são e o que significam, sobre o que é possível e o que não é, sobre o que é bom e ruim e assim por diante. Se você começar a pensar em todas as suas ideias e percepções da experiência como regras *sobre* a experiência – símbolos, em outras palavras –, então você pode desfrutar de um tipo de liberdade que talvez nunca tenha suspeitado ter (se você é dependente de tais regras para sua segurança, você pode sofrer uma espécie de pânico).

Com as regras da vida (pressupostos, atitudes, crenças e expectativas) como base para a experiência, fica claro que, se quisermos mudar a experiência, devemos mudar as regras. Na verdade, todas as técnicas para mudar a experiência só são eficazes na medida em que nos ajudam a mudar nossas regras de vida. Afirmações, por exemplo, são enunciados positivos que são repetidos para provocar uma mudança de algum tipo, mas essa mudança não ocorrerá a menos que as afirmações se tornem nossas novas regras. A visualização é uma boa técnica de mudança *se* resultar em uma mudança de regras. Caso contrário, é apenas uma forma de fazer fotos bonitas. Mesmo que você receba uma cura de alguém, você só permanecerá curado se suas regras também tiverem mudado. Caso contrário, a condição retornará quando se constituir tensão suficiente para que ela se manifeste novamente.

Muitas pessoas pensam que o aspecto do coração é ilógico porque não faz o que querem ou porque não entendem o que faz. Pelo contrário, o aspecto do coração é extremamente lógico e segue as regras rigorosamente. Todo comportamento mental ou físico habitual ou espontâneo que você experimenta é um exemplo de seu aspecto do coração seguindo as regras aceitas ou estabelecidas pelo seu aspecto da mente. Por causa disso, seu aspecto do coração está bastante aberto a mudanças se as condições forem adequadas. Então, aqui estão as condições:

1. Seu aspecto do coração aceitará prontamente e seguirá novas regras que não entrem em conflito com as antigas. Se você fizer uma nova regra que diga que seu novo diploma ou certificado agora lhe dá permissão para ganhar mais dinheiro e você não tiver outras regras contra ganhar mais dinheiro, seu aspecto do coração cooperará totalmente em seu novo empreendimento.

2. Seu aspecto do coração aceitará prontamente novas regras quando as regras antigas se mostrarem ilógicas. Certa vez, quando eu estava ajudando uma mulher a parar de fumar, ela mencionou em uma conversa que tinha o hábito de se rebelar contra a autoridade, o que significava que ela tinha uma regra dizendo que ninguém tinha o direito de lhe dizer o que fazer. Quando ela estava em um estado profundamente focado e estava descrevendo como ela fumaria mesmo quando não quisesse, de repente eu disse: "Você quer dizer que você está deixando os cigarros te dizerem o que fazer e quando fazer?" Houve uma longa pausa, durante a qual eu soube que seu aspecto do coração estava revisando a lógica de suas regras. Então ela disse: "De jeito nenhum!" E isso foi tudo. Ela nunca mais fumou.

3. Seu aspecto do coração aceitará novas regras quando as regras antigas não forem mais úteis. Ao fazer uma birra que não leva mais as pessoas a fazerem o que você quer, seu aspecto do coração facilmente abandonará esse hábito e aceitará uma nova regra para fazer com que as pessoas façam o que você quer. Ou quando o propósito servido por uma doença for satisfeito, seu aspecto do coração abandonará as regras que produziram a doença e assumirá novas regras de saúde.

4. Seu aspecto do coração aceitará uma nova regra que é comprovadamente (e, portanto, logicamente) mais eficaz do que uma regra antiga para fazer a mesma coisa. Quando as vantagens de não beber álcool superam claramente as vantagens de continuar a beber álcool, então o aspecto do coração de uma pessoa aceitará uma nova regra de abstinência, desde que as vantagens de não beber e as desvantagens de beber sejam mantidas em mente em situações em que a pessoa costumava beber. Neste caso em particular, isso ocorre porque não beber pode envolver sentir alguma dor e tensão que a bebida costumava diminuir. Com a orientação contínua de aspecto da mente, no entanto, o aspecto do coração aceitará a dor que pode vir com as novas regras se seus benefícios forem grandes o suficiente. Isso por si só requer uma regra que diga que são. Como a dor presente é uma influência tão poderosa, os benefícios futuros da nova regra ou uma dor futura pior por não a seguir precisam ser mantidos em alerta consciente. Em um viés completamente diferente, seu aspecto do coração aceitará novas regras para falar (como no uso de um novo idioma) sob condições em que velhas regras para falar não produzem a resposta certa. Certa vez, em uma festa, eu estava falando com um grupo de franceses em francês, e então me virei para um grupo de americanos e me dirigi a eles. Demorou meio minuto antes que eu percebesse por seus rostos vazios que eu estava falando com eles em francês, quando rapidamente mudei para o inglês.

Agora eu gostaria de escolher e discutir um pouco três regras ou pressupostos que causam grande dor pessoal e global.

Primeiro é o pressuposto de que você sabe o que outra pessoa está pensando. Independentemente de quão familiarizado você esteja com os hábitos e atitudes de uma pessoa, você não sabe o que ela está pensando a qualquer momento. Você pode fazer alguns bons palpites, e às vezes pode captar parte do que ela está transmitindo, mas pressupor que você infalivelmente conhece seus pensamentos é reivindicar uma habilidade psíquica que não existe. Em vez de se relacionar com essa pessoa como ela é, você estará se relacionando com um símbolo pobre dessa pessoa composto por suas próprias regras limitantes sobre ela. Ao fazer isso, você limitará sua experiência dessa pessoa como um ser em mudança e em crescimento.

Ao visitar alguns amigos, notei como a esposa metafisicamente inclinada continuava dizendo que o marido não estava interessado nesse tipo de coisa e que ele achava que ela era tola por estar envolvida, embora ele nunca dissesse uma só palavra. Mais tarde, ele e eu ficamos acordados até tarde conversando, e ele acabou se revelando um pensador profundamente metafísico que apoiava os interesses de sua esposa. Algum incidente deve ter ocorrido que a levou a fazer uma regra limitante sobre ele, e então ela continuou a se relacionar com a regra limitante e não com ele. Ela não tinha uma regra que permitisse que ele fosse diferente, então ela se isolou de experimentar seu lado metafísico.

Embora cada um de nós tenha de criar regras que sejam eficazes para nós, vou compartilhar uma que funcionou muito bem para mim. É que as pessoas são o que são e fazem o que fazem. Essa regra me permite me relacionar com as pessoas como elas são no presente, independentemente do que fizeram no passado. Ela não bloqueia minha memória do passado, mas permite que eu me relacione com as mudanças. Também é projetada para tornar suas ações mais importantes para mim do que suas palavras ou qualquer coisa que eu possa conceber como sendo seus pensamentos. Por fim, ajuda a evitar que eu me decepcione com as pessoas. Não importa o que elas digam, elas farão o que fazem, e é isso que eu espero. Se não é o que eu quero, então eu faço algo para que eu mesmo mude.

O segundo pressuposto é que outras pessoas sabem ou deveriam saber o que você está pensando. Uau. Se você não sabe o que os outros estão pensando, e provavelmente mais da metade do tempo você nem mesmo sabe o que *você* está pensando, como você pode esperar que os outros saibam o que está acontecendo dentro de sua cabeça errática? E no entanto, há tantas pessoas tão terrivelmente infelizes com raiva ou medo porque pensam que os outros sabem ou deveriam saber o que estão pensando. É como esperar que os outros sejam médiuns infalíveis. Há adolescentes com medo de que os outros saibam o quanto eles têm medo, maridos e esposas com raiva porque seus cônjuges não antecipam seus humores mutáveis e pessoas convencidas de que o governo é capaz de monitorar seus pensamentos. Em um nível mais comum, pode ser útil examinar suas próprias expectativas sobre isso. Quantas vezes você ficou com raiva porque alguém não sabia o que você queria quando você não disse a ele, ou ficou com medo de que alguém soubesse o que você pensava quando você não disse nada? Minha regra é que ninguém sabe o que estou pensando. Minha equipe provavelmente concordaria (lá vou eu, supondo saber o que eles estão pensando – como é fácil escorregar). De qualquer forma, essa regra remove outra causa de decepção e medo.

O terceiro pressuposto ou regra que quero discutir certamente opera em um nível pessoal, mas é mais devastadora em seus efeitos globais. É a regra da generalização. Essa regra diz que todas as coisas semelhantes são iguais. É uma regra conveniente em alguns aspectos, porque nos permite falar e lidar com as coisas em grupos. Podemos falar sobre a mídia, em vez de nomear cada rádio, estação de TV ou jornal. Podemos lidar com a China, em vez de lidar com cada pessoa chinesa individualmente. Conveniente, sim, mas potencialmente perigosa quando atribuímos qualidades individuais ao grupo.

Um grupo é apenas um símbolo abstrato que representa um conceito mental arbitrário. Não descreve uma experiência real. Lembro-me de que uma vez um astronauta comentou sobre como ficou impressionado ao olhar para a Terra do espaço para ver que não havia fronteiras nacionais. Se dissermos que a mídia é muito negativa, nós nos cegamos para milhões de exemplos em contrário; e se dissermos que a China é agressiva, ignoramos milhões de chineses que só querem a paz. Eu até ouvi professores espirituais falarem sobre o não esclarecimento das massas. "As massas" como tal não existem. Existem bilhões de seres humanos individuais, vivos e que respiram, qualquer um dos quais pode ser completamente esclarecido a despeito de tudo que qualquer um saiba. No entanto, ainda é conveniente dizer: "Quero alcançar as massas com meus ensinamentos" quando você quer dizer "Quero alcançar o maior número possível de pessoas". A regra da generalização é tão difundida e está no centro de tanta intolerância, ódio, violência e medo que quase parece inútil tentar mudá-la, mas cada pedacinho nos ajudará a avançar em direção a mais compreensão, paz e harmonia. Por favor, faça sua parte reconhecendo seu aspecto negativo sempre que se apresentar (é quando uma generalização é avaliada como ruim) e alterando-a quando puder. Dê uma boa olhada em suas generalizações a respeito de grupos específicos de pessoas; pais, homens ou mulheres; governo e negócios; espírito e matéria; dinheiro e amor.

Símbolos da língua

Cada língua é simbólica de uma maneira particular de pensar e perceber. Todas elas têm suas regras de gramática e suas regras de significado para várias combinações de sons, as quais fazem a particularidade de uma língua. Mas essas mesmas regras de estrutura e vocabulário também ajudam a determinar a experiência das pessoas que falam essa língua em particular.

Um exemplo simples é a palavra havaiana *mana*. Embora muitas vezes traduzido como "poder", "poder espiritual" ou "energia", nenhuma dessas palavras é adequada porque a palavra simplesmente não se traduz bem. O inglês não tem os conceitos para lidar com isso. Por outro lado, a palavra inglesa "*sex*" como um conceito geral não tem equivalente em havaiano. Para uma pessoa que só falava havaiano, "*The Sexual Revolution*" só evocaria uma mudança de posição por duas pessoas fazendo amor. A maioria dos povos antigos tinha apenas algumas palavras para cores e, portanto, só viam algumas cores. Os antigos havaianos, por exemplo, não distinguiam entre verde escuro, azul escuro e preto. Hoje, um computador de preço moderado pode colocar mais de 250 mil cores únicas e identificáveis na tela, cores que muitos povos antigos não seriam capazes de distinguir porque sua língua não tinha palavras para elas.

O inglês é uma língua excepcionalmente flexível tanto em gramática quanto em vocabulário, o que é uma das razões pelas quais é usado tão amplamente em todo o mundo. É tão flexível que é praticamente uma língua pidgin, capaz de absorver considerável estrutura gramatical e vocabulário de outras línguas e ainda ser compreendida. Para ser justo, porém, outra razão para sua popularidade é a inflexibilidade da maioria de seus usuários. Ouvi um europeu dizer que uma pessoa que fala duas línguas é chamada bilíngue, e uma pessoa que fala uma língua é chamada norte-americana. Por mais flexível que o inglês seja no estilo norte-americano, há uma gama de experiências fora do alcance de seus usuários, se esse for o único idioma que eles conhecem. Li uma tradução em inglês de um livro de Charles Dumas e gostei muito. Li o mesmo livro no original francês e ri e chorei. Não era que a tradução fosse ruim; era que em francês era diferente. Meu ponto aqui é que as regras linguísticas fazem mais do que apenas nos dar maneiras diferentes de dizer a mesma coisa. Elas nos dão experiências diferentes. Sua vida será muito enriquecida de maneiras que não podem ser descritas em inglês se você aprender a usar outro idioma.

Felizmente, existem duas outras linguagens que muitos falantes de inglês usam sem sequer pensar nelas como linguagens, mas ambas podem expressar e induzir experiências que estão além da capacidade do inglês. Elas são a música e a matemática. Às vezes, em um curso, peço a um aluno familiarizado com a música que descreva a Quinta Sinfonia de Beethoven em inglês para o resto da aula. O silêncio em si diz muito. A matemática também é uma boa linguagem para descrever certas coisas para as quais o inglês não é adequado, especialmente em seus dialetos de álgebra, cálculo e outros, mas mesmo a aritmética comum pode dizer a uma pessoa que sabe ler um relatório financeiro uma grande quantidade de informações sobre uma empresa que resmas de palavras não podem dizer. No entanto, a matemática não se sai bem no reino dos sentimentos. Outras linguagens alternativas que temos, além da música, que são melhores para isso são a pintura, a escultura, a mímica e a dança. Se você pensar em tudo isso como linguagens, como símbolos que você pode usar para se expressar e usar para uma influência de cura, você aumentará muito seu potencial como xamã e curandeiro.

Símbolos imaginários

Em seu livro muito famoso *Think and grow rich,* o autor Napoleon Hill escreveu muitas ideias e técnicas excelentes para o sucesso. Entre elas estava uma técnica muito xamânica de imaginar o que ele chamava de seus "Conselheiros Invisíveis". Por muitos anos, diz ele, enquanto dormia, ele fazia uma reunião em sua mente com homens famosos cujas qualidades ele queria incorporar a sua própria vida. Ele os imaginava vividamente e se dirigia a cada um, pedindo que lhe ensinassem as mesmas qualidades que admirava. O que ele descobriu após os primeiros meses ao fazer isso foi que os personagens se tornaram cada vez mais reais, a ponto de assumirem personalidades individuais, terem suas próprias experiências pessoais e se envolverem em um diálogo animado uns com os outros. Eles não eram apenas fantoches da imaginação, controlados inteiramente por sua vontade, mas símbolos vivos de expressão criativa. Essas conversas eram tão incomuns para ele que ele as interrompeu por alguns meses enquanto reforçava sua confiança de que esses conselheiros eram suas criações. Então, ele voltou aos diálogos e os continuou por anos porque eram muito valiosos. Como Hill diz, embora esses conselheiros fossem produtos de sua imaginação, "eles me levaram a caminhos gloriosos de aventura, reacenderam uma apreciação da verdadeira grandeza, encorajaram o esforço criativo e encorajaram a expressão do pensamento honesto". Diz ele também que durante as reuniões ele estava mais aberto à intuição, que seus conselheiros o guiaram em muitas emergências e que, embora ainda se valesse de outros recursos, ele foi até eles com todos os problemas difíceis que ele e seus clientes enfrentavam. Em um livro posterior, *The master key to riches*, ele chama esses conselheiros de seus "Oito Príncipes" e, a essa altura, ele os havia colocado no comando de uma área específica de sua vida. Os benefícios que ele atribuiu a eles são numerosos demais para serem mencionados aqui, mas este homem que estudou as técnicas de centenas dos homens mais bem-sucedidos de seu tempo chamou seus conselheiros invisíveis de "meu maior trunfo".

Agora vou lhe dar algumas diretrizes simples para fazer a mesma coisa, para usar símbolos mentais para atrair, focar e comunicar ideias que podem tornar sua vida mais rica e eficaz de várias maneiras. Esses símbolos podem ser pessoas famosas, vivas ou não; deuses, deusas, anjos, santos ou heróis de sua cultura favorita; animais ou espíritos da natureza; ou formas de sua própria criação.

Se quiser, você pode pensar neles como aspectos focados do *kanewahine,* seu espírito ou Eu Superior. Algumas pessoas gostam de ter um lugar mental especial para se encontrar com o que chamarei de Banca Interna de Conselheiros. O Jardim mencionado no sexto capítulo seria bom, ou você pode inventar outro. Outras pessoas gostam de vê-los aparecer quando e onde quiserem, seja na mente ou como uma forma-pensamento em seu ambiente imediato. Outros ainda acham que um símbolo físico de um símbolo mental os ajuda a se concentrar melhor. Para isso, você pode usar esculturas de marfim ou plástico dos sete deuses da sorte japoneses, estatuetas representando os Animais de Poder ou quaisquer outras estatuetas ou objetos que se adaptem ao seu gosto. Use os símbolos físicos para estimular sua imaginação, para que com sua mente você possa trazê-los à vida. Você pode ter quantos conselheiros quiser, mas oito é o limite prático que você pode manter em sua mente ao mesmo tempo. Vou sugerir quatro abaixo, e você pode adicionar o que quiser de acordo com suas necessidades e desejos.

1. O Conselheiro de Saúde. Este membro da Banca Interna fornece informações, ideias, conselhos e assistência com tudo o que tem a ver com seu estado de saúde, habilidade de cura, energia e condicionamento físico, ou de qualquer pessoa com quem você se importe.

2. O Conselheiro de riqueza. Este membro faz o mesmo para tudo o que tem a ver com dinheiro, prosperidade e abundância.

3. O Conselheiro da felicidade. Este membro ajuda com amor, paz, harmonia, relacionamentos pessoais e em grupo, diversão e prazer.

4. O Conselheiro do sucesso. Este membro ajuda a atingir metas e aumentar as habilidades.

Como muitos outros, fui informado sobre essa Banca Interna, ouvi falar a seu respeito e li sobre ela por anos, e nunca me interessou compô-la. Seja mais esperto e comece a usar esse recurso incrível hoje.

De natureza distinta, mas na mesma categoria, são símbolos de forma-pensamento que são projetados para realizar trabalho. Uma forma-pensamento, como você deve se lembrar, é um pensamento exteriorizado. No último capítulo, eles foram usados como foco para o *nalu*. Neste capítulo, quero mencionar seu uso como ferramentas.

Uma ferramenta de forma-pensamento é como qualquer outra ferramenta, exceto que é criada inteiramente pelo pensamento, sem qualquer material físico. Dependendo do grau de foco e energia colocados nela, ela pode durar minutos ou anos. Ele faz seu trabalho influenciando diretamente o aspecto do coração através da intuição, em vez de influenciar o corpo. Como exemplo, usei uma porta feita de forma-pensamento para manter meus filhos indisciplinados fora do meu quarto em uma manhã de domingo, quando não queria me levantar e fechar a porta física. Eles responderam como se a porta física estivesse fechada. Em outra situação, usei uma forma-pensamento de um lobo para afugentar um cachorro furioso, e ele fugiu com o rabo entre as pernas. Eu me senti tão mal que, da outra vez que nos encontramos, usei uma forma-pensamento de seu dono acariciando-o. Isso funcionou tão bem que o cachorro e eu nos tornamos amigos e usei essa forma-pensamento com sucesso com outros cães muitas vezes desde então. Uma vez, quando estava gripado (quando era muito mais jovem), criei uma máquina de cura de forma-pensamento que me curou em algumas horas. Os cristais da forma-pensamento podem funcionar tão bem quanto os físicos; os pássaros da forma-pensamento podem levar mensagens intuitivas às pessoas; animais, pessoas ou objetos da forma-pensamento podem ajudar os outros à distância; os ambientes da forma-pensamento podem ajudar a mudar o humor e as emoções. Se pessoas suficientes trabalharem juntas com clareza e foco, formas-pensamentos podem ser construídas de forma a influenciar os eventos mundiais.

Você pode inventar e usar formas-pensamento em inúmeros padrões para muitas coisas, mas aqui estão algumas diretrizes a serem lembradas:

1. Seus resultados melhores e mais fáceis virão do uso da forma-pensamento para influenciar o aspecto do coração de algo, em vez de seu aspecto físico. Não estou dizendo que é impossível tornar uma forma-pensamento tão sólida ou energizada que possa afetar diretamente a matéria física, mas já que tudo o que é físico é uma forma-pensamento solidificada de qualquer maneira, trazida à existência por seu aspecto do coração e aspecto espiritual usando padrões que já existem, por que fazer a mesma coisa da maneira mais difícil? Isso me lembra de uma história conta-

da sobre os aborígenes da Austrália. Quando alguém perguntou por que eles não usavam mais telepatia para se comunicar a longas distâncias, um deles disse: "Agora é só usar o telefone porque é mais fácil".

2. Um aspecto do coração se move em direção ao prazer e para longe da dor, então um aspecto do coração pode ser motivado a mudar o comportamento pela promessa de recompensa ou pela ameaça de punição. Uma forma-pensamento baseada na primeira consome menos energia e é mais eficaz do que uma baseada na segunda porque há menos resistência a ela. Além disso, há a influência em seu próprio aspecto do coração a ser considerada. Certa vez, em um shopping center com minha esposa, eu estava com pressa de chegar em casa e sabia que havia mais uma loja que ela mencionara querer visitar. Quando nos aproximamos, lancei uma névoa de forma-pensamento na frente da loja. No momento em que fiz isso, ela exclamou: "Ah, aí está a loja em que eu queria entrar!" Tudo o que consegui fazer foi chamar sua atenção para isso. Provavelmente teria sido mais eficaz se eu tivesse criado uma forma-pensamento para chamar sua atenção para casa de uma maneira positiva.

Símbolos de memória

O aspecto do coração faz tudo de memória. Todas as suas suposições, atitudes, crenças, expectativas, hábitos, habilidades, comportamento, humor, emoções, experiência, linguagem e pensamento criativo são baseados na memória. As próprias memórias são padrões de energia que simbolizam eventos armazenados de tal forma que um estímulo interno ou externo (mesmo outro padrão de memória) pode ativá-los. As memórias, é claro, são vitais para o nosso funcionamento como seres humanos, mas se a ativação da memória também ativar uma resposta emocional negativa, o efeito pode ser prejudicial à nossa saúde, bem-estar e eficácia. Enquanto a maioria das técnicas que trabalham com memórias emocionais é projetada para mudar sua reação ou relação com o conteúdo da memória, ensinando-lhe um novo padrão de resposta (uma memória adicional), ou alterando o conteúdo da própria memória (como alterar os eventos em um sonho) para que ela não evoque mais a emoção negativa, também é possível alterar um ou mais elementos do padrão de armazenamento e, assim, alterar seus efeitos. Nesse processo, você altera o contexto, não o conteúdo.

Imagine uma pintura de um indivíduo nu pendurado na sala de espera de um consultório médico. A probabilidade é que, para a maioria das pessoas, isso pareça inadequado e possa deixá-las desconfortáveis, envergonhadas ou até irritadas. Para remediar a situação, o médico poderia encobrir as partes nuas, encobrir toda a pintura, raspar a tinta e colocar uma nova pintura ou contratar alguém para ensinar a todos os seus pacientes uma postura diferente em relação à nudez. Ou ele poderia colocar a pintura em seu quarto em casa, onde pareceria bem e adequada. Como outro exemplo, uma grande pedra em um terreno baldio poderia ser uma monstruosidade, mas um paisagista, mesmo sem mover a pedra, poderia mudar os arredores para que a pedra se tornasse o centro das atenções. Como terceiro exemplo, um pôster colado em uma parede pode atrair críticas, mas em uma boa moldura pode atrair elogios. É isso que quero dizer com mudar o contexto em vez do conteúdo.Colocar algo em um contexto diferente pode mudar completamente seu efeito. Quando você faz a mesma coisa com memórias negativas, elas podem se tornar neutras ou até positivas.

Em termos de padrões de memória, o conteúdo é a memória do próprio evento, aquela parte da memória que evoca uma reação no presente. O contexto tem a ver com coisas como cor, tamanho, distância, movimento, ponto de vista, adereços (não essenciais que você adiciona ou retira), nível de som, configuração e muitos outros. Cada aspecto do coração armazena memórias de acordo com padrões bem definidos, com um ou mais elementos contextuais sendo cruciais para definir a emoção positiva, neutra ou negativa da memória. Os padrões podem ser diferentes para cada indivíduo, então você terá que experimentar e explorar por conta própria. Uma das minhas alunas descobriu, por exemplo, para sua grande surpresa, que todas as suas memórias positivas e bem-sucedidas estavam armazenadas em preto e branco, e todas as suas memórias negativas estavam em cores vivas. Quando ela começou a mudar suas memórias mais negativas para preto e branco, elas se tornaram neutras (não a incomodavam mais) ou ela descobriu aspectos positivos que nunca havia notado antes. Isso também a levou a começar a planejar para o futuro ocorrências em preto e branco, em vez de cores. É sempre mais fácil trabalhar com o aspecto do coração do que tentar mudar seus padrões básicos. Aqui estão algumas sugestões para usar esse processo muito eficaz de mudança de respostas a memórias emocionalmente negativas. Observe que algumas memórias podem ter de ser trabalhadas mais de uma vez.

1. Adicione algo à memória. O que funciona muito bem para as lembranças de ser criticado, por exemplo, é colocar chifres naquele que critica, fazer soar música circense em segundo plano e instalar palhaços fazendo caretas atrás do crítico. Isso coloca o evento em um contexto completamente diferente e ajuda a memória a armazená-lo no arquivo bobo, onde não pode causar mais danos.

   Uma variação seria tirar algo que parece não essencial, como um vaso de plantas ou uma foto ou uma xícara. Às vezes, o aspecto do coração usará esse objeto como chave de armazenamento e, quando ele se for, a resposta emocional muda.

2. Mude a configuração. Tente colocar a memória em locais diferentes, ou períodos de tempo diferentes, com mudanças de figurino. A chave emocional está frequentemente ligada ao tempo e ao lugar. Uma variação é mudar seu ponto de vista. Normalmente, sempre lembramos de uma memória do mesmo ponto de vista, como uma câmera fixa. Experimente mover seu ponto de vista. Experimente de cima, de um lado diferente, de um nível diferente ou por trás. Outra variação é virar tudo de cabeça para baixo. Com algumas pessoas, isso produz uma mudança dramática em como elas se sentem em relação à memória.

3. Alterar o contexto da realidade. Uma maneira é congelar repentinamente a memória, como se você a tivesse transformado em uma fina folha de vidro ou gelo, e depois pegar um martelo e quebrá-la. Termine varrendo-a e jogando os restos em uma lata de lixo. Isso é frequentemente muito satisfatório. Outra maneira é colocar a memória em uma tela, como se você estivesse rodando um filme, e depois executá-la em alta velocidade ou em câmera lenta, e/ou acelerar, desacelerar ou variar o volume da trilha sonora. Uma boa variação é transformar a memória em uma peça, com você na condição de diretor dizendo aos atores para fazerem exatamente o que fizeram e elogiando-os por sua atuação. Isso lhe dá uma sensação sutil de controle sobre a situação e tende a remover sentimentos de desamparo.

4. Transforme os elementos em seus opostos. Esta é uma abordagem de tentativa e erro para encontrar a chave emocional para uma memória, mas funciona muito bem. A cor é um bom lugar para começar. Se a memória estiver em cores vivas, faça com que as cores fiquem desbotadas ou altere-as para preto e branco. Se forem pretos e brancos ou desbotados, coloque-as em cores vivas. Se a memória parecer próxima, empurre-a para longe; se estiver longe, traga-a para perto. Se você está fora da memória olhando para ela (mesmo para si mesmo), coloque-se dentro e experimente-a mais diretamente; se você está dentro, mova-se para fora (embora você possa deixar uma imagem de si mesmo dentro para não mudar o conteúdo). Se a memória for grande, torne-a pequena; se

for pequena, torne-a grande. Se a memória não tiver limites, estabeleça-os; se tiver limites, acabe com eles. Você entendeu.

Como meio de ajudar os outros, mudar o contexto de qualquer uma das maneiras sugeridas é um excelente dispositivo, porque você pode conduzi-los pelo processo sem precisar saber o conteúdo específico de sua memória. Dessa forma, a privacidade é mantida, e o constrangimento é evitado. Você apenas pediria à pessoa que se lembrasse do evento carregado de emoções e, em seguida, a orientaria a fazer mudanças. Coisas bobas geralmente não funcionam bem em memórias muito traumáticas, porque muitas pessoas têm regras fortes sobre o tratamento da dor a sério. Para memórias traumáticas, sugiro começar com opostos ou a mudança de ponto de vista.

Símbolos ambientais

Nas sociedades tradicionais, os símbolos ambientais são chamados de presságios ou sinais. Eles são, em verdade, interpretações simbólicas de eventos naturais e/ou informações significativas sobre o passado, presente ou futuro derivados de eventos ou fontes aparentemente aleatórias. Os antigos chineses examinavam rachaduras nas omoplatas de ovelhas em busca de presságios, os gregos estudavam as entranhas de animais abatidos, os persas olhavam para o fogo, e uma das práticas havaianas favoritas era a leitura das nuvens. Tipos de postura mais científica ficam irritados e incomodados com essas práticas porque, é claro, isso não faz sentido do ponto de vista de primeiro nível. Como pode haver qualquer correlação entre eventos amplamente separados no tempo, no espaço e em natureza essencial? Você também pode tentar obter conselhos rotineiros a partir dos rastros de um pato, ou aconselhamento psicológico a partir dos padrões de gotas de chuva em uma vidraça. De um ponto de vista de segundo nível, porém, qualquer um deles poderia funcionar.

Isso se deve à ideia do primeiro princípio de que a vida é um sonho e à ideia do segundo princípio de que tudo está conectado. Com sua ideia de sincronicidade, Carl Jung chegou perto de explicar a eficácia do I-Ching, mas sincronicidade é apenas outra palavra para coincidência. O xamanismo diz que as pegadas de pato e os preços das ações estão relacionados porque tudo está relacionado. Mesmo assim, algumas coisas são mais fáceis de ler ou interpretar do que outras. Embora seja possível fazer uma correlação entre as trilhas de pato e os preços das ações no pensamento de segundo nível, pode ser mais eficaz escolher algo com um relacionamento mais próximo que seja mais fácil de entender, como os padrões anteriores dos preços das ações.

Presságios estão ao nosso redor, porque nossos pensamentos estão ao nosso redor. Ou seja, tudo ao nosso redor é um reflexo ou símbolo de nossos pensamentos. Ao prestar mais atenção aos padrões em nosso ambiente, podemos ser capazes de entender melhor os padrões de nossos pensamentos.

Existem inúmeras maneiras de ler e interpretar presságios, mas, para nossos propósitos aqui, descreverei apenas os dois que ensino em meus cursos. Posso mencionar também, a propósito, que a única diferença entre esses processos e as técnicas de adivinhação discutidas no capítulo cinco é que estávamos propositalmente criando símbolos, e aqui estamos procurando símbolos que já existem.

Bibliomancia é a arte de abrir aleatoriamente um livro e obter uma resposta para uma pergunta. É usado principalmente com a Bíblia ou um dicionário, mas uma variação agradável e criativa é usar qualquer tipo de livro ou revista escolhida a esmo. A criatividade vem de descobrir como um parágrafo sobre o camarão grelhado pode se relacionar com sua pergunta sobre sua vida amorosa, ou o que uma fotografia de um avião em um anúncio tem a ver com uma pergunta sobre sua carreira. Frequentemente, porém, a resposta à sua pergunta será incrivelmente óbvia, não importa onde você procure. E às vezes os eventos se reúnem de uma maneira muito organizada. Em uma aula realizada em uma biblioteca, distribuí revistas coletadas aleatoriamente de um móvel expositor. Um aluno havia saído da sala, então coloquei uma em sua cadeira. Quando ele voltou, notou que era uma revista de fotografia e pensou que eu devia saber que essa era a profissão dele (o que eu não sabia). Então ele decidiu perguntar onde poderia encontrar um novo tipo de filme do qual acabara de ouvir falar. Ele fechou os olhos, abriu a revista e enfiou o dedo para baixo. Seus olhos se abriram para um anúncio de página inteira do filme sobre o qual ele havia perguntado. Felizmente, estava perto do intervalo para o almoço, então ele teve tempo de se recuperar do choque. Às vezes, o fato de essas coisas funcionarem mexe de verdade com as pessoas.

A segunda coisa que faço é convidar meus alunos a elaborarem uma pergunta ao universo sobre sua vida ou carreira e depois a sair para almoçar com uma postura aberta e de expectativa. Eu digo a eles que o presságio virá; algo que eles experimentarão parecerá significativo. Pode vir na forma das nuvens, na forma de espaços entre coisas (como galhos de árvores), em um objeto que eles percebem, em uma música ou um pouco de conversa, ou em um evento. Certa vez, em Taos, Novo México, fiz uma pergunta sobre a importância relativa do amor e do poder em relação a um projeto em que estava trabalhando. No caminho para um restaurante, meu olhar foi fisgado por uma mensagem pintada em enormes letras vermelhas na lateral de uma construção de adobe: "O amor é maior!"

12
A décima primeira aventura: a arte curativa da cerimônia e do ritual

E 'ao lu' au a kualima

Ofereça ao jovem folhas de taro cinco vezes – uma cerimônia para remover a doença da mente ou do corpo

Basta mencionar as palavras *cerimônia* e *ritual*, e a tendência é pensar em sacerdotes egípcios em procissão, uma missa católica ou nativos dançando ao som de tambores. As palavras nos inclinam a pensar em algo estranho, misterioso ou exótico, mas na verdade nossas vidas urbanas modernas estão cheias de cerimônia e ritual (já que uma cerimônia é uma espécie de ritual, usarei a última palavra para representar ambos na maior parte do resto do capítulo). Sei que a palavra *ritual* pode ser usada para significar qualquer padrão definido de comportamento que possa ser realizado consciente ou inconscientemente (ou seja, fumar, dirigir, fazer exercícios), mas a estou usando neste capítulo para me referir a um comportamento conscientemente organizado destinado a impressionar e influenciar.

Um uso do ritual é marcar o início de algo, então temos rituais como chás de bebê, lançamentos de navios, grandes inaugurações e cortes de fita (uma versão moderna de uma cerimônia para cortar o cordão umbilical). Há rituais para o fim das coisas, como funerais, despedidas de solteiro e *happy hours*. Temos rituais de conclusão na forma de cerimônias de formatura, brindes e aplausos. Os rituais de transição são abundantes, como festas de aniversário, comemorações de aniversário, batismos e *bar mitzvahs*, confirmações e festas de travessia do equador. Os rituais de conexão incluem cerimônias de casamento, cultos na igreja, bailes de debutantes e encontros às cegas. Com uma abundância tão óbvia de rituais já disponíveis, por que então mais e mais pessoas procuram rituais de diferentes tipos de diferentes culturas?

O ritual pode servir a muitos propósitos diferentes, mas não os servirá a menos que seja eficaz. Um ritual eficaz é aquele que deixa uma impressão duradoura e influencia fortemente as pessoas a reforçar ou mudar pressupostos, atitudes ou expectativas. Para fazer isso, deve ser intelectual e emocionalmente satisfatório tanto para o aspecto da mente (*lono*) quanto para o aspecto do coração (*ku*). Caso contrário, não é mais do que hábito e dogma sem vida e é ineficaz para o propósito pretendido. Nosso interesse no ritual como xamãs urbanos é usá-lo para a cura e para o aprimoramento de padrões positivos.

O que determina um ritual eficaz

Existem elementos muito específicos em um ritual que determinam se ele é satisfatório e eficaz.

1. Deve ter um começo e um fim fortes. Um ritual que começa de maneira fraca perde significado e dificilmente atrai a concentração e atenção das pessoas. É por isso que tantos rituais começam com tambores, sinos, assobios ou trombetas. Você dá um início forte ao fazer algo para chamar a atenção das pessoas. Da mesma forma, um final fraco deixa todos se sentindo insatisfeitos ou incompletos. Você alcança um final forte chamando a atenção de todos novamente e deixando-os saber claramente que o ritual acabou. Uma das razões mais comuns para as pessoas estarem insatisfeitas com os rituais que já têm é que esses tempos não estão claramente marcados para o resto da vida. Isso é muito importante para tornar o ritual marcante e influente, porque o sentimento da maioria das pessoas será que, se o ritual apenas se mistura a coisas comuns, então não pode ser muito importante. Quando ensino cerimônia e ritual em meus cursos, essa questão de um começo e um fim fortes é aquela com a qual os alunos têm mais problemas. No entanto, as pessoas perdoarão muita incompetência nesse ínterim se o começo e o fim forem bons.

2. Ele deve ter uma forte entrada sensorial. Um ritual ao qual você só assiste será impressionante e influente na medida em que também for interessante ou bonito. Se tiver música e aroma, terá um efeito maior, e se agregar os sentidos do tato e do paladar, o efeito será ainda mais intenso. Muitas culturas e organizações descobriram isso e, portanto, seus rituais incluem beleza, cantar com ou sem música,

flores frescas ou incenso e participação em grupo por meio de respostas de oração, cantar junto, movimento ou dança e beber ou comer.

3. Deve ter uma forma familiar ou previsível. Se você participar de um ritual e não souber o que fazer ou o que esperar, ficará confuso e ansioso e, por causa de sua distração, o ritual deixará menos impressão e terá menos influência. Mas se houver elementos familiares o bastante, você ficará mais confortável e será mais afetado. Os sacerdócios realizam isso usando rituais definidos para ocasiões específicas. A Igreja Católica costumava ter um senso considerável de coesão entre seus membros, porque eles sabiam que não importava em que lugar do mundo eles estivessem, o serviço em uma igreja católica seria o mesmo e eles poderiam participar dele plenamente, mesmo sem conhecer o idioma local. As razões para mudar isso devem ter parecido boas para aqueles que o fizeram, mas o mesmo sentido de coesão não existe mais. Os xamãs satisfazem a necessidade de familiaridade e previsibilidade, incluindo elementos sensoriais e padrões familiares em cada ritual, embora cada ritual em cada ocasião possa ser diferente.

4. O significado de cada parte do ritual deve ser entendido pelos participantes. Qualquer que seja o grau em que uma parte do ritual não seja compreendida, sua eficácia é perdida. Os sacerdócios tendem a negligenciar mais esse elemento porque tendem a pensar que estão fazendo rituais para um ou mais seres espirituais, e não para as pessoas. Contanto

que eles saibam e o espírito saiba, o que importa se as pessoas sabem? Isso aponta para uma grande diferença entre sacerdotes e xamãs. Um xamã, se estiver agindo como um xamã, sempre faz um ritual para uma ou mais pessoas, incluindo ele mesmo. Os espíritos podem ser reconhecidos, mas a eficácia do ritual é determinada pelo quão bem ele impressiona e influencia as pessoas envolvidas, e um bom xamã sabe disso. Portanto, em rituais xamânicos, você geralmente encontrará tudo explicado antes ou durante o ritual.

5. Deve ser especial. Um ritual que não parece ou soa diferente de qualquer outra ocasião perde sua eficácia. Uma das principais razões pelas quais muitos de nossos rituais modernos parecem vazios é que muitos de nossos líderes não tratam mais esses rituais como especiais. Isso é particularmente evidente em nossos rituais festivos. Para a maioria das pessoas, o Halloween é uma festa à fantasia, o Dia de Ação de Graças praticamente desapareceu, exceto como desculpa para comer peru com molho de cranberry, o Natal é um frenesi de compras, o Dia de Ano Novo é uma ressaca e um jogo de futebol americano, e o Quatro de Julho é um piquenique. É claro que há exceções, mas não o suficiente para transformar esses tempos rituais em ocasiões de reforço positivo dos valores culturais. Rituais de outras culturas que mantiveram sua especialidade são muito atraentes para aqueles que sentem falta disso em sua própria cultura.

O que torna um ritual especial

Existem quatro aspectos básicos para que um ritual seja especial:

1. Uma área especial. Uma área pode ser especial de várias maneiras. Uma maneira é pela consagração. Isso significa fazer uma bênção ritual que é projetada para indicar o quão especial é uma área para todos os tempos. Isso pode se dar para protegê-la, trazer-lhe boa sorte ou reservar seu uso. Os cemitérios são muitas vezes feitos especiais dessa maneira, assim como os edifícios designados como igrejas ou templos. No Havaí, ainda é comum consagrar (abençoar) qualquer novo edifício ou projeto desenvolvido em terra. Outra maneira de tornar um lugar especial é separá-lo, seja erguendo cercas (como ao redor de um parque), por localização (como a Estátua da Liberdade) ou por uso reservado (como uma escola). O delineamento também pode ser feito com plantas ou marcas no chão. A maneira mais fácil de tornar um lugar especial para fins rituais, no entanto, é cercando uma área com pessoas, especialmente fazendo com que elas se deem as mãos. Tal área fechada é automaticamente sentida como especial.

2. Objetos especiais. Isso inclui uma ampla gama de coisas, mas antes de mais nada quero mencionar o vestuário. Roupas especiais na forma de roupões, faixas, uniformes, chapéus, máscaras, fantasias ou variações especiais em roupas normais (ou seja, roupas tradicionais, vestidos formais ou *smoking*) têm sido usadas por eras incalculáveis para ajudar a tor-

nar uma ocasião especial. Joias usadas apenas em ocasiões rituais ajudam a aumentar a sensação do que há de especial. Os famosos cordões (*leis*) de flores do Havaí dados em saudação e homenagem são uma variante disso. A decoração especial para auxiliar o efeito ritual inclui flores, estandartes, móveis e arranjos designados para o ritual. Ferramentas especiais podem ser bastões, cajados, xícaras e tigelas, cristais, estátuas ou qualquer coisa usada no próprio ritual. Comida especial pode acrescentar muito ao ritual. Às vezes, esse é um alimento que só é preparado quando o ritual é realizado, como biscoitos de Natal ou *hallah* (um pão especial comido apenas no sábado ou feriados judaicos), e às vezes é um alimento regular feito especialmente por consagração ou designação para uso ritual. No antigo Havaí, a lula era um alimento popular, mas foi tornada especial em um ritual de cura pelo xamã que lembrava ao paciente que a palavra para lula, *he'e*, também significa "fugir" e, ao comê-la, a doença fugiria. Os xamãs havaianos estavam entre os primeiros mestres dos placebos, e não tentavam escondê-lo.

3. Movimentos especiais. Nos rituais, as pessoas fazem movimentos que raramente ou nunca fazem em outros momentos. Quase sempre há gestos especiais, maneiras de mover os braços e as mãos para enfatizar, apontar ou abençoar algo que está acontecendo. Posturas especiais podem ser usadas por um ou mais dos presentes, geralmente o líder, a menos que todo o grupo esteja fazendo a mesma coisa (como em rituais de meditação). E danças especiais

podem ser feitas. A maioria das pessoas está familiarizada com a *hula* havaiana, ou pelo menos a *auwana* moderna, ou *hula* de entretenimento. Poucos (embora isso esteja mudando) estão cientes do *kahiko*, ou estilo antigo de *hula* ritual. Mesmo que esteja começando a ser apresentado como entretenimento, ainda é feito principalmente como uma abertura ritual de um espetáculo, e ainda é usado para vários rituais para torná-los muito especiais.

4. Sons especiais. Além dos sons de abertura e fechamento para chamar nossa atenção, existem sons especiais para uso no próprio ritual. Uma delas é a entonação. Palavras rituais que são ditas como conversas comuns não têm quase o impacto das mesmas palavras ditas com voz especial reservada para rituais. Se você se lembrar da entonação usada por alguém que pediu para fazer a oração de abertura ou a bênção em um culto do qual você pode ter participado, saberá o que quero dizer. Além disso, pode haver um ritmo especial que envolve a voz, como no canto, ou pode envolver algum tipo de instrumento percussivo (tambores de caixa, cabaças havaianas) usado para enfatizar ou desencadear palavras rituais. A música naturalmente está incluída, mas é uma música especial designada, elaborada ou tradicionalmente usada para o ritual. A especialidade pode ser indicada pelo estilo da música (um hino da igreja), pelo seu conteúdo (a canção folclórica "*Greensleeves*" torna-se "*What child is this?*" em uma celebração de Natal), pelos instrumentos usados (a cabaça havaiana é usada apenas no *hula* ritual) ou

pelo contexto (*"Let there be peace on Earth"* pode ser cantado a qualquer momento, mas tem maior impacto em uma reunião ritual). Sons especiais também incluem as palavras especiais usadas apenas para fins rituais, como orações e bênçãos, e o uso de uma linguagem especial. Uma língua especial que não seja compreendida pela maioria dos presentes – seja sânscrito, japonês, hebraico, latim, havaiano ou o que quer que seja – terá algum impacto só porque soa especial, mas o impacto será mais significativo se for traduzido em algum momento, mesmo que parcialmente.

Agora você recebeu todos os elementos de um bom ritual. Vejamos alguns exemplos de como eles funcionam juntos.

Um tempo atrás, havia um grupo do continente em visita a Kauai hospedado em um acampamento nas montanhas de Kokee. Antes de chegar, eles escreveram para mim e pediram que me juntasse a eles para uma cerimônia de lua cheia em uma noite de sexta-feira. Achei que seria divertido, então minha companheira e eu subimos e compartilhamos o jantar e o entretenimento com eles até nos encontrarmos sentados com todos em um círculo ao redor de uma fogueira. A lua estava visível e bonita, mas todos estavam sentados lá em uma espécie de silêncio constrangedor, e eu me perguntei quando iria começar. Por fim, o líder se inclinou para mim e sussurrou: "Você gostaria de começar a cerimônia agora?" Bem, aquilo era uma surpresa. Eu pensei que era apenas um convidado. Eu não tinha preparado nada, e os havaianos não faziam cerimônias de lua cheia (eles tinham cerimônias programadas pela lua, mas não relacionadas à lua, nem na noite de lua cheia). Eu não tinha nenhuma tradição para seguir, mas como xamã eu conhecia os elementos que constituem um bom ritual e cerimônia. Então eu fiz com que todos dessem as mãos, fizessem uma oração sobre a lua, abençoei os bastões em que estavam trabalhando para seu próprio treinamento, ensinei-lhes um breve canto e terminei com outra oração. Todos ficaram muito impressionados e felizes.

Em outra ocasião, em uma conferência em um *campus* universitário no Meio Oeste, fui convidado uma noite para testemunhar um ritual oferecido por um xamã indígena americano. Algo me disse para levar comigo meu cordão (*lei*) de sementes de *kukui* e meu trompete de concha (objetos especiais) e usar minha faixa de cabeça e camisa *aloha* (roupas especiais). Quando cheguei, havia cerca de cem pessoas em um grande círculo de mãos dadas (área especial). Assim que fui notado, fui convidado a entrar no círculo junto com um xamã hassídico que também estava lá. O indígena deu início aos trabalhos com um grito estrepitoso (um começo forte) e depois sacudiu o chocalho e nomeou as sete direções tanto em sua língua quanto em inglês (significado claro). Em seguida, o xamã hassídico fez o mesmo com seu pandeiro em hebraico e inglês, e eu segui com minha concha nomeando os pontos cardeais em havaiano e inglês. (Na verdade, eu estava com um lábio ruim naquela noite, e meu trompete quase engasgou, mas continuei de qualquer maneira e ninguém pareceu notar. No mundo do espetáculo, você tem que aprender a improvisar). A essa altura, a cerimônia havia ganhado a forma familiar de um círculo, com um começo, meio e fim provável, e uma rotação de papéis. Então o indígena liderou todos em um movimento de ida e volta acompanhado por um canto enquanto fazia uma pequena dança no centro com seu chocalho. Isto foi seguido pelo xamã hassídico, que fez uma dança com seu pandeiro enquanto todos cantavam uma música em hebraico. Então foi minha vez. Para manter a eficácia do ritual, precisei continuar na forma previsível, mas não havia nada na tradição havaiana que se encaixasse na situação. Então, como um bom xamã, inventei algo na hora. Primeiro, fiz com que todos cantassem os sete princípios em havaiano enquanto balançavam para frente e para trás, e então fiz um movimento de dança em todo o círculo que tinha um quê de *hula*. As pessoas adoraram, principalmente porque se sentiram bem e apropriadas. O ritual terminou fortemente e com a significativa contribuição sensorial de abraços mútuos ao redor. Todos os elementos foram satisfeitos.

Eu faço meus cursos de treinamento de xamãs como uma forma de ritual. Temos sempre uma abertura formal para dar um começo forte e abençoar o espaço, previamente disposto em círculo sempre que possível. Geralmente há um pouco de decoração havaiana e música havaiana, e eu trago minha faixa de cabeça especial, minha camisa, cordão e bastão, sobre os quais já tratei. O formato do curso é definido para que o padrão seja familiar e previsível, e há muita participação em grupo para entrada sensorial. Além disso, sempre temos um encerramento forte e formal. A estrutura ritual é uma grande ajuda para o processo de aprendizagem.

O formato básico para um ritual é:

1. Preparação. Aqui é onde você reúne todos os seus adereços e roupas, organiza o mobiliário, prepara a música, planeja as etapas e designa a área especial. Um grande ritual pode levar semanas de planejamento, ou você pode ser solicitado a fazer um ritual a qualquer momento, como na minha cerimônia de lua cheia. Depois de ter as informações deste capítulo, isso não deve ser um grande problema. No meu curso, deixo meus alunos saberem com um dia de antecedência que eles devem fazer um ritual, mas só dou a eles de cinco a quinze minutos para realmente planejar e se preparar. Até lá, eles aprenderam os elementos básicos do ritual, então os resultados geralmente são muito bons.

2. Abertura. Um gesto dramático, palavras de oração ou saudação, um instrumento sonoro que chame a atenção ou um processo de familiarização de algum tipo fazem boas e fortes aberturas. Uma das melhores aberturas que experimentei foi em uma conferência na Nova Zelândia, usando um modelo maori modificado. Foi feito ao ar livre, e os anfitriões estavam alinhados de um lado de um gramado, com os visitantes do outro. Os anfitriões começaram cada um, por sua vez, dando uma saudação bastante formalizada, mas improvisada, à terra e aos visitantes. Em seguida, voluntários do lado do visitante retribuíam a saudação. Por fim, os visitantes se alinharam e começaram em uma extremidade da fila de anfitriões com abraços e apresentações, um por um, por toda a fila. À medida que cada visitante

terminava a fila do anfitrião, ele ou ela se juntava à mesma fila para que o próximo visitante recebesse outro abraço e apresentação, até que todos fossem apresentados a todos os outros. Foi muito divertido e criou um bom vínculo entre os participantes, mas demorou um pouco.

3. Conteúdo. Isso é simplesmente fazer o que quer que esteja envolvido com o propósito do ritual. Geralmente, quanto mais curto o conteúdo, mais formal ele é, e quanto mais longo o conteúdo, mais informal ele é. Uma cerimônia de casamento é bastante formal durante todo o processo, mas os Jogos Olímpicos são relativamente informais entre as cerimônias de abertura e encerramento.

4. Fechamento. É aqui que você recupera a atenção de todos e dá um fechamento definitivo ao ritual. Esse aspecto vital, mas muitas vezes negligenciado, pode fazer uma grande diferença no sucesso do ritual. Um bom fechamento reforça o vínculo grupal, fortalece a memória do ritual, dá uma transição clara e confortável da formalidade para a informalidade e diz às pessoas quando não há problema em sair. Um encerramento claro pode ser feito com declarações ou orações finais bem definidas; sinos, assobios ou gongos; canto em grupo; apertos de mão ou abraços; ou aquele velho gesto querido de todos, o aplauso.

Nas seções restantes, vou dar exemplos de rituais específicos que podem ser úteis para os xamãs urbanos modernos. Como sempre, fique à vontade para modificar, adicionar ou excluir.

Um ritual de cura

Aqui está um ritual de cura em grupo muito eficaz, mesmo que seja bastante simples. Antes de começar, obtenha um par de paus curtos, chocalhos ou castanholas (chame-os de percussivos). Dependendo do tamanho do seu grupo, comece formando um círculo, tendo de uma a quatro pessoas que desejam ter uma cura sentadas no centro – costas com costas, se mais de uma pessoa for curada. Faça com que eles mantenham o foco em uma expectativa positiva para a cura que desejam. Dê os percussivos a um dos curandeiros no centro para ser o principal guardião da batida. Faça uma abertura formal, talvez expressando o desejo ou a intenção da cura e, em seguida, peça ao grupo externo que dê as mãos. Diga ao responsável pelos percussivos que inicie um ritmo constante de quatro batidas (aproximadamente as de um pulso relaxado). Quaisquer outros presentes a serem curados devem fazer o mesmo ritmo com uma palma suave. Isso mantém aqueles que serão curados envolvidos e atentos. Depois que o ritmo se estabilizar, faça um canto ressoar pelo círculo no mesmo ritmo. Você pode criar o seu próprio ou usar o seguinte que você já viu antes:

"Esteja atento, seja livre, esteja focado, esteja aqui, seja amado, seja forte, seja curado."

Seja qual for o canto que você usar, certifique-se de deixar espaço para uma pausa na respiração de pelo menos uma batida. Com o canto acima, a sequência de batidas pode ser assim, com cada número representando uma frase de canto:

1-2-3-4-5-6-7-pausa-1-2-3-4-5-6-7-pausa-1-2-3-4-5-6-7-pausa-1-2-3-4-5-6-7.

Uma boa alternativa seria:

1-pausa-2-pausa-3-pausa-4-pausa-5-pausa-6-pausa--7-pausa-1-pausa-2, etc.

Lembre-se de que a pausa é para o canto, não para a percussão, que trabalha continuamente.

Mantenha o canto até que pareça muito estável e praticamente automatizado. Isso pode levar de um a cinco minutos. Em seguida, peça à pessoa à sua esquerda no círculo que avance para o centro. Feche o círculo enquanto essa pessoa toca suavemente aqueles que serão curados na cabeça ou no ombro e suavemente faz uma breve bênção, oração ou afirmação. Levará muito menos tempo se apenas uma declaração for feita para servir a todos os que devem ser curados. Quando terminar, essa pessoa volta para o círculo e a próxima pessoa à esquerda entra. O processo continua até que todos no círculo tenham participado. Durante todo o tempo, o canto e o ritmo continuam. Depois que você, como líder, tiver feito sua vez, deixe o canto e a batida continuarem por cerca de um minuto e, em seguida, encerre abruptamente gritando "Pronto!" ou se você quiser usar havaiano, "*Pau!*". Termine com um abraço em grupo que inclua os curados e traga todos de volta ao presente, permitindo que todos compartilhem sua experiência.

Como uma questão prática, você pode descobrir que, por causa da alta energia e foco necessários, o guardião da batida pode tender a entrar em transe um pouco e vacilar com a batida. Então cabe a você usar o canto para fortalecer e manter a batida. Normalmente, isso trará o mantenedor da batida de volta ao ritmo. O foco sustentado é a chave para o poder desse ritual. Como líder, sugiro que mantenha os olhos abertos o tempo todo.

Um ritual de jornada

Uma das coisas mais amorosas que você pode fazer como xamã urbano é uma jornada ao Submundo em nome de outra pessoa. Realizar um ritual conjunto com a pessoa para quem você está empreendendo essa jornada a torna ainda mais poderosa.

Para um ritual de jornada, encontre um lugar tranquilo onde você possa se sentar com seu amigo sem ser perturbado por pelo menos meia hora. A viagem em si pode levar apenas dez minutos, mas dê a si mesmo algum tempo livre caso demore mais e para discutir o assunto. Comece perguntando ao seu amigo que poder lhe falta ou ele gostaria de ter para curar uma condição ou alcançar um objetivo. Veja que seu papel não é curar essa pessoa, mas encontrar poder para que ela faça sua própria cura ou mudança. Continue estabelecendo um relacionamento profundo com o *kahi* mútuo. O contato físico não precisa ser mantido durante a jornada. Quando estiver pronto, feche os olhos, vá a seu próprio Jardim e concentre-se lá com visão, som e toque. Em seguida, invoque um Animal de Poder e encontre um caminho que leve ao Jardim do seu amigo. Uma vez lá, procure um buraco no chão como a entrada para o *milu,* entre e siga em frente em sua missão, lidando com quaisquer desafios que surjam em seu caminho para o Objeto de Poder que você está procurando. Quando você o encontrar, traga-o de volta através do Jardim de seu amigo, onde você deixa a forma e traz o espírito ou essência de volta através do seu Jardim e para o momento presente. Segurando o espírito do Objeto de Poder em suas mãos como se fosse físico, coloque-o no corpo de seu amigo com uma bênção em qualquer lugar que lhe pareça apropriado e termine com um abraço. No entanto, o que eu ainda não disse, mas transforma esse ritual em algo excepcionalmente poderoso, é que você deve descrever em voz alta para seu amigo tudo o que acontece desde o momento em que você entra em seu Jardim até colocar o espírito do objeto em seu corpo. Isso tem o efeito duplo de aumentar muito seu próprio foco e de trazer a atenção focada de seu amigo à jornada. Depois disso, vocês terão uma experiência interior compartilhada que nenhum dos dois provavelmente esquecerá.

Uma bênção da casa

Abençoar a construção concluída, a nova compra, o novo aluguel ou a nova inauguração de uma casa, apartamento, condomínio, escritório ou loja é um bom trabalho a se fazer para alguém. Faz com que todos se sintam bem e dá a sensação de um recomeço positivo. Embora as possibilidades sejam ilimitadas, aqui está uma versão modificada da prática havaiana. Seu objetivo é garantir coisas boas para o local e para as pessoas que o utilizam.

1. Prepare-se vestindo algo especial que o diferencie como aquele que faz a bênção. A coisa mais simples

seria algo que você use em volta do pescoço, como um *lei*, um colar, um pingente ou até mesmo uma fita. Também tenha uma pequena tigela de água fresca e algo que você possa mergulhar nela e usar para espargir a água. No Havaí, isso seria uma folha de *ti* ou um ramo de samambaia, mas qualquer folha longa ou mesmo um cristal ou varinha serviria. Se nada mais estiver disponível, use os dedos. E coloque uma fita na porta principal. No Havaí, é o equivalente de dois leis de folha *maile* amarrados juntos. Os verdadeiros tradicionalistas penduravam folhas de *lauhala* ou fitas na parte superior do batente da porta, representando o que, nos velhos tempos, era palha extra deixada sem aparar até o momento da bênção.

2. Abra o ritual de bênção na porta com palavras apropriadas, como: "Todos e tudo testemunham. Assim começa a bênção desta casa." Em seguida, corte ou desamarre a fita ou o *lei*. Ao fazer isso, diga algo como: "O cordão está cortado (afrouxado). Nascida é a casa (ou apartamento etc.) de fulano." Em seguida, respire na tigela de água quatro vezes e entre.

3. No interior, esparja uma pequena quantidade de água em cada cômodo enquanto diz uma bênção. Uma regra prática é espargir salas grandes ou importantes em todos os cantos, mais o centro, e espargir salas pequenas uma ou duas vezes a partir de uma porta. Você pode dizer o que quiser para uma bênção. A forma mais simples seria "Eu abençoo (ou abençoada seja) esta sala de estar", mas é melhor ser mais específico, como "Que esta sala seja repleta de

amor e paz" ou "Que este escritório tenha sucesso e prosperidade". Certifique-se de incluir um quintal ou jardim externo, se for apropriado. Normalmente, basta espargir os cantos.

4. Um bom fechamento envolveria o proprietário/inquilino e/ou convidados. Para um bom fechamento, seria interessante que o proprietário/inquilino acendesse uma vela ou lâmpada ou colocasse um objeto especial em um lugar especial, e que os hóspedes oferecessem seus bons desejos ou bênçãos pessoais. Quanto a suas palavras finais, um "Esta casa (apartamento, etc.) está abençoada. Que a celebração comece" provavelmente se encaixasse melhor logo após acesa a vela ou lâmpada e antes dos votos dos convidados. Esse também seria um momento apropriado para aplausos.

Uma bênção da terra

Você pode querer fazer um ritual de bênção da terra no caso de uma porção dela ser comprada, quando a caução for depositada ou quando um projeto de construção estiver prestes a começar. Pode ser combinado com a bênção anterior.

1. Tenha a postos uma tigela de água fresca, uma folha ou varinha para espargi-la, um sino ou baquetas ou chocalhos e algo especial para vestir. Também traga consigo quatro plantas (no Havaí seriam plantas de *ti*, mas no continente se pode usar qualquer planta favorita ou alguma que você conheça e signifique boa sorte) ou quatro pedras (cristais são uma

boa escolha, mas qualquer pedra serve), e uma ferramenta de escavação. Uma trombeta de concha daria um toque agradável. Eu gosto de incluir uma flauta de nariz havaiana, mas qualquer flauta é boa se você ou alguém do grupo puder tocá-la. Se houver muito para transportar, tenha consigo um assistente ou uma bolsa de transporte.

2. Faça a abertura no centro da terra, se possível, ou em qualquer canto, soando uma percussão ou tocando a trombeta e dizendo palavras como: "Estamos aqui para abençoar e dar à luz a terra (ou projeto) de fulano de tal".

3. Caminhe até um canto se você começar no centro, fazendo soar a percussão enquanto percorre a distância, ou apenas tocando a percussão por um tempo se você já estiver no canto. Em seguida, agradeça ao chão por deixar você cavar um buraco e cave um buraco para a planta ou pedra. Apresente a planta ou pedra nas sete direções (leste, sul, oeste, norte, para o alto, para baixo e para o centro) e, em seguida, coloque-a no buraco, pedindo silenciosa ou suavemente que faça o bom trabalho de trazer harmonia e boa sorte para a terra. Preencha o buraco e toque uma pequena melodia na flauta para fazer com que a planta ou pedra se sinta confortável em sua nova casa (use de uma percussão em vez da flauta, se desejar). Em seguida, sopre na tigela d'água quatro vezes e esparja um pouco do líquido sobre a planta ou pedra, dizendo: "Abençoo (ou abençoado seja) o poder desta planta (pedra), que traga harmonia e boa sorte a esta terra (projeto)." Em seguida, vá ao canto

seguinte tocando a percussão e repita a performance. Você pode fazer com que o proprietário/inquilino participe de qualquer parte do ritual. Se o terreno for muito grande ou de caminhada difícil até cada canto, você pode abrir buracos mais próximos, dizendo em voz alta que esses buracos simbolizam os cantos. Se não for viável cavar buracos, basta colocar pedras, folhas ou vasos de plantas nos cantos, dizendo que eles simbolizam a boa sorte que se planta nos cantos. Depois de o ritual principal terminar, recolha-os e diga algo como: "Seu propósito se cumpriu, agora vocês estão livres para outras coisas." Lembre-se do sétimo princípio: sempre há outra maneira de fazer qualquer coisa.

4. Quando todos os quatro cantos tiverem sido abençoados, volte ao ponto de partida. Peça, então, ao proprietário/inquilino que desenterre um pouco de terra e vire-a enquanto você diz: "Que todos e tudo testemunhem o nascimento desta terra (projeto) para fulano de tal. Seu nome é (e aqui você insere o nome do terreno ou projeto, que pode ser o endereço ou algo mais elaborado). Que comece a celebração." E então você dá início ao aplauso. Eu sempre gosto de terminar um ritual de bênção com uma celebração de algum tipo.

Uma bênção do carro

Nos tempos antigos, era bastante comum abençoar pertences pessoais como cavalos, charretes, carruagens, barcos e até itens mais pessoais. Esse tipo de bênção nos ajuda a manter um bom relacionamento xamânico com os outros tipos de vida com os quais interagimos. A bênção a seguir foi pensada para um carro, mas pode ser adaptada a qualquer outra coisa.

1. Prepare uma tigela de água fresca, algo com que se esparja a água e roupas especiais para vestir-se. Caso você não molhar o seu carro ou qualquer outra coisa que esteja abençoando, encha a tigela, esvazie-a e prossiga como se houvesse água nela. Sem problemas.

2. Comece na frente do carro (ou outro lugar) e diga: "Todos e tudo testemunham essa bênção".

3. Esparja a frente e diga: "Que este carro sempre forneça um serviço útil e harmonioso a seu proprietário". Claro, você pode mudar o texto da maneira que quiser. Caminhe em torno do veículo e faça a mesma coisa nos outros três lados.

4. Quando estiver de volta à frente, diga: "O nome deste carro é (o que quer que o proprietário lhe tenha dito). Abençoado está." Embora eu não o tenha mencionado ainda, é sempre apropriado usar um gesto de fechamento de algum tipo para uma verdadeira sensação de acabamento. Na minha tradição, fazemos um movimento de mão semelhante ao de limpar uma janela com a mão direita no sentido horário, fechando o punho em seguida. O que melhor lhe convier.

Ritual de purificação

Acontece às vezes que um local ou um objeto fica associado a sentimentos ou experiências negativas. Pode ser em razão de algo desagradável que tenha ocorrido no local ou com o objeto, ou pode ser apenas que as "vibrações" não pareçam certas ou as pessoas não se sintam bem quando estão ao seu redor, ou as coisas simplesmente não pareçam dar certo naquele lugar ou presença. Seja qual for a causa, um ritual de purificação pode ser apropriado para mudar o padrão do lugar ou coisa, ou para acalmar os aspectos do coração das pessoas envolvidas. O ritual a seguir é bastante simples, mas bastante eficaz também, se feito em um estado de forte confiança.

1. Prepare uma tigela de água salgada ou água marinha, algo para espargir a água e algo especial para vestir. Os havaianos usavam água fresca para bênção e água do mar para limpeza. Você pode usar sal marinho, sal de mesa, sais de Epsom ou sais de banho. Para este ritual, sal é sal. Uma colher de chá é mais do que o bastante para qualquer quantidade de água que você use. Traga também um objeto que represente paz, harmonia ou qualquer qualidade que você queira que o ritual propicie.

2. Comece com uma declaração forte como: "Que todos e tudo testemunhem. Estou aqui com o poder de harmonizar este lugar (objeto)."

3. Esparja o lugar ou o objeto cinco vezes, dizendo a cada vez algo como: "Neste momento, aqui e agora, a harmonia aumenta."

4. Termine colocando o objeto que você trouxe em um lugar proeminente no local ou ao lado do objeto que está sendo purificado, dizendo: "Eu confiro poder a isso (nomeie o objeto que você trouxe) para que conclua a purificação até amanhã ao meio-dia. Que assim seja. Esta é a minha palavra." Em seguida, faça um gesto de fechamento e saia.

Como objeto simbólico, você pode querer usar algo com que a pessoa a quem se dirige o ritual de purificação se relacionaria bem – um símbolo religioso, por exemplo. Também se pode utilizar algo um pouco mais neutro, como um cristal. Eu usaria uma noz *kukui,* que simboliza a iluminação. O principal não é o acessório que você usa, mas o quão confiante você está. É a sua confiança que mudará o padrão e, se também houver confiança no símbolo, tanto melhor.

Um ritual de paz

Pouco antes de um grande ritual relacionado à paz do qual você pode ter ouvido falar, chamado Convergência Harmônica, algumas pessoas me perguntaram se nosso grupo em Kauai faria algo para participar. Não tínhamos nada planejado porque havia certos pressupostos envolvidos que não nos interessavam, mas à medida que mais pessoas perguntavam e pensávamos mais a respeito, decidimos: por que não? Qualquer desculpa é boa em nome de uma reunião pela paz. No grande dia, reunimos cerca de duzentos valentes em um dos lugares mais especiais do Pacífico, em um cume acima do rio Wailua, ao lado de um templo *menehune* chamado *Poliahu* (os *menehune* eram uma raça antiga que habitava Kauai antes da chegada dos havaianos), e fizemos o seguinte ritual.

1. Preparamo-nos obtendo *leis* suficientes para todos, cortando uma varinha de folhas de *ti* para mim e fornecendo uma trombeta para meu assistente.
2. Na abertura, reunimos todos em um círculo. Então fiz uma breve oração de bênção e saudação, e fiz

uma declaração a respeito do amor e da paz e sobre o propósito de nossa reunião.

3. Para começar o ritual, primeiro fiz com que todos se reunissem em pares, de mãos dadas, e fizessem com que seu parceiro simbolizasse seus próprios pais, irmãos, cônjuge e/ou amigos ou inimigos próximos. Pensando em seu parceiro como um ou mais deles, eles deveriam silenciosamente dar ou pedir perdão e fazer as pazes com eles. Dei cerca de cinco minutos para que o fizessem e para que cada um realizasse os exercícios a seguir. Depois de terem feito a paz individual, pedi que eles se juntassem em grupos de quatro e orientei-os para que esses grupos representassem suas famílias, amigos, colegas, colegas de trabalho, funcionários, empregadores, alunos, professores e afins. Da mesma forma, pedi que fizessem as pazes com todos eles. Em seguida, eles se reuniram em grupos de oito para que representassem as pessoas de seu bairro, cidade e estado e celebrassem as pazes com eles. Em seguida, eles se juntaram em grupos de dezesseis, simbolizando sua própria nação e outras nações, e fizeram as pazes com todos eles. Por fim, todos foram reunidos em um grande círculo para representar toda a Terra, incluindo a Natureza, e celebrassem a paz com eles.

4. Terminamos com uma canção de paz, uma bênção final e uma refeição *luau*.

Eu disse que gostava de festejar depois de um ritual. Essa é uma boa tradição havaiana.

13
A décima segunda aventura: a união de mentes

E lauhoe mai na wa ʻa; i ke ka, i ka hoe; i ka hoe, i ke ka; pae aku i ka aina.

Todo mundo rema as canoas junto; ergue e rema; rema e ergue; e a costa é alcançada

O verdadeiro poder dos seres humanos, sua capacidade de influenciar e mudar o mundo, vem de sua capacidade de trabalhar em união por um objetivo comum. Os livros de história, por desejo de simplicidade ou por ignorância dos fatos, tendem a se concentrar em indivíduos como reis e rainhas, presidentes ou ditadores, políticos e líderes populares, exploradores e cientistas famosos – o que se compreende, pois é mais fácil lançar o foco sobre eles. As canoas, contudo, são movidas adiante por remadores, não por chefes, e os navios de estado chegam ao seu destino por causa da tripulação tanto quanto do capitão. Os líderes são úteis e, em alguns casos, talvez a parte mais significativa de uma equipe, mas não são fundamentais como tal. Já vi orquestras sinfônicas tocarem sem maestro, vi equipes esportivas jogarem sem capitão e, uma vez, fui membro do elenco de uma peça com um diretor tão incompetente que a trupe o ignorou e dirigiu a si mesmo, obtendo resenhas bastante entusiasmadas. Disseram-me que um ônibus não vai a lugar nenhum sem motorista, mas o motorista não vai a lugar nenhum sem pneus, combustível, motor, chassi, etc., e sem passageiros a viagem não faz o menor sentido. Quando eu estava na África realizando trabalho de desenvolvimento comunitário, fazia parte obrigatória do protocolo que nos dirigíssemos ao chefe de uma aldeia quando íamos implementar um projeto. Com esse ritual fora do caminho, os aldeões se davam permissão para nos ouvir. Eles eram realmente os únicos que tinham de ser convencidos do valor do projeto, porque eram os únicos que fariam o trabalho. Além disso, eu estava lendo recentemente uma história de Alexandre, o Grande, reverenciado como um gênio militar e político, bem como um deus em seu próprio tempo. Mesmo este homem notável, porém, não podia fazer mais ou ir mais longe do que suas tropas queriam. Quando eles se recusaram a continuar lutando, ele teve de voltar sua atenção à manutenção da paz em terras já conquistadas.

O objetivo dessa introdução é enfatizar a importância da energia e dos esforços do grupo na criação de mudanças. Os líderes podem ser úteis como símbolos e pontos de foco para as aspirações de um grupo, mas para algumas coisas não precisamos esperar pelos líderes. Podemos apenas seguir em frente e agir com outras pessoas de pensamento afim. Para efetivamente transformar o mundo em um lugar melhor para todos e para tudo, é exatamente isso que devemos fazer como xamãs urbanos, porque simplesmente não há líderes suficientes conduzindo nessa direção.

Você pode, é claro, unir-se a grupos e redes locais e globais de primeiro nível existentes que estejam preocupados com a Terra e que se envolvam ativamente em projetos de primeiro nível, mas, naturalmente, quero compartilhar algumas maneiras pelas quais se pode operar em grupos de segundo nível usando técnicas de segundo nível em projetos de primeiro nível. Agir, em outras palavras, como um xamã urbano moderno, junto com qualquer outra coisa que você possa fazer.

Grupos *Kokua*

Kokua é uma palavra havaiana que significa "ajuda, assistência, cooperação". Um grupo *kokua*, como usado por nossa organização, a Aloha International, é um grupo de três a sete pessoas que usam suas habilidades de xamã para servir uns aos outros e à comunidade. Você pode ter mais integrantes no grupo, se quiser, mas se ele ultrapassar muito o número de oito, a tendência é que ele se transforme em uma aula. Tudo bem se você quiser uma aula, mas nesse ponto você tende a perder os benefícios do apoio mútuo real. Se você der início a um grupo e ele crescer rápido, terá melhores efeitos se dividi-lo em equipes menores quando chegar a nove. Então, durante as reuniões, você pode ter tempo para atividades em equipe, bem para como atividades de todo o grupo.

O que você faria em tal grupo? Aqui estão algumas sugestões para uma reunião típica:

1. Comece sentando-se em círculo de mãos dadas e realizando o *nalu* a partir dos princípios para reforçar a compreensão do xamanismo e harmonizar suas energias.

2. Peça a cada pessoa que compartilhe uma boa experiência que teve desde a última reunião. Uma experiência no uso prático ou benéfico do xamanismo seria preferível, mas qualquer boa experiência seria suficiente. Isso dá um tom positivo para o encontro e reforça o vínculo do grupo. É muito importante que apenas experiências positivas sejam compartilhadas neste momento. O aspecto do coração se move em direção ao prazer e longe da dor. Reclamações e críticas, não importa quão bem justificadas ou do que se trate, enfraquecerão o vínculo e subverterão o propósito de cura do grupo. Elas não têm lugar em uma reunião *kokua*. Se coisas negativas precisarem ser discutidas, escolha outro horário e local para isso.

3. "Xamanize" sua comunidade local (pode ser seu bairro, cidade, condado ou estado). "Xamanizar" significa usar qualquer uma das habilidades do xamã para curar ou harmonizar. Seria bom escolher um projeto específico com que se possa trabalhar em grupo, mas nem todos precisam usar do mesmo método para trabalhar nele. Digamos que você decida xamanizar os sem-teto de sua região. Um de vocês pode envolvê-los com uma cor de *la'a kea* para ajudá-los a ter sucesso em sua busca por moradia; outro pode realizar o *nalu* em uma forma-pensamento em que eles já se encontram abrigados; outro pode grokar alguns líderes comunitários e inspirá-los a

tomar medidas mais rápidas a respeito do problema; e outro pode entrar em sintonia com a ideia onírica da falta de moradia e transformá-la. Você terá de escolher o primeiro foco das necessidades urgentes da sua comunidade. Lembre-se, porém, de trabalhar em soluções positivas, e não contra alguém ou alguma coisa. Dê a si mesmo pelo menos cinco minutos para xamanizar e, em seguida, compartilhe suas experiências. Isso ajuda a reforçar a memória e o vínculo e serve como forma de ensino mútuo.

4. Se houver um problema nacional ou internacional de grande preocupação para um ou mais membros do grupo, xamanize-o neste momento da mesma forma que acima.

5. Em seguida, xamanizem-se uns aos outros. Que cada integrante nomeie algo com que ele ou ela gostaria de ajudar. Pode ser algo relacionado à saúde, às finanças, a um relacionamento ou ao crescimento pessoal, e pode ser pessoal ou para alguém de fora do grupo. Xamanize uma pessoa de cada vez e relate a experiência depois de cada pessoa ou no final. Quanto mais pessoas houver, mais tempo levará. Xamanizações de cinco minutos cada são eficientes para um grupo de três a quatro membros, mas em um grupo maior talvez se queira reduzir esse tempo a um ou dois minutos. Certifique-se de conceder o mesmo tempo para cada membro do grupo. Se uma pessoa tiver um problema grave, você pode reservar-lhe trabalho adicional antes ou depois da sessão *kokua*. Muitos grupos se separaram porque uma ou

duas pessoas monopolizaram o tempo, mesmo quando claramente precisavam de um bocado de ajuda. Você deve se lembrar de que este é um grupo de apoio xamânico *mútuo*. Não permita que alguns o transformem em um grupo de terapia, pois não funcionará.

6. Faça um encerramento formal com uma meditação, uma música ou uma oração (ou todos os três). O último capítulo já explicou o porquê.

7. Após o fechamento, reserve um tempo para a socialização. Mais uma vez, é um momento de fortalecimento dos vínculos e pura e simplesmente agradável. Alguns grupos apenas conversam, outros levam comida para compartilhar ou saem juntos. Para maior eficácia, realize o xamanismo antes da socialização e não misture os momentos.

Reuniões semanais são costumeiras e eficazes. Poucas pessoas têm tempo disponível para mais sessões. Uma vez a cada duas semanas ou uma vez por mês também funcionará, mas uma frequência menor não funciona bem para um grupo tão íntimo. Mesmo um pequeno grupo como este precisa de um pouco de organização. Alguém terá de convocar as pessoas, organizar o espaço da reunião e talvez orientar a reunião. Uma solução é eleger um facilitador por determinado período, digamos um mês ou um trimestre. Outra é ter um facilitador diferente para cada reunião, com alternância entre os membros.

Um xamã *hui*

Um *hui* é qualquer tipo de organização para trabalhar, jogar ou se unir, como uma empresa, parceria, clube, associação, sociedade ou rede. A Aloha International tem sete diferentes sociedades ou redes de xamãs *hui* cujos membros trabalham juntos em projetos de interesse global, embora vivam longe uns dos outros. Certamente você não precisa pertencer a um xamã *hui* para fazer isso. Você pode se juntar a qualquer organização que trabalhe com problemas globais em primeiro nível e simplesmente adicionar suas habilidades de segundo nível ao trabalho deles. Uma descrição desses *hui* e suas áreas de atividade pode ajudá-lo a formar o seu próprio ou dar-lhe ideias para onde você pode colocar suas habilidades em bom uso.

1. A onda *hui*. Um dos projetos desse *hui* é ajudar os golfinhos malhados e rotadores, que correm o risco de se afogar em redes usadas para capturar o atum albacora. Como o atum nada sob os golfinhos, para pescar o peixe os pescadores capturam os golfinhos. Os xamãs estão trabalhando nisso usando de comunicação intuitiva, grokar e mudança de sonhos para ensinar aos golfinhos como pular ou escapar das redes, ou ensinar os golfinhos e o atum a não nadarem juntos. Esse *hui* também funciona com baleias e outros mamíferos marinhos e coisas como maremotos e poluição oceânica. Se uma solução de processo não for clara em uma determinada situação (como separar o atum e os golfinhos), os xamãs se concentrarão nos resultados finais (por exemplo, o desaparecimento de um derramamento de óleo). Em razão da forma como a realidade de segundo nível opera, os xamãs que se concentram em um resultado final positivo estão indiretamente energizando soluções contí-

nuas e inspirando outras novas entre aqueles que estão fisicamente envolvidos. Contribuir com fundos para organizações em cujo trabalho você acredita é bom; contribuir com o pensamento focado é tão bom ou melhor.

2. O *hui* cristal. Trata-se de *hui* que trabalha com terremotos, erupções vulcânicas, renovação do solo e localização e uso de recursos minerais. O tipo de trabalho que se pode realizar com terremotos e vulcões já foi discutido anteriormente. A renovação do solo é um campo emocionante porque já existem maneiras e meios de transformar argila morta em argila viva, e o foco do xamã pode ajudar a espalhar isso para mais partes do mundo. A localização de novos recursos e o uso mais efetivo e eficiente dos recursos existentes – incluindo tudo, de carvão a cristais – podem ser benéficos em escala mundial. Os xamãs podem usar de intuição, do grokar e do sonhar para esses empreendimentos, bem como de outras habilidades xamânicas que podem ser objeto de um livro posterior, como radiestesia e radiônica.

3. O *hui* chama. Não é de surpreender que este *hui* funcione em incêndios: incêndios florestais, incêndios de petróleo, incêndios em edifícios – qualquer coisa que ameace a comunidade humana ou que tenha sido causada por humanos. Ele também funciona com auras, e nisso o *la'a kea* é uma ferramenta importante. Como o *hui*, porém, funciona com comunidades, não com indivíduos. Por exemplo, se uma comunidade está passando por conflitos civis ou desespero, os membros deste *hui* sintonizam a

aura da comunidade e trabalham para harmonizar e mudar sua qualidade. Outra área de atuação xamânica é o incentivo à energia solar, fusão nuclear e projetos similares.

4. O *hui* arco-íris. O tempo é o domínio desse *hui*. A curto prazo, ajuda a evitar ou reduzir os danos às comunidades humanas causados por furacões, tornados, tempestades e secas. A longo prazo, estará envolvido na pesquisa e gestão meteorológica. Isso requer um tipo profundo de comunicação com os elementos do clima para operar a partir de um estado de afinidade emocional e cooperação, e não de uma tentativa arrogante de controle. Alguém que busca o controle tenta forçar o clima a agir como quer, enquanto alguém que coopera procura conhecer e usar os tipos de mudanças ou manutenção de que as condições climáticas específicas desfrutam. Não é inconcebível que os membros desse *hui* ou xamãs que trabalham nessa área possam descobrir ou ajudar a inspirar maneiras de armazenar e usar as vastas energias dos ventos e tempestades.

5. O *hui* folha. Trabalhando em larga escala, esse *hui* se preocupa com a preservação, proteção e propagação de plantas (incluindo árvores). O reflorestamento, a introdução de novas espécies de plantas e o rendimento das culturas são outras preocupações, assim como a cura das plantas e a cura pelas plantas, e as maneiras pelas quais os seres humanos e as plantas podem trabalhar de forma mais frutuosa juntos, cada qual atendendo às necessidades uns dos

outros. O estudo e a prática da comunicação vegetal são uma extensão natural do trabalho desse *hui*.

6. O *hui* unicórnio. Esse *hui* envolve o trabalho xamânico com animais terrestres e aéreos, o que inclui pássaros, insetos e bactérias. Ajudar certas espécies a sobreviver e se reproduzir é uma grande preocupação, assim como a cooperação entre humanos e animais e a comunicação animal. As lendas mais antigas das sociedades mais tradicionais falam de um tempo em que humanos e animais comunicavam-se facilmente entre si e, em muitos casos, eram os animais que ensinavam os humanos sobre a cooperação uns com os outros e com o meio ambiente, bem como sobre os mistérios mais profundos da vida. À medida que os humanos se tornavam mais arrogantes, a capacidade de se comunicar era perdida. Ela reviveu até certo ponto em estudos científicos que observam animais em seu habitat natural, mas se desfez no poço sem fundo de experimentos pseudocientíficos absolutamente desnecessários em animais que algumas pessoas realizam. A comunicação animal é de extrema importância para o bem-estar do planeta, assim como para a sobrevivência humana e o crescimento espiritual. Os métodos e ações xamânicos podem ser de tremenda ajuda nisso.

7. O *hui* coração. As relações humanas com os seres humanos são de responsabilidade desse *hui*. Usar técnicas e conhecimentos xamânicos para aumentar a paz, a harmonia e a amizade entre os grupos é o que seus membros fazem. Também está envolvida

a pesquisa e a prática da cura xamânica de mentes e corpos humanos. Sim, devemos aprender a amar e cooperar com a Natureza, mas acima de tudo, devemos aprender a amar e cooperar uns com os outros. Temos o conhecimento e a tecnologia para criar uma Era de Ouro e, ao mesmo tempo, temos o conhecimento e a tecnologia para nos extinguir. Não importa o que façamos, a Terra sobreviverá. É muito provável que ela reviverá muito rapidamente, mesmo se lhe devastarmos a superfície, da mesma forma que as samambaias brotam logo após os estragos causados pela lava derretida e os gases tóxicos durante uma erupção vulcânica. Ainda que não, a Terra pode levar milhões de anos se for preciso. Podemos fazer parte do destino dela ou podemos desvanecer ou desaparecer. O destino vai continuar. Com tudo o que ela dá, acho que está claro que a Terra nos ama, mas não acho que ela nos ame mais do que a seus outros filhos, como os golfinhos, as formigas e as árvores. Ainda assim, acho que o amor dela é tão grande que ela continuará a nos amar, não importa o que façamos. Não é a Terra que se voltará contra nós. O perigo vem apenas de nós. Assim como a solução.

Conclusão

Há muitos e muitos anos, quando me sentei em meditação, um poema saltou em minha mente. Parece tão apropriado agora que recorro a ele para encerrar este guia para xamãs urbanos.

Ode a um sapo

Lá embaixo, meu sapinho rala e grasna
no barro que ele chama de sua casa.
Você já pensou em nós, bom sapinho?
Marchamos para o fim a toda brida;
sobra ganância, guerra e desperdício –
tudo isso não te cansa e desespera?
Nosso destino não te causa espanto?
Entregamos ódio, mas amor cantamos;
se não são como nós, nos causam medo;
e embora vizinhos, sempre os tememos.
Você não morre de rir quando vê
a paz em nossas palavras, e a pedra
em nossas mãos, mirando na cabeça
de quem é amarelo, vermelho ou preto?
E quando gritam pelo fim das armas –
"Nossos inimigos não farão o mal;
nos verão desarmados e indefesos,
não avançarão por cima do cercado."
Ou quando gritam "Ao ataque! Lutem!
Nosso lado é o lado certo da força.
E se usamos de radiação – e daí?
Aceitem: nós é quem mandamos aqui!"

Ah, os homens dizem isso e mais aquilo,
mudam de ideia ou não arredam pé.
Há quem se gabe de passar a perna,
mas ver o que existe a um palmo da cara –
jamais! Berram e deliram furiosos
E pregam, pregam, pregam, pregam, pregam –
mas constrói-se *o que* de mil discursos?
Onde os passarinhos deixam seus passos?
A terra não germina com palavras,

Com palavras não há cura, nem se abriga.
Com mil palavras não se mata a fome,
não se ergue um dique, nem a picareta.
Ah, elas têm sua razão de ser, eu sei;
mas não se trocam feitos por palavras.
Conta o que se faz, não o que se diz.
Agir e sustentar o que é correto
Com OBRAS! Se viver é o que queremos
sem muros, sem vinganças, sem rancores.
"Direitos humanos a todos!" Assim
cremos? A pretos, brancos e amarelos?
Cremos a vera viver sem a guerra?
Para sempre em paz e pura confiança?
Que medo e fome e dor são excrescências,
E a morte não pode estar no encalço de tantos?
Se cremos, LUTEMOS! Faça-se a terra
lugar de alegria a cada nascimento.

E se não lutarmos e só esperarmos
até que as bombas digam "Já é tarde"?
Eu também penso nisso, bom sapinho,
dentro do meu carro ou na escrivaninha.
Se soltarmos nossa bomba monstruosa,
você vai seguir aí sereno e calmo?
Ou vai se pôr a rir, pensando em quando
a Terra estará livre dos humanos?
Podemos ver na Terra a nossa Mãe,
e em toda criatura que nela vive
uma amiga, como a terra, o céu e o mar;
e a nós mesmos, zelosos jardineiros,
e assim, quem sabe, com amor e MÃOS
À OBRA, as coisas deem certo, bom sapinho.

EDITORA VOZES LTDA.
Rua Frei Luís, 100 – Centro – Cep 25689-900 – Petrópolis, RJ
Tel.: (24) 2233-9000 – E-mail: vendas@vozes.com.br